제4차 산업혁명과 특허전략

권 태 복

한국지식재산연구원
Korea Institute of Intellectual Property

머리말 ─────

　제4차 산업혁명 시대는 그동안 우리 사회를 지배하여 오던 상호 간 보완과 경쟁 관계에 있던 패러다임이 지능정보화로 이루어지는 초현실사회의 새로운 패러다임으로 자리를 대신하고 있다. 종전의 정보통신기술(ICT)을 넘어서 AI 및 빅데이터, IoT, 모바일 등의 지능정보기술은 현실세계에서 데이터 또는 정보를 수집하여(데이터 확보), 가상세계에서 이를 분석하여 지식을 추출하고(데이터 분석), 이를 다시 현실세계에 활용(현실 적용)하고 있다.

　오늘날 IBM의 Watson(인간 언어의 이해를 판단하는 최적화 AI시스템), Google Deepmind의 Alphago(AI 바둑프로그램), Apple의 Siri(음성인식시스템) 또는 Microsoft의 Cortana(가상비서 서비스) 등 수많은 제4차 산업혁명 관련기술들이 출현하고 있으며, 이러한 기술에 대하여 세계 각국 기업들은 특허를 받기 위하여 많은 노력을 하고 있다. 구글의 Alphago(AI)에 의한 '바둑 두는 방법'이 특허의 보호대상이 되는 것인지, 만약 보호대상이 된다고 하는 경우 특허명세서를 어떻게 기재해야 하는 것인지가 매우 중요하다.

　AI는 머지않아 인간에 의한 인간의 보조수단이 아니라 인간을 대신하여 인간과 같은 행위나 인간보다 더 나은 행위를 함으로써 인간적 지위를 차지하는 소위 '자연인'으로서의 지위를 가질 수 있도록 특허명세서를 기재하여야 특허를 받을 수 있다. 따라서 AI발명을 특허받기 위해서는 특허명세서의 작성기준의 정립이 필요하다.

　현행 특허법에는 특허를 받을 수 있는 자는 발명자로서 인간(자연인 및 그 승계인)뿐인데, 실제 최적의 '바둑 두는 방법'을 도출한 것은 인간이 아니라 AI라고 할 수 있으므로 원칙적으로 특허를 받을 수 없지만, AI에 의하여 구현되도록 실현시키는 아이디어를 도출한 것은 인간이므로 일정 요건하에서 특허의 보호대상에 포함시키

4

고 있다. AI발명은 통상의 프로그램발명과 같이 SW 시스템설계와 그 알고리즘이 동일하지만, AI가 반복학습을 할 수 있게 학습데이터 구조가 가공·구축되어야 하고, 그러한 학습데이터 구조를 가지고 학습하고 또 그 학습결과를 판단하여 문제를 인지하고, 그 문제를 해결하기 위하여 반복학습을 수행하여 최적의 목푯값을 컴퓨터 등 하드웨어에 의하여 도출한다는 반복학습 알고리즘이 구체적으로 특허명세서에 제시되어야 한다.

이 책은 최근 이슈가 되고 있는 AI발명의 도출방법과 그 도출 결과물에 대하여 특허를 받기 위한 특허명세서의 기재요건 및 진보성 판단기준 등의 특허취득전략을 기술하였다. 최근 학습완료모델(SW)의 도출 단계를 구체적으로 특정하여 입력데이터(학습완료 후 파라미터 알고리즘)를 입력하여 구동되는 제품(지능로봇, 자율주행차, 지능청소기, AI안내자 등)은 AI 자체에 의하여 생성된 물건이라기보다는 인간이 AI 기술을 적용하여 만든 것으로 특허명세서를 기재하는 경우에는 특허의 보호대상이 될 수 있다.

이 책을 통하여 독자들이 AI 기술이 적용된 다양한 발명에 대하여 특허를 받을 수 있는 특허경영전략을 실현하는 데 조금이라도 도움이 되었으면 하는 소망을 가지고 집필하였다. 그리고 이 책을 집필할 수 있도록 허락해 준 한국지식재산연구원의 관계자분들께 감사드린다. 그리고 본서의 교정 및 출판에 힘써 준 세창출판사의 관계자분들께도 감사의 뜻을 전한다.

2019년 11월 1일
권 태 복

차 례 ────────

제3장
제4차 산업혁명 관련발명의 특허적격성

제4장

제4차 산업혁명 관련발명의 특허출원전략

제 1 장

제4차 산업혁명과 발명

제1절 제4차 산업혁명 관련기술의 개발동향과 쟁점

1. 4차 산업혁명과 지능정보사회

20세기 후반 컴퓨터와 인터넷 기반의 지식정보혁명이라 일컫는 정보화 사회 도래로 인한 제3차 산업혁명으로부터 21세기를 넘어서 디지털기술과 정보통신기술(Information and communication technology: ICT)의 융합에 의한 제4차 산업혁명(fourth industrial revolution: 4IR)[1]이 눈앞에 전개되고 있다.

현재 진행되고 있는 제4차 산업혁명의 특징은 디지털, 바이오, 오프라인 등의 각 기술의 융합으로 각종 정보 및 데이터의 생성과 수집 기술, 수집된 각종 정보 및 데이터의 분류 및 분석, 이러한 분석을 통하여 반복학습에 의한 최적의 목푯값(새로운 SW)을 도출하고 있다. 이러한 제4차 산업혁명과 관련된 기술들은 우선 인공지능(Artificial Intelligence: AI)이 핵심으로 부상하고 있고, 그 외에 빅데이터(Big data), 사물인터넷(IoT), 블록체인(Block chain) 등이 있다. 이들의 기술들은 단독으로 또는 융합된 기술사상으로 컴퓨터, 인터넷, 모바일, 로봇 등 다양한 산업분야에 적용됨으로써 인간이 상상할 수 없을 정도의 비약적인 사회 변화와 산업발전을 촉진하고 있다.

세계 각국에서는 제4차 산업혁명이 일어나면서 한 시대를 지배하던 패러다임이 완전히 사라지고 상호 간 보완과 경쟁 관계에 있던 패러다임이 새로운 패러다임으로 자리를 대신하고 있다. 제4차

---

1) 제4차 산업혁명(The Fourth Industrial Revolution)이란 용어는 2016년 세계경제포럼(WEF: World Economic Forum)에서 언급되었으며, 정보통신기술(ICT) 기반의 새로운 산업 시대를 대표하는 용어가 되었으며, 컴퓨터 및 인터넷, 모바일 등으로 대표되는 제3차 산업혁명(정보혁명)에서 한 단계 더 진화한 혁명으로도 일컬어진다.

산업혁명은 현실세계에서 데이터를 수집하여(데이터 확보), 가상세계에서 이를 분석하여 지식을 추출하고(데이터분석), 이를 다시 현실세계에 활용(현실에 적용)하는 가치창출 방식에 주목하면서,[2] 종전의 정보통신기술(ICT)을 넘어서는 다양한 SW분야로서 AI, 빅데이터, IoT, 블록체인, 클라우드컴퓨팅, 모바일 등에 관한 지능정보기술의 개발이 진행되고 있다. 특히 제4차 산업혁명의 중심지표는 기술적으로 발전한 각종 기술들이 상호 간 융합하면서 컴퓨터의 소프트웨어(SW)를 기반으로 한 AI가 가장 중요한 지위에 있다.

이러한 컴퓨터와 정보통신기술(ICT)의 융합현상은 모든 사물 및 다양한 빅데이터가 네트워크를 통해 상호연결 및 결합(융합)되는 IoT 및 블록체인, 그리고 이들의 기술 경계를 넘어 혁신과 기업의 경계가 무너지는 산업현장에서 뚜렷한 현상이 나타나고 있다. 결국 4차 산업혁명의 특징은 초연결 사회, 융합, 탈경계라는 목표를 가지고 컴퓨터와 정보통신기술(ICT)의 발전에 의해 인간과 인간, 사물과 사물, 인간과 사물이 상호 간에 연결된 초연결사회[3]를 형성하고, 이로 인하여 산업 경계가 없어지는 사회 융합이 이루어지는 새로운 기술적 혁명을 일으키고 있다. 제4차 산업혁명 시대는 컴퓨터, 스마트폰, SNS, 모바일 등으로 소통하던 과거의 정보화사회와 달리, AI와 빅데이터, IoT, 블록체인 등으로 융합된 네트워크를 구축함으로서 초연결사회가 형성되고, 이러한 초연결사회에서는 오프라인과 온라인의 융합을 통해 가치혁신산업으로서의 신사업 및

---

2) 최병삼 · 양희태 · 이제영, 제4차 산업혁명의 도전과 국가전략의 주요 의제, 과학기술정책연구원(STEPI), STEPI Insight Vol. 215, 2017, 3면.
3) 초연결사회(hyper-connected society)란 인간, 사물(다양한 데이터 및 정보), 공간 등 모든 것들(Things)이 인터넷(Internet)으로 서로 연결되어, 모든 것에 대한 정보가 생성 · 수집되고 공유 · 활용되는 사회를 의미한다. 즉, 초연결사회에서는 인간 대 인간은 물론이거니와, 기계 및 데이터 · 정보와 같은 사물도 네트워크를 바탕으로 상호 유기적인 소통이 가능해지므로 하나의 융합사회를 형성하게 된다.

신상품 등 그동안 생각하지 못한 새로운 성장과 혁신, 가치창출을 달성하고 있다.

앞으로는 수십억 인구가 모바일 기기로 연결되어 거대용량의 데이터 및 정보의 수집과 저장이 가능하고, 그 수집된 데이터와 정보는 인간의 지식과 유사한 인공신경망의 딥러닝 기술로 초연결성을 가지게 됨으로써 AI와 빅데이터의 결합기술, AI와 IoT의 결합기술, AI와 빅데이터 및 IoT의 복합결합기술의 발전으로 제조, 유통, 의료, 교육, 금융, 영화 등 다양한 분야에서 지능적이고 혁신적인 변화가 일어나고 있다. 즉, 제4차 산업혁명 관련기술의 융합 및 응용으로 기존의 인터넷과 모바일 발전에 의한 산업성장보다 획기적이고 진보된 지능정보사회로 변화하고 있다.

2. 4차 산업혁명 관련기술의 적용과 이용

제4차 산업혁명 시대에 살고 있는 우리들은 디지털기술과 정보통신기술(ICT)의 융합뿐만 아니라 다양한 이종 산업의 결합에 의하여 상상을 초월한 기술혁신에 놀라고 있다. IBM의 Watson(인간의 언어를 이해하고 판단하는 데 최적화된 AI시스템), Google Deepmind의 Alphago(인공지능 바둑 프로그램), Apple의 Siri(음성인식시스템) 또는 Microsoft의 Cortana(가상비서 서비스) 등 수많은 제4차 산업혁명 관련기술이 출현되고 있고, 일부는 특허요건 및 명세서 기재요건을 충족하는 것을 전제로 특허가 허여되고 있다.

이와 같이 오늘날 우리의 일상생활에 많은 영향을 미치고 있고, 미래의 새로운 먹거리로서 신사업 또는 신상품의 창출을 위하여 대기업뿐만 아니라 중소기업, 벤처기업, 스타트업 기업, 1인 창조기업들이 경쟁력 강화를 위하여 온 힘을 기울이고 있다. 이러한 동향과 관련, 제4차 산업혁명 관련 기술개발과 그 성과물 적용에 관한 쟁점사례 몇 가지를 검토하여 본다.

첫째, 우리나라뿐만 아니라 전 세계의 이목을 집중시켰던 '구글의 알파고(AlphaGo)와 이세돌' 사이의 다섯 번에 걸친 바둑대결에서 알파고가 4승을 거두며 막을 내린 세기의 바둑대결은 인간과 AI의 승부에서 인간이 졌다는 사실에 충격을 받았겠지만, 여기서 AI란 누가 만들었고 어떻게 작동, 구현하여 승리를 하였는지, 그리고 AI의 행위 결과에 대한 권한과 책임은 누구에게 있는 것인지가 쟁점이 될 수 있다. 또 만약 구글이 알파고에 대한 기술적 아이디어를 컴퓨터에 의하여 선행 학습데이터로부터 스스로 판단하는 학습을 반복하여 최적의 위치에 바둑알을 놓는 '바둑 두는 방법' 모델(SW)에 대하여 특허출원한 경우, 과연 특허를 받을 수 있는 것인가 또 특허를 받을 수 있다면 특허출원서의 명세서는 어떻게 기재하여야 하는지 등의 문제점이 있다. 이와 관련, 현행 특허법에는 특허를 받을 수 있는 자는 발명자로서 인간(자연인 또는 그 승계인)뿐인데, 실제 최적의 '바둑 두는 방법' 모델(SW)을 도출한 것은 인간이 아니라 AI인 경우에도 특허를 받기 위하여 명세서를 어떻게 기재하여야 하는 것인지에 대하여 쟁점이 되고 있다.

둘째, 법률정보를 리서치 하는 법률통계 분석 및 데이터 관리 프로그램을 통하여 축적된 판례데이터가 있고, AI 기술을 적용하여 축적 판례데이터를 분석하고 이를 반복학습하여 당해 특정사건의 판례예측을 할 수 있는 최적 모델시스템(SW)을 생각할 수 있다. 여기서 AI 기술에 의한 판례예측시스템의 판단은 결국 판결과 같은 의미를 가지고 있다고 할 수 있으며, 그러한 판단주체는 결국 AI이므로 소위 'AI 법조인'이 탄생하게 된다.[4] 그러나 AI의 판단이 잘못되었거나 쟁점을 보다 구체적으로 판단하지 못한 점이 있는 것으

---

[4] 국내외 법률서비스 시장에는 AI를 이용한 다양한 새로운 형태의 법률 서비스들이 도입되어 활용되고 있으며, 특히 변호사들이 만든 플랫폼 '헬프미'는 2016. 6.경부터 '지급명령 헬프미' 법률서비스를 개시하여 활용되고 있다(kickstartkor@gmail.com/ 퀵스타트 아시아 리뷰팀/ 2016. 5. 18).

로 인하여 결론이 달라진 경우의 책임문제가 대두되는 등, 'AI 법조
인'의 권한과 책임이 쟁점이 될 수 있다.

셋째, 의료 · 치료행위에는 다양한 AI가 적용될 수 있다. 예를 들
면, 'AI를 이용한 암진단방법'을 생각하여 보면, 암의 진단 및 치료
에 관한 각종 데이터가 수집되어 구축되어 있고, 이러한 각종 원시
데이터(빅데이터)를 AI가 학습할 수 있게 분류 및 분석하여 학습데
이터 구조를 생성하고, AI의 학습프로그램이 이들 학습데이터 구
조를 근거로 학습하여 판단과 문제를 도출하고, 그러한 문제를 해
결하기 위하여 스스로 학습하고 다시 판단하는 반복학습을 통하여
최적의 암치료방법 모델(SW)을 도출할 수 있다. 즉, 불치의 병인 암
이라는 병의 특성상 일단 증상을 확인한 후 그동안 동일한 증상을
보였던 환자들이 치료 및 경과에 대한 데이터 등을 기반으로 하고,
또 유사한 암환자의 치료데이터를 병합하고 분석하여 학습데이터
구조를 만들고, 이러한 학습데이터 구조를 바탕으로 문제점과 해결
방안을 도출하기 위하여 AI 기술이 적용되어 스스로 분석하고 판
단하는 반복학습을 계속하여 최적의 암치료방법 모델을 도출할 수
있다. 그 도출된 최적의 암치료방법은 인간이 한 것이 아니라 빅데
이터의 결합기술을 이용한 AI의 행위로 볼 수 있다. 다만, 인간에
의한 암치료데이터의 수집과 구축이 있고, 이러한 암치료데이터를
이용하여 반복학습의 개념을 적용한 AI 기술을 이용하여 최적의
학습완료모델(새로운 SW)을 도출한 SW 개발자에게도 최적의 암치
료방법에 관한 권한을 가지고 있는 것으로도 볼 수 있는지가 쟁점
이 되고 있다.

넷째, 카드회사의 매출전표로부터 특정지역 및 특정 음식점, 이
용자의 연령분포, 성별, 음식점방문 시간대별 연령분포 등에 관한
데이터를 수집하고, 수집된 원시데이터를 분류 및 분석하여 학습데
이터 구조를 구축하고, AI 기술의 적용에 의하여 학습데이터 구조
를 분석하여 반복학습해서 가장 좋은 음식점의 유형 및 위치를 선

정할 수 있는 최적의 학습완료모델(새로운 SW)을 도출할 수 있다. 이러한 SW는 인간의 능력만이 적용된 것이 아니라 AI 기술 및 빅데이터의 기술결합에 의하여 도출되는 것이다. 결국 최적의 SW 도출은 제4차 산업혁명 관련기술의 결합에 의하여 이루어진 것으로, 그 최적의 SW 및 그 이용의 권리는 AI 기술을 적용하여 개발한 인간에게 있는 것인지, 아니면 AI가 인간이 제공한 빅데이터를 분석하고 판단하여 스스로 반복학습을 통하여 최적의 SW를 도출하였으므로 AI가 권한을 갖는 것인지, 그렇다면 AI가 그 SW 이용에 관한 권한을 가질 수 있는 주체가 될 수 있는 것인지 등에 대한 다양한 법적 문제를 가지고 있다. 여기서 빅데이터와 AI의 결합기술에 의하여 최적의 음식점 유형과 위치 선정에 대한 SW기술은 특허법의 보호대상이 되는 것인지, 보호대상이 된다면 특허출원서의 명세서를 어떻게 기재하여야 하는지, 특허권을 받은 경우 당해 특허발명의 보호범위를 어떻게 해석하여야 하고 또 AI의 구현행위를 권리행사와 관련하여 어떻게 해석하여야 하는지 등의 다양한 법적 문제점을 가지고 있다. 위의 쟁점들과 같이, AI는 머지않아 인간에 의한 인간의 보조수단이 아니라 인간을 대신하여 인간과 같은 행위나 인간보다 더 나은 행위를 함으로써 인간적 지위를 차지하는 소위 '자연인'으로서의 지위를 가질 수 있는가 하는 점도 중요하다.

이와 같이 최근 몇 년 사이 AI와 빅데이터, IoT, 블록체인 등의 융합기술은 매우 빠르게 진화하고 있으며, 이미 수천 종의 AI 응용 SW들이 다양한 산업분야에 적용됨으로써 우리 인간을 대신하고 있다. 특히 인간형 로봇(humanoid Robot)은 인간정신세계의 인식 및 정보지식의 획득, 지능적 판단, 문제도출과 반복학습을 통한 최적의 목푯값을 도출하고 있고, 그리고 AI기술을 이용하여 제조업 지원, 인간이 힘들고 어려운 분야에서 대신하는 등 특수한 임무를 수행하는 역할을 하고 있다. 특히 AI는 빅데이터, IoT과 결합하여 전기전자, 기계, 정보통신, 생명공학, 의학, 물류학 등과의 융합된 초현실사회를 바탕으로 인간과 서로 호환하면서 생산지원, 판매유통지원, 가사지원, 농수산지원, 교육지원, 영화 및 음악의 엔터테인먼트 사업지원 등의 서비스를 제공하는 인간모습의 행태를 보이고 있다.

제2절 제4차 산업혁명과 발명의 연관성

1. 제4차 산업혁명기술의 융합

제4차 산업혁명 시대의 중요기술인 AI 및 빅데이터, IoT, 블록체인은 단독 또는 융합되어 기존의 업무 프로세스의 최적화를 가능하게 하고 있다. 최근에는 AI 기술을 근거로 인간이 생각한 것보다 진보된 기술혁신이 일어나고 있으며, 특히 [그림 1]과 같이, 빅데이터와 AI의 결합(빅데이터+AI), IoT와 AI의 결합(IoT+AI), 블록체인과 AI의 결합(블록체인+AI) 등에 의하여 상상을 초월한 산업혁신이 일어나고 있다.

현재 4차 산업혁명의 흐름은 기술적·경제적인 시대적 전환기에 직면하고 있다. 이러한 흐름은 생산 현장과 경제에서 IoT를 통한 방대한 데이터를 수집하고, 수집된 빅데이터를 근거로 유익한 정보 및 데이터를 분류, 분석 및 가공을 하여 학습데이터 구조를 구축하고, AI 기술을 적용하여 구축된 학습데이터 구조를 학습프로그램에 의한 학습으로 목푯값을 정하고, 최적의 목푯값에 도달할 수 있도록 반복학습하여 최적의 학습완료모델을 도출하는 등 상호 기술적 융합을 이루고 있다.

예를 들면, 지능형 로봇은 하드웨어와 SW로 구성되어 있으며, 이를 보다 세분화하는 경우에는 (i) 센서, (ii) 지능, (iii) 구동부,

[그림 1] 4차 산업혁명

(ⅳ) 프로그램의 4가지 요소를 가진 기계라고 할 수 있다. 이러한 지능형 로봇에 제4차 산업혁명 관련기술은 각각 별도의 기술사상이 아니라 다음과 같이 서로 밀접한 연관성이 있는 복합적 기술사상으로 구성되어 있다.

첫째, 최근에는 AI 기술의 보급에 따라 위의 4가지 요소 모두를 구비하지 않고 「(ⅱ) 지능」의 반복학습만으로도 현실세계의 다른 기계나 장치에 접속하여 구동하는 것이 가능하게 되었다. 이러한 기술사상은 아이디어로서 AI발명으로 볼 수 있다.

둘째, 센서 및 프로그램에 의하여 구현된 구동부의 다양한 빅데이터가 수집된 경우, 「(ⅱ) 지능」만으로 그 빅데이터의 반복학습에 의하여 최적모델의 로봇이 탄생할 수 있다. 즉 수집된 빅데이터가 선택·선별되어 분류된 집합물로 구축 또는 가공되는 경우에는 그 빅데이터를 근거로 「(ⅱ) 지능」의 반복학습에 의하여 최고의 작용효과를 달성할 수 있는 최적모델의 로봇을 생각할 수 있기 때문에, 빅데이터는 AI와 밀접한 관계에 있다고 할 수 있다. 이러한 기술사상은 빅데이터를 근거로 특정과제를 해결하는 아이디어로서 AI발명으로 볼 수 있다.

[그림 2] 데이터의 수집과 활용

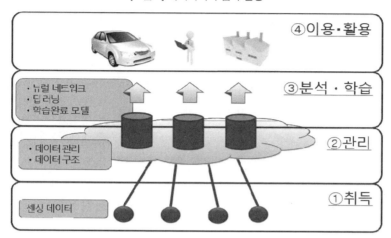

셋째, IoT가 적용될 수 있다면, 위의 「(i) 센서」마저도 필요하지 않는 지능형 로봇이 탄생하게 된다. 지능형 로봇이란 단순한 의미의 로봇을 의미하는 것이 아니라, 「(ii) 지능」을 구현할 수 있는 AI가 탑재된 로봇을 의미하기 때문에 만일 IoT가 함께 적용되는 지능형 로봇은 「(i) 센서」 및 「(iii) 구동부」가 없다고 하더라도 과제해결을 달성할 수 있다. 따라서 IoT는 AI와 밀접한 관계에 있다고 할 수 있다. 이러한 기술사상은 IoT를 근거로 특정과제를 해결하는 아이디어로서 IoT 기반의 AI발명 또는 AI를 이용한 IoT발명으로 볼 수 있다.

넷째, 앞으로는 AI 기술의 적용에 의한 산업발전의 원동력은 얼마나 많은 데이터를 확보하는 것인가에 달려 있다고 해도 과언이 아니다. 즉 AI 기술의 적용에는 반드시 데이터가 수반되어야 하고, 이러한 데이터를 근거로 빅데이터가 생성되어 IoT와 융합함으로써 제4차 산업혁명을 이끌어 가고 있다. 이와 같이 데이터와 AI 기술의 융합 적용은 [그림 2]와 같이, (i) 데이터의 수집이며, 데이터의 유형으로는 정보의 자연발생에 의한 데이터 또는 센서 등 특정 기기에 의한 데이터, 일상생활에서 발생하는 유통, 판매, 이동경로 및 위치, 카드사용, 부동산 매매, 물품구입 등에 의한 데이터, 산업에서 발생하는 생산, 자동화, 수확량, 출하량 등에 의한 데이터가 있고, 다음으로 (ⅱ) 다양한 데이터로부터 AI가 학습할 수 있게 학습데이터의 구조를 가공하여 파라미터 알고리즘과 함께 관리해야 하고, (ⅲ) AI 학습프로그램에 의하여 학습하여 최적의 목푯값을 산출할 수 있는 SW로서 학습완료모델을 도출하고, (ⅳ) 학습완료모델에 목적에 따라 입력데이터(학습 후 파라미터 알고리즘, 숫자 또는 기호, 이미지데이터 등)를 입력하여 (ⅴ) 최종 산출물(창작물, 지능로봇, 자율자동차, AI기반 고객관리시스템 등)을 도출하는 프로세스로 진행되고 있다.

2. SW발명으로서의 프로그램발명 개념

제4차 산업혁명 관련기술의 중추적인 역할은 AI기술이고, 이에 대한 AI발명은 기본적으로 SW발명의 범주에 속하는 프로그램발명으로 볼 수 있다. SW는 유·무선통신과 디지털정보기기를 기반으로 하는 컴퓨터, 스마트폰, Medical System, Smart Home, Smart Citizen, Smart Town뿐만 아니라 AI, 빅데이터, 블록체인, IoT 등의 영역으로 그 활용분야 및 응용분야가 다양화되고 있고, 관련 시장이 급성장하고 있으므로 세계 각국에서 많은 연구가 진행되고 있다. 이와 같이 SW로 불리는 프로그램은 스마트 시대에서 '산업의 쌀'이라고 불릴 정도로 매우 중요한 역할을 하고 있다. 이러한 프로그램은 소스코드5)와 목적코드6) 형태의 일정한 언어로 표현되

---

5) 소스프로그램은 인간이 읽을 수 있는 프로그램으로 비교적 저작권법상의 표현에 가까운 것으로 COBOL이나 FORTRAN 등의 고급언어로 표현된 프로그램을 말한다.

6) 목적프로그램(object program)이란 컴퓨터가 소스프로그램을 읽고 이해할 수 없으므로 소스프로그램을 컴파일러(compiler)에 의하여 0과 1의 나열에

는 특징상 저작권법의 보호대상이지만, 프로그램을 개발하기 위한 전단계로서 프로그램의 기술사상 소위 아이디어를 먼저 발상하여야 한다.

프로그램은 아래의 [표 1]와 같이, 개발초기의 아이디어와 완성단계에서의 표현이라고 하는 이중적인 성격을 가지고 있다. 개발초기의 아이디어로서 프로그램은 특허법의 보호대상(특허권)이 되고, 완성단계에서의 표현은 저작권법의 보호대상(프로그램저작물)이 된다. 따라서 저작권법상의 프로그램이란 용어는 프로그램저작물을 의미하고 있지만, 특허법상의 프로그램이란 용어는 현행 특허법에 명문화되어 있지만 표현된 프로그램이 아니라 기술사상(아이디

[표 1] 프로그램 개발공정과 성과물

공정	성과물
계획(요구, 정의)	사양서
1) 환자관리 프로그램	1) 설계 기본계획서
2) 시스템 설계	2) 시스템 설계서
3) SW 시스템 설계	3) SW 시스템설계서
· 외부의 온도 및 습도 특정	· 기술적 사상(아이디어)의 창작
· 환자의 종류 및 상태 등 특정	· 특허명세서=SW발명
· 관리, 조절, 자료입력 등 수단	· 시스템의 블록도 및 flow chart
4) 프로그램 설계	4) 프로그램 설계서
5) 프로그램 창작	5) 프로그램 저작물(독립창작성 인정)
· 코딩(coding)	· 프로그래머에 따른 A, B 프로그램
· 디버그(debugger)	· 알고리즘의 구조와 배열
6) 테스트, 평가	6) 테스트 사양서, 성적서
7) 운용, 유지(보수)	7) 취급설명서, 매뉴얼
8) 컴퓨터 작동 프로그램(객체)	8) 프로그램저작물(저작권법)
9) 특정기능 수행 프로그램(객체)	9) 프로그램특허(특허법)

의하여 목적프로그램으로 변환시킨 것을 말한다.

어)으로의 개념에 불과한 것이다.

저작권법이 프로그램의 아이디어(개념)를 보호대상으로 하는 것에는 충분하지 못하다는 한계에 부딪치게 되었고, 이를 보완하기 위한 방안으로 SW의 아이디어를 특허로 보호하려는 경향이 대두되게 되었다. 즉 SW의 아이디어로 대변되는 프로그램의 법적 보호는 국가마다 조금 차이점은 있었지만, 오늘날에는 SW의 표현은 저작권법의 보호대상으로, 그리고 아이디어는 특허법의 보호대상으로 간주하려는 논리가 미국,7) 일본,8) 유럽9) 등에서 정착되고 있

---

7) 미국에 있어서는 1972년 Gottschalk v. Benson 409 U.S. 63 (1972) 판결과 1978년 Parker v. Flook 437 U.S. 584 (1978) 판결에서 프로그램의 특허 보호에 제한을 가하였지만, 1981년 Diamond v. Dier 450 U.S. 175 (1981)에서 특허성을 인정하였다. 프로그램의 특허성 인정을 극적으로 확대한 것은 CAFC의 1998년 State Street Bank & Trust v. Signature Financial Group, 149 F.3d 1368 (Fed. Cir. 1998) 판결이었다. 그러나 프로그램의 특허성 인정기준은 2008년 In re Bilski, 545 F.3d 943 (Fed. Cir. 2008) 판결에서 "기계 또는 변환(machine or transformation: MoT)" 기준으로 바뀐다. Bilski 판결 이후 이를 수용한 여러 판결이 있었는데, CyberSource v. Retail Decisions 사건에서 CAFC는 기록매체 청구항의 특허성 인정을 판단할 때 매체에 기록된 방법의 특허 적격성을 중심으로 판단하였다. 특히 CyberSouce 판결은 미국 법원의 기존 입장과도 큰 차이가 없으며, 현재 미국특허청 특허심사에서도 적용되고 있다.

8) 일본은 세계 최초로 프로그램을 특허의 보호대상으로 한다는 규정을 특허법에 명문화하였다(일본 특허법 제2조 제3호 및 제4호).

9) 유럽 특허법 제52조 제2, 3항에는 프로그램 그 자체는 발명이 아니기 때문에 특허를 받을 수 없다고 규정하고 있다. 따라서 프로그램의 특허적격성은 출원 발명이 프로그램 "그 자체"에 해당하는지 여부에 대한 해석론을 중심으로 논의되어 왔다. 유럽 집행위원회는 SW특허의 보호를 강화할 계획이었지만, 오픈소스 운동 진영 등의 반대에 부딪히자 계획을 연기하였고, 그 후 2002년 2월 지침초안(Proposal for a Directive of the European Parliament and of the Council on the patentability of computer-implemented inventions)이 만들어졌다. 이 초안은 모든 SW에 특허권을 부여하려는 의도가 내재되어 있다는 이유로 반대에 직면해 오다가 2003년 9월 수정된 형태로 유럽의회를 통과하였지만, 유럽이사회는 이를 승인하지 않고 기술적 특징이 있는 경우

다. 이러한 국제적인 추세에 따라 우리나라도 프로그램의 특허성 인정에 대한 논의가 있었으며, 특히 현행 특허법에는 명문화되어 있지 않지만 프로그램방법발명은 종전부터 특허가 허여되어 왔지만, 프로그램물건발명[10])에 대해서는 컴퓨터관련 발명 심사기준[11]) 에 의하여 특허를 허여하고 있다.

프로그램발명은 특허요건을 충족해야 하고 또 특허를 받은 후에도 특허요건을 충족하지 못한 것이 발견되는 경우에는 특허무효가 된다. 이러한 특허요건에 대해서는 특허법 제29조 제1항 본문에 발명의 성립성 및 산업상 이용가능성, 동조 제1항에 신규성, 동조 제2항에 진보성의 요건이 규정되어 있다. 이들 특허요건 중에서 진보성은 특허제도의 목적과 가장 관련이 깊은 것으로 특허심사 및 특허무효, 그리고 침해소송 단계에서 가장 중요한 역할을 하고 있다. 진보성이란 용어는 특허법에 명문화되어 있는 것이 강학상·실무상 사용되고 있는 것으로, 청구범위에 기재된 발명이 특허출원 전의 공지기술 또는 공연실시, 반포된 간행물 또는 전기통신회선 게재발명으로부터 당업자가 쉽게 발명할 수 있는 것인가의 기준으로 판단하다 보니 특허심사 또는 침해소송에서의 유효성 판단에 있어서 법해석상 또는 실무상 많은 쟁점들이 나타나고 있다.

특히 프로그램이란 정의가 특허법에 명문화되어 있지 않은 상태에서 제29조 제2항의 진보성 법리를 판단한다는 것은 실무적으로

특허적격성을 인정한다는 절충안을 제시하였다. 그러나 반대론자들은 기술적 특징은 다양한 해석이 가능하기 때문에 실질적으로 모든 SW가 특허 대상이 될 수 있다고 비판했고, 결국 2005년 7월 6일 유럽의회는 압도적 표차로 프로그램의 특허적격성을 인정하려는 지침 제정안건을 부결시켰다.

10) 2011년 10월 14일 입법예고된 지식경제부 공고 제2011-514호에는 프로그램을 물건의 발명으로 취급하여 특허보호대상을 확대하려고 하였지만, 입법화하지는 못하였다.

11) 특허청, 특허·실용신안 심사기준(2019. 3. 18. 특허청예규 제108호), 9A01~ 9A31면.

매우 어려운 문제이며, 이를 보완하기 위하여 컴퓨터 관련발명이
심사기준으로 고시되어 있지만, 이를 근거로 프로그램발명과 선행
SW문헌정보와 대비하여 진보성의 유무를 판단하기란 결코 쉬운
일이 아니다 보니, 프로그램발명의 진보성 판단에 관한 쟁점과 유
효성의 문제가 대두되게 된다.

또한 프로그램은 저작권법상의 프로그램저작물 또는 특허법상
의 프로그램발명12)으로 보호되고 있다 보니 양자의 권리충돌문제
도 제기될 수 있으므로,13)14) 강력한 독점배타성을 가진 프로그램
특허의 허여에는 보다 엄격한 진보성 판단기준이 적용되어야 할
것이다.15) 물론 프로그램발명에 있어서 발명의 성립성 및 신규성
요건도 중요하지만, 진보성 판단은 보다 엄격하게 판단되어야 부실
SW특허의 양산을 줄일 수 있다. 진보성 판단은 선행하는 AI 등의
기술에 관한 SW문헌정보를 DB구축하여 검색하고,16) 이를 근거로
진보성을 보다 엄격하게 판단하는 것이 국제적 추세이다.

---

12) 특허청, 앞의 심사기준(2019. 3. 18. 특허청예규 제108호)의 제10장 컴퓨
   터 관련 발명(9A01~9A31면)에는 컴퓨터관련발명이라는 용어를 사용하고
   있으나, 컴퓨터관련이란 순수 하드웨어를 제외한 프로그램+하드웨어+알고
   리즘을 통칭하는 SW를 의미하고 있다.

13) 加藤浩一郎, "プログラムにおける特許法と著作権法の抵触権利調整につい
   て", パテント Vol.57 No.10, 2004, 54頁.

14) 예컨대 프로그램의 복제가 용이한 점이라든지, 양도 후의 권리귀속문제에
   서 어떠한 법적 영향이 미치는지에 대한 내용이다. 加藤公延, "改正特許法で
   情報であるコンピュータ・プログラム等それ自体を保護対象とする衝撃・
   影響(特集 第9回知的所有権誌上研究発表会 質疑応答の部)", パテント Vol.55
   No.8, 2004, 3~4頁.

15) 内田剛, "プログラムの特許権と著作権による重複保護により生じる問題点 —
   特に職務上作成されたプログラムについて", 知財研紀要, IIP, 2008, 1~2頁.

16) 山口和弘, "ソフトウエア関連発明に関する特許適格性と進歩性との交錯の可
   能性 — Alice最高裁判決後における米国の現状に対する考察", パテント Vol.169
   No.5, 2016, 116~118頁.

3. SW발명으로서의 AI발명 개념

제4차 산업혁명 관련기술의 발전은 한 시대를 지배하던 패러다임이 완전히 사라지고 상호 간 보완과 경쟁 관계에 있던 패러다임이 새로운 패러다임으로 자리를 대신하고 있다. 제4차 산업혁명은 현실세계에서 데이터 또는 정보를 수집하여(데이터 확보), 가상세계에서 이를 분석하여 지식을 추출하고(데이터 분석), 이를 다시 현실세계에 활용(현실에 적용)하는 가치창출 방식에 주목하면서,[17] 종전의 정보통신기술(ICT)을 넘어서는 다양한 SW분야로서 AI, 빅데이터, IoT, 클라우드컴퓨팅, 모바일 등 지능정보기술에 해당하는 SW(프로그램)와 그 시스템이 연구·개발되고 있고 또 그 결과물이 특허출원이 되고 있다.

AI발명은 통상의 프로그램발명과 같이 SW 시스템설계와 그 알고리즘이 동일하지만, AI가 반복학습을 할 수 있게 학습데이터 구조가 가공·구축되어야 하고, 그러한 학습데이터 구조를 가지고 학습하고 또 그 학습의 결과를 판단하여 문제점을 인지하고, 그 문제점을 해결하기 위하여 계속 반복학습을 수행하여 최적의 목푯값을 컴퓨터 등 하드웨어에 의하여 도출된다는 반복학습 개념(아이디어로서의 알고리즘)이 구체적으로 제시되어야 한다.

아래의 [표 2]의 6) 및 7)과 같이, 학습데이터의 구축과 반복학습의 기술사상이 구체적으로 특허출원의 명세서에 기재된 경우에는 비록 AI가 반복학습의 주체가 되고 또 그 반복학습의 결과로 최적의 목푯값을 도출하였다고 하더라도, 인간이 구축한 학습프로그램에 의하여 학습데이터의 분류와 구축이 이루어지고, 그러한 구축된 학습데이터 구조를 이용하여 최적의 목푯값을 도출하도록 하는 아

---

17) 최병삼·양희태·이제영, 제4차 산업혁명의 도전과 국가전략의 주요 의제, 과학기술정책연구원(STEPI), STEPI Insight Vol. 215, 2017, 3면.

이디어로서의 구체적인 알고리즘을 청구범위에 기재하여 특허출
원을 하여야 특허를 받을 수 있다.

AI발명은 기본적으로 프로그램발명의 유형으로써 물건(장치)발
명과 방법발명에 속하고, 그 객체는 하나의 프로그램 또는 시스템
으로 상거래의 대상이 되고, 이러한 AI 기술적용 신상품은 프로그
램 유형으로써 특정 국가와 관계없이 자유롭게 유통되는 상거래의

[표 2] AI 기술 적용 SW의 개발공정과 성과물

공정	성과물
계획(요구, 정의)	사양서
1) AI기술 적용 환자관리 프로그램	1) 설계 기본계획서
2) 진료 등 원시데이터(수집, DB)	2) 데이터의 수집방법, 편집방법
3) 원시데이터 가공	3) 원시데이터의 가공프로그램
・학습데이터	・학습전 파라미터의 알고리즘
・학습전 파라미터	・하이퍼 파라미터
・하이퍼 파라미터	
4) 학습프로그램 설계	4) 학습프로그램 설계서
5) 학습프로그램 창작	5) 프로그램 저작물(독립창작성 인정)
・코딩(coding)	・프로그래머에 따른 A, B 프로그램
・디버그(debugger)	・알고리즘의 구조와 배열
6) 딥러닝 학습	6) 범용 AI 기술 적용
7) 기계적 반복학습	7) 학습완료모델(SW)
・학습후 파라미터	・학습후 파라미터
・추론 프로그램	・추론 프로그램
・하이퍼 파라미터	
8) 입력데이터	8) 학습완료모델의 이용
・사업목적의 입력데이터 작성	・입력데이터 입력
・이미지, 문자 등	・산출물 도출
9) 컴퓨터 작동 프로그램(객체)	9) 프로그램저작물(저작권법)
10) 특정기능 수행 프로그램(객체)	10) SW(프로그램)특허(특허법)

성격을 가지고 있다 보니, 다른 특허발명에 비하여 권리범위의 해석이 복잡하다.[18] 특히 특허출원에 있어서는 발명의 설명의 실시예에 블록도 및 흐름도를 근거로 AI의 학습프로그램이 수행하는 학습방법을 구체적으로 기재하여야 하고, AI의 학습방법도 AI라는 기술사상이 주체이지만, 실제로 AI의 반복학습은 AI가 아니라 컴퓨터 등의 하드웨어에 의하여 수행된다는 것을 명확히 특허출원의 명세서에 기재하여야 한다.

제3절 제4차 산업혁명 관련기술의 특허쟁점

AI 기술은 빅데이터 또는 IoT를 이용하여 학습, 인지, 추론, 문제해결 같은 인간의 지적 능력을 컴퓨터에 구현하는 기술이다. 최근에는 정보통신기술(ICT)과 딥러닝 기술의 발전에 의하여 AI가 스스로 다양한 콘텐츠를 창작할 수 있다. 즉, 딥러닝 기술에 의해 프로그래머가 만든 기계학습 알고리즘(학습 프로그램)을 통해서 AI가 학습데이터 구조를 인식하고 반복학습하여 더욱 진화된 최적의 목푯값을 도출할 수 있다. AI가 딥러닝 기술을 통하여 대량 데이터 및 정보를 인식해 스스로 분석하고 학습함으로써 프로그래머의 추가적인 프로그램 없이도 스스로 창작물을 제작할 수 있게 된 것이다.[19] AI는 제공된 특정 데이터를 이용하여 스스로 인지하여 데이터를 분석하고, 이를 반복학습하여 얻은 지식정보를 통해서 새로운

---

18) 프로그램특허의 공급과 관련된 국제거래 분쟁사례(특히 미국특허법 제271(f)(2)관련한 Microsoft가 Windows ®소프트웨어의 설계 및 코딩의 해외 SW사건)에 대해서는 김병일, "미국특허법 제271조 (f)항의 역외적용과 소프트웨어 특허", 산업재산권 제20호, 2006, 122면 참조.
19) 최희식, "인공지능 창작물의 저작권", 한국저작권보호원 C STORY, 2017, 37면.

목푯값을 추론하고 예측함으로써 최적의 결과물(SW, SW에 입력데이터의 입력에 의한 산출물)을 도출할 수 있다.[20]

　이와 같이 AI가 실현한 기술에 대하여 누가 특허를 받을 수 있는 것인지가 쟁점이 되고 있다. 현행 특허법에는 발명한 자, 즉 인간(자연인 또는 그 승계인)만이 발명자로서 원칙적으로 특허를 받을 수 있는데, AI가 창작한 창작물 내지 SW에 대하여 현행 특허법상 특허를 받을 수 있는지가 문제가 된다. 여기서 AI 기술 또는 빅테이터+AI 결합기술, IoT+AI 결합기술, 블록체인+AI 결합기술, 빅테이터+IoT+AI 융합기술은 발명에 관한 기술에 대하여 특허를 받을 수 있다는 의미는 AI가 발명자의 주체가 아니라 인간이 발명자이기 때문에 특허를 받을 수 있다는 것이다.

　이와 같이 AI관련 발명에 대하여 특허받기 위해서는 자연인이 발명하였다는 입증을 명세서에 특정하여야 한다. 현행 특허법상 발명의 유형에는 물건(장치)발명 또는 방법발명(또는 물건을 생산하는 방법발명)으로 구분하고 있는데, 세계 각국에서는 종전부터 AI관련 발명을 물건(장치)발명보다 방법발명으로 특정하여 특허를 허여하고 있다. 이것은 학습데이터 구조를 분석하고 반복학습을 하여 최적의 목푯값인 학습완료모델(SW)을 도출하는 주체가 AI이지만, 그러한 학습완료모델(SW)의 도출 단계가 컴퓨터에 의하여 이루어지도록 특정하여 컴퓨터에 의하여 달성하는 방법을 대상으로 하고 있기 때문이다. 그러나 최근에는 학습완료모델(SW)의 도출 단계를

---

20) 예를 들면, 넥스트 렘브란트는 마이크로소프트사, 델프트 공대, 네덜란드의 미술사학자들이 18개월 동안 합동해서 개발한 딥러닝기술과 안면인식 기술의 AI를 이용하여 렘브란트의 그림 수백 점을 분석하여 그림의 도형, 구성 패턴, 물감의 원료, 물감 두께와 질감에 대한 자료를 빅데이터로 구축하였고, 이러한 빅데이터를 기반으로 AI의 반복학습에 의하여 그림의 기법과 화풍을 3D 프린터를 통하여 약 1억 5만 화소의 그림으로 재현하는 AI SW를 발명하였다(Schneider Electric Korea, 2018. 4. 6).

구체적으로 특정하여 입력데이터(학습완료 후 파라미터 알고리즘)를 입력함으로써 특정 기기 또는 장치가 구동되는 제품(지능로봇, 자율주행차, 지능청소기, 지능세탁기 등)은 AI 자체에 의하여 생성된 물건이라기보다는 인간이 AI 기술을 적용하여 만든 것으로 볼 수 있으므로 특허의 보호대상이 된다. 즉 AI 알고리즘의 구현방법으로 특정하여 SW발명으로 청구범위를 기재하는 경우에는 인간에 의한 발명으로 간주할 수 있기 때문이다.

이와 관련하여 저작권법 관점에서 검토하여 보면, 아래의 [그림 3]과 같이 데이터의 분석 및 학습은 AI의 기계학습에 의해 실시되는 것이 많다. 기계학습에는 다양한 것이 있지만, 최근에는 컴퓨터의 비약적인 계산 및 성능 향상 등에 의해, 다층구조의 뉴럴 네트워크를 이용한 딥러닝(심층학습)의 학습이 가능하여짐으로써 대량의 데이터에 근거하여 고품질의 학습완료모델의 생성이 실현되고 있

[그림 3] AI의 딥러닝에 의한 SW와 그 창작물

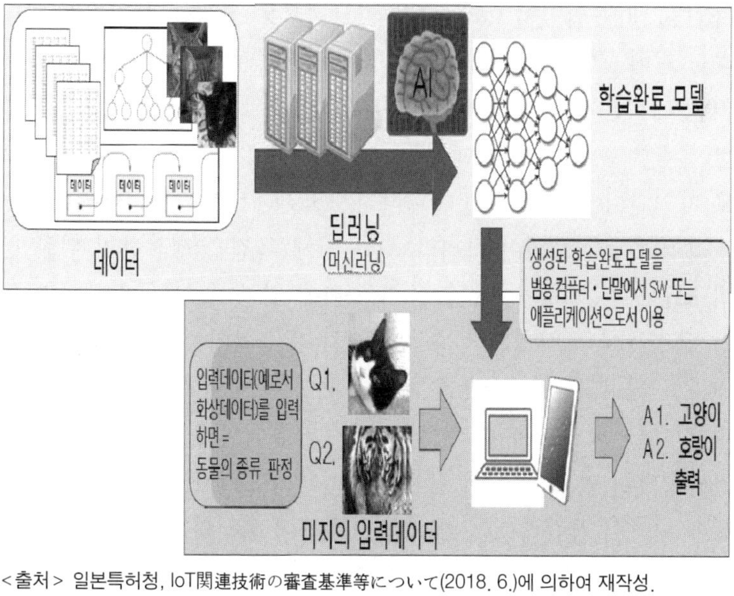

<출처> 일본특허청, IoT関連技術の審査基準等について(2018. 6.)에 의하여 재작성.

다. 생성된 학습완료모델은 미지의 데이터(학습완료 후 파라미터 알고리즘)에 대해 입력데이터를 입력함으로써 최적의 목푯값에 도달하는 산출물이 도출될 수 있다.

그러나 AI가 창작한 학습완료모델에 특정 목적을 달성하기 위한 입력데이터를 입력하여 창작물로써 음악, 그림, 캐릭터, 소설 등을 창작하게 된다. 이러한 창작물로써 당해 음악, 그림, 캐릭터, 소설 등의 권리가 누구에게 있는 것인지의 여부가 쟁점이 된다. 즉, AI가 직접 창작한 창작물에 대하여 AI가 창작자가 될 수 있는 것인지는 저작권법상의 문제로 보아야 한다. 왜냐하면 창작물이 직접 물품의 유형으로써 특정되어 있기 때문에 당해 물품을 창작한 AI에게는 사상이나 감정은 없으므로 저작권법 제2조의 정의규정에 의하여 보호대상이 될 수 없다는 문제가 발생한다.

같은 관점에서 보면, 현행 특허법 제33조에는 발명을 한 자 또는 그 승계인만이 특허를 받을 수 있는 권리를 가진다고 규정하고 있다. 결국 특허를 받을 수 있는 자는 자연인 내지 법인이고, 따라서 자연인 내지 법인이 아닌 AI가 자율적으로 생성한 발명이라 하더라도 현행 특허법상으로는 특허를 받을 수 없다는 문제가 있다. 이러한 해석은 AI발명을 물건(장치)발명만으로 특정하고, AI가 산출한 물품(학습완료모델에 입력데이터를 입력하여 생산된 물품)을 대상으로 자연인이 발명한 것이 아니라는 논리와 같은 의미로 해석된다.

그러나 물건발명이 아니라 AI가 당해 물건을 생산하기 위한 방법 또는 특정과제의 목푯값을 도출하기 위한 순수 방법을 특정 또는 한정하여 특허출원할 수 있다. 즉 청구범위에 AI가 수행할 수 있도록 데이터 또는 정보를 제공하는 수단이 있고, 제공된 데이터 및 정보를 가지고 분류 및 분석하여 학습데이터 구조를 구축하는 가공수단이 있고, 그 구축된 학습데이터 구조를 근거로 학습프로그램에 의하여 학습하여 문제점을 도출하여 최적의 목푯값을 스스로 설정하고, 그 설정된 목푯값을 반복학습을 통하여 스스로 판단하여 학습완료모델을 도출한다는 각 단계를 방법으로 특정하여 특허출원할 수 있다. AI발명에서는 비록 최적의 목푯값 설정과 그 목푯값에 도달하기 위한 최적모델을 AI가 수행하고 있지만, 실제로서는 AI가 컴퓨터 등의 하드웨어에 구현되고 있는 것으로 특정하여 청구범위를 기재하면 특허를 받을 수 있다.

이와 같은 논리로 세계 각국은 현재 AI를 방법발명 또는 장치(시스템)발명으로 다양하게 특허를 허여하고 있다. 특히 청구범위의 구성요소로서는 기존의 플랜트와 컴퓨터, 그리고 AI 알고리즘(예컨대, 인간신경망의 딥러닝 및 머신러닝, 퍼지이론 등)을 결합한 형태로 특허출원하는 경우, 인간에 의한 방법으로 간주하여 특허를 허여하고 있다. 따라서 AI가 스스로 판단하고 수행하여 최적의 목푯값을 도출하고 있지만, 그러한 도출을 하도록 청구범위에 하드웨어와 결합된 구체적인 구현 방법 및 수단을 기재하고 있는 경우에는 인간에 의한 발명으로 간주하고 있다는 의미이다. 그러므로 단순히 AI가 창작하였다는 창작물만으로 저작자가 누구인가라고 하는 저작권법상의 쟁점과는 구별할 필요성이 있다.

또 특허법에서는 특허를 받을 수 있는 자의 요건에 해당하는 것인가의 쟁점보다는 일반적으로 AI의 개념을 구현하기 위한 알고리즘을 지식베이스와 추론엔진의 구성요소로 하여 발명의 목적을 달성하고 있어야 한다. AI가 갖는 비선형성 특징을 기존의 하드웨어(선형성)에서 동작시키기 위하여 SW(프로그램발명)의 형태로 구성하고 있다는 것을 구체적으로 특정하여야 특허를 받을 수 있다. 다만, AI가 목적달성을 위한 수학적 알고리즘, 즉 수학적 계산과정(예컨대, 추론엔진의 연산방법, 무게중심법, 최대·최소연산법 등)이 명세서에 구체적으로 기재되어 있다고 하더라도, 이는 특정과제를 해결하기 위한 물리적 변환이 없기 때문에 특허법 제29조 제1항 본문의 성립성 요건을 위배하게 되므로 특허를 받을 수 없다.

최근 AI 관련 발명의 특허출원 및 특허등록 경향을 보면, 대부분

컴퓨터 등의 하드웨어(칩형태)와 인간의 기능을 대체하는 AI 알고리즘형태(방법발명), 즉 학습데이터 구조와 학습프로그램에 의한 학습데이터 구조의 반복학습을 통하여 최적의 목푯값을 도출한다는 SW발명이 주류를 이루고 있다.

제 2 장

제4차 산업혁명의
주요기술과 특허

제1절 AI의 개념과 특허

1. AI의 기술적 개념

AI 기술은 최근 정보통신기술(ICT)뿐만 아니라 다양한 산업분야에 적용되고 있지만, 종전부터 우리 일상생활에 적용되어 오고 있는 것으로 크게 3세대로 구분할 수 있다.

우선 제1세대는 1950년대에 컴퓨터가 등장하면서 Alan Turing이 기계도 사유할 수 있는 것인가란 질문을 던지며 등장하여 1960-1990년대의 초기 30년 동안 산업에 적용되어 왔던 기호주의 AI(Symbolic AI)를 말한다. 특히 제1세대 초기의 인공지능연구는 대중의 높은 관심에 비하여 기술의 진전을 이루지 못하면서 오랜 정체기를 맞이하였고, 그 후 Geoffrey Hinton 교수의 기계학습(Machine Learning, 이하 "머신러닝"이라 한다) 및 딥러닝(Deep Learning) 연구로 전환점을 맞이하면서 AI 관련 인공신경망 개념이 데이터와 컴퓨터 계산능력의 발달로 조금씩 응용되어 왔다.[1]

제2세대는 1990-2019년 현재까지 정보통신기술(ICT)분야에 적용되어 오고 있는 연결주의 AI(Connectionist AI)를 말하며, 특히 많은 데이터로부터 반복학습하여 지능 시스템을 구현하고 있다. 제2세대는 2000년대에 University of Toronto에서 관련 분야의 학자들과 'Neural Computation and Adaptive Perception' 프로그램을 만들어 공동연구가 진행되었고, 그 후 AI가 빅데이터를 활용한 딥러닝 과정을 통해 스스로 학습하는 것이 가능함을 보여 주면서 관련 연구가 급속히 발전한다. AI의 대표적인 기술인 딥러닝은 기계학습

---

1) Charniak, E. and McDermott, D., Introduction to Artificial Intelligence, Addison-Wesley(1985).

의 한 분야로서, 두뇌의 작동방식을 모방하는 인공신경망을 활용하는 방식으로 음성인식 및 상황판단, 자동번역 등 다양한 분야에 적용되고 있다. 다만, 최근 몇 년 사이에 딥러닝을 통해서 빠르게 발전하고 있지만, 특히 딥러닝은 우리사회의 복잡한 문제를 적극적으로 해결하는 기술적 장점을 가지고 있으나 많은 데이터의 구축과 가공을 통한 학습데이터 구조가 필요하고 그러한 학습데이터 구조에 의한 반복학습을 통하여 최적의 모델을 구현하기 위한 정확한 해석을 도출하는 것에 한계를 가지고 있는 단점이 있다.

제3세대는 2020년 이후를 말하며, 제2기의 연결주의 AI(Connectionist AI)를 바탕으로 학습데이터 구조와 반복학습을 통한 최적의 모델의 한계를 극복하는 새로운 AI 패러다임을 열어 갈 시기이다. 오늘날 제4차 산업혁명 시대에서는 IoT 환경을 통해서 새로운 종류의 데이터와 서비스가 등장하고 컴퓨팅 환경 및 정보 인프라가 다시 한 번 크게 변화할 것이다. 특히 자동차, 드론, 로봇과 같은 자율주행 체들과 IoT를 통해서 물리적 또는 가상적 세계로부터 자동으로 생성되는 센서 데이터는 지금까지 사람이 컴퓨터에 입력하던 데이터와는 그 종류와 규모와 속도 면에서 비교가 안 될 정도로 거대하고 빠를 것이다. 이는 AI 기술이 양적인 성장만이 아니라 질적으로 변화하는 새로운 도약을 요구하고 있다고 할 수 있다.[2]

AI는 인간과 유사한 지능을 가진 스스로 인식하고 자율적으로 행동하는 컴퓨터기기를 의미한다. 예로서 AI 로봇은 외부 환경을 인식하고 스스로 상황을 판단하여 자율적으로 동작하는 기기로서, 초기 AI 로봇은 특정 분야에서만 활용가능하고, 알고리즘은 물론 기초 데이터·규칙을 입력해야 이를 바탕으로 학습할 수 있으며, 규칙을 벗어난 창조는 불가능하며, 인간의 마음을 인식할 필요 없

---

2) 장병탁, "인간지능과 기계지능~인지주의 AI", 정보과학회지 제36(1)호, 17-18면.

이 한정된 과제를 해결하는 수준에 불과하였다(통상 "약한 AI"라고 한다). 그러나 최근의 로봇은 AI를 탑재하여 빅데이터와 IoT, 블록체인 등과 같은 네트워크를 이용한 딥러닝으로 스스로 데이터정보를 융합하고 반복학습에 의하여 새로운 최적의 목푯값을 도출할 수 있는 기술단계까지 진보하고 있다.[3]

기술적 관점에서 보면, 오늘날의 AI의 유형은 퍼지 알고리즘(Fuzzy algorism), 유전 알고리즘(Genetic algorism), 전문가 시스템(Expert system), 인공신경망(ANN: Artificial Neural Network) 등이 있다. 여기서 AI 알고리즘 중 인공신경망을 제외한 알고리즘은 컴퓨터 프로그램 로직으로 문제를 해결하는 형식으로 되어 있는 것이므로 통상의 프로그램발명으로 볼 수 있고, 이러한 통상의 프로그램발명에 인공신경망이 부가되어 알고리즘을 설계하면 AI가 스스로 데이터를 찾아 학습하며, 정해진 규칙을 벗어나 능동적으로 학습하며, 인간과 같은 정신적 수준을 가지게 된다(통상 "강한 AI"라고 한다).

AI의 구현에 있어서는 인공신경망이 매우 중요하다. 인공신경망은 다시 머신러닝(Machine Learning)과 딥러닝(Deep Learning)으로 나눌 수 있다.

1) 머신러닝(Machine Learning)

머신러닝이란 데이터를 통하여 기계를 학습시키는 방법으로 답을 찾아내는 학습 기술·지도학습(Supervised)을 말하며, 특히 최적의 목푯값(최적모델)을 알려 주면서 학습시키는 방법으로 AI 알고리즘을 통과한 출력값과 정답과의 오차를 점차 축소시키는 형식으로 반복학습을 하여 최적의 목푯값을 도출하는 기술사상을 말한다.

---

3) 김승래, "AI시대의 지식재산권 보호전략과 대책", 지식재산연구 제12권 제2호, 2017, 148면; 박해선, "스마트사회와 민사책임", 법학논총 제23권 제2호, 2016, 266면.

목푯값의 설정에 대해서는 다음과 같이 3가지의 유형이 있다.

(i) 비지도학습(Unsupervised)은 목푯값의 제시없이 학습데이터의 내용과 형태를 알아내는 방법 및 학습데이터의 그루핑(Grouping)에 사용하는 방법을 말한다.

(ii) 준지도학습(Semi Supervised)은 목푯값이 있는 학습데이터와 없는 학습데이터를 동시에 사용하여 학습하고 또 반복학습하여 최적의 목푯값에 도달하는 방법을 말한다.

(iii) 강화학습(Reinforcement)은 어떤 상태에 놓인 로봇이 현 상태를 인식하고, 그 다음 행동을 했을 때 그 행동이 현 상태에 적합한지의 여부를 판단함에 있어서 스스로 보상값을 주면서 학습시키는 방법을 말한다.

2) 딥러닝(Deep Learning)

딥러닝이란 복수 또는 다량의 학습데이터나 복잡한 자료들 속에서 조합을 통해 핵심적인 내용 또는 기능을 요약하는 데 사용되는 학습방법으로, 머신러닝과 다르게 학습전에 인간이 선처리한 목푯값의 설정 등의 작업 없이 학습데이터 구조를 그대로 이용하는 것을 말하며, 특히 딥러닝은 입력된 학습데이터 구조를 이용하여 알고리즘이 스스로 학습하여 최적의 목푯값을 도출하는 기술사상을 말한다. 즉 딥러닝은 컴퓨터가 여러 데이터를 이용해 마치 인간처럼 스스로 학습할 수 있게 하기 위해 인공신경망을 기반으로 수행되는 기계학습 기술이라고도 할 수 있으며,[4] 컴퓨터가 특정 업무를 수행할 때 정형화된 데이터를 입력받지 않고 스스로 필요한 데이터의 수집·분석을 통하여 학습데이터 구조를 만들고 그러한 학습데이터 구조를 바탕으로 반복학습을 수행하여 최적의 목푯값을 도

---

[4] 차상육, "인공지능(AI)과 지적재산권의 새로운 쟁점―저작권법을 중심으로", 법조 Vol. 723, 2017, 191면.

출하는 것을 말한다.

딥러닝 기술은 학습, 추론, 인지(인식)를 기본개념으로 하고 있다. 다양한 데이터를 컴퓨터에 입력하고 유사한 것끼리 체계적으로 분류하고 정리하며 배열하여 학습데이터 구조를 생성하고, 그 학습데이터 구조를 이용하여 학습을 실행하여 목푯값에 도달하기 위하여 스스로 추론하여 새로운 학습데이터 구조를 생성하고, 이러한 학습과 추론을 반복함에 있어서 인간의 지능과 같은 방법으로 인지(인식)를 하여 판단하고 최종의 목푯값을 도출할 수 있다.

이러한 딥러닝을 수행하는 것은 인간의 인위행위가 아니라 컴퓨터가 마치 인간처럼 생각하고 배울 수 있도록 하는 것으로, 컴퓨터가 또 하나의 인지(인식)를 수행하는 것으로 볼 수 있다. 따라서 딥러닝은 학습데이터 구조를 스스로 편집하여 가공하고, 그 학습데이터 구조를 통하여 반복학습에 의한 최적의 모델을 창출하는 컴퓨터라고 할 수 있다. 즉 인간의 두뇌와 같이 수많은 데이터 속에서 일정한 패턴을 발견하고 그러한 패턴을 통해 사물을 구분하는 정보처리방식을 말한다. 이와 같이 딥러닝에 의한 학습, 추론, 인지(인식)의 정보처리방식은 인간의 인위적 행위가 아니라 컴퓨터라는 하드웨어에 의하여 실행되고 있는 것으로, 이러한 기술사상을 청구범위에 특정하는 경우에는 특허를 받을 수 있다.

결론적으로, 인간 뇌의 신경회로 구조를 본뜬 뉴럴 네트워크의 학습완료 모델은 아래의 [그림 4]와 같이 (i) 입력에서 출력까지의 연산을 실시하는 프로그램, (ii) 해당 연산에 이용된 가중치 계수(파라미터 알고리즘)의 조합이다. 입력되는 다양한 데이터에 대해서 해답이 출력되도록, 기계학습(딥러닝)에 의해 뉴럴 네트워크의 각 층의 뉴런 간의 가중치 계수(파라미터 알고리즘)를 최적화한다. 이러한 AI 기술의 개념은 인공신경망의 딥러닝기술을 적용하게 되면, 중간층이 다수의 층으로 구성된 뉴럴 네트워크를 이용한 기계학습의 방법으로 고품질인 학습완료모델을 생성하고, 그 생성된 학습완

[그림 4] AI의 딥러닝에 의한 학습완료모델(SW)과 출력물

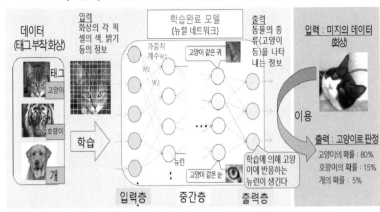

<출처> 일본특허청, IoT関連技術の審査基準等について(2018. 6.)에 의하여 재작성

료모델에 목적에 따른 입력데이터를 입력함으로써 최적의 산출물
을 도출하는 프로그램으로서의 SW 또는 그 시스템을 말한다.

2. 반복학습 요건

AI는 일반적으로 인간의 사고능력(인지 추론학습 등)을 모방한 기
술을 말하고,5) 이러한 AI는 인간의 지각, 추론, 학습능력 등의 컴퓨
터 기술을 이용하여 구현함으로써 문제를 해결할 수 있는 기술이
다.6) 여기서 컴퓨터 기술을 이용하여 구현함으로써 문제를 해결한
다는 의미는 인간이 특정과제를 해결하기 위하여 만든 학습프로그
램이 스스로 예측하고 판단하여 보다 더 좋은 결과를 알아서 수행
할 수 있도록 하는 아이디어로서, 이는 SW발명에 관한 것이라고
말할 수 있다.

---

5) 석왕헌·이광희, AI 기술과 산업의 가능성, 한국전자통신연구원 Issue Report
   2015-04, 2015, 5면.
6) 곽현·전성태·박성혁·석왕헌, "AI(AI) 기술 및 정책 동향", 한국지식재산
   연구원 Issue & Focus on IP 제2016-36호, 2016. 9. 2, 3면.

AI는 사람처럼 생각하고 행동하며 합리적으로 생각하고 행동하는 시스템을 발전시키는 데 사용될 수 있기 때문에 지식경제학에서 주요 역할을 수행하며, AI에 대해서도 다양한 정의가 존재한다.[7] AI는 기본적으로 인간의 뇌를 기본 모델로 하고 있어서, AI를 구현함에 있어서 지식의 정의 및 표현, 조작 등은 결국 인간이 만든 프로그램에 의하여 반복학습, 즉 사용자는 AI 시스템의 인터페이스를 통해 질의를 하고, 그 질의는 내부의 추론 엔진에 의해 처리되는데, 이때 지식 베이스를 이용하여 사용자의 질의에 대해 응답하며 또 인터페이스를 통해서 응답하고,[8] 그 결과 인터페이스의 지능화, 추론 방법의 지능화, 지식 베이스의 지능화 등을 통하여 AI의 역할을 수행하는 시스템이 완성되게 된다.

이러한 AI 기술은 지능로봇, 자율주행차, 드론, 무인항공기, 무인수술로봇 등 다양한 분야에서 적용되고 있는데, AI가 단순히 인간을 대신하는 기계라기보다는 사람이 만든 프로그램에 의하여 스스로 인식하고 판단하여 새로운 기술사상을 구현[9] 하는 것으로 그 핵심기술은 프로그램으로써 SW라고 할 수 있다. 따라서 AI 기술은 인간의 뇌를 컴퓨터로 모델링하자는 데서 출발한 학문으로, 인간 뇌의 기능이 다양한 만큼 AI의 응용영역 또한 무한하다고 할 수 있으며,[10] 이는 결국 인간이 특정 과제를 수행하기 위하여 만든 프로그램이 그 과제를 수행하면서 스스로 인식하여 인간이 생각한 그 이상의 과제를 수행하는 것으로 기본적으로 정보통신기술(ICT) 발

---

7) 이병기, "AI 기술의 특허 경쟁력과 기술-산업 연관성 분석―주요 선진국의 비교분석", 한국경제연구원 KERI Insight 16-37, 2017, 4면.

8) 조영임, "빅데이터 기반 AI의 부동산분야 활용 가능성 및 전망", 부동산 포커스(Real Estate Focus) Vol.100, 2016, 36면.

9) 김영인, 국방 AI(AI) 활용방안 연구, 국방부 연구보고서, 2017, 6면.

10) 조영임, "AI 기술 동향 및 발전 방향", 정보통신기술진흥센터 주간기술동향, 2016, 25면.

전에 따른 결과이며, 정보통신기술(ICT)의 바탕은 SW의 프로그램에 있다고 할 수 있다.

3. 추론 · 인지(인식) 요건

AI의 3대 주요 기술은 학습 · 추론 · 인지(인식)며, 이러한 학습,[11] 추론,[12] 인지(인식)[13]를 통하여 스스로 인식하여 새로운 문제해결을 할 수 있는 AI 시스템으로 완성되기 위해서는 학습, 추론, 인지(인식)를 반복학습에 의하여 스스로 인식할 수 있도록 하는 추론 엔진, 규칙베이스 및 데이터베이스, 사용자 인터페이스(Human Computer Interface: HCI) 등 4대 필수요소를 포함하여야 한다.

AI는 학습, 추론, 인지(인식)이라는 3대 주요기술이 어우러져야 진정한 지능형 시스템이 탄생하게 된다. 딥러닝은 학습파라미터 알고리즘에 초점이 맞춰진 새로운 돌파구로 등장하였으나, 앞으로 추론 및 인지(인식)분야의 새로운 개념의 등장을 통한 융복합 및 ICBM(IoT, Cloud, Big Data, Mobile)과의 환상적인 결합에 의하여 진정한 인간을 모방하는 지능형 시스템이 출현하게 될 것이다.[14]

이와 같이 AI는 특정 분야 및 특정 목적에 대하여 인간의 추론능력, 인지(인식)능력, 학습능력, 자연어의 이해 · 처리능력 등 인간의 지능을 정보통신기술(ICT)이라는 프로그램을 통해 일부 구현하여 인간의 능력을 향상시키고,[15] 사용자의 편리성 및 이용자의 요구

---

11) 학습이란 계속적인 과정에 의해 사실과 규칙을 습득하는 과정을 말한다.
12) 추론이란 주어진 사실이나 규칙으로부터 인지된 입력에 대해 결론을 얻는 과정을 말한다.
13) 인지(인식)란 인간-기계 간 인터페이스에 해당되는 능력(즉, 보고 듣고 말하기)을 말한다.
14) 조영임, 앞의 주간기술동향, 26면.
15) 신은희, 지능형 콘텐츠 기술 발전전략 연구, 한국콘텐츠진흥원 연구보고서, 2017, 20면.

성에 부합되는 맞춤형 최적의 서비스를 제공할 수 있는 기술로서 다양한 산업분야에 활용되고 있고,[16] 현재 AI관련 특허출원이 급증하고 있다.[17]

다만, 현행 특허법상의 프로그램발명으로서의 일반 SW시스템과 AI시스템은 프로그램이라는 기술사상 관점에서 보면 유사하지만, 다음과 같은 점에서 차이가 있으므로, AI관련 프로그램의 특허성 인정 및 이에 따른 진보성의 판단기준도 새롭게 정립되어야 할 것이다.

첫째, 지식이용 관점에서 보면, 일반 SW는 자료나 정보를 사용하는 반면, AI는 인간과 같은 정보지식을 사용할 수 있는 기능을 가지고 있다.

둘째, 추론기능에서 보면, 일반 SW는 인간이 만든 프로그램의 범주 내에서만 특정 과제의 해결 기능을 가지고 있지만, AI는 인간이 만든 학습프로그램에 의하여 반복학습을 하면서 스스로 새로운 해결방법을 추론할 수 있는 기능을 가지고 있다.

셋째, 탐색 기능에서 보면, 일반 SW는 인간이 만든 탐색범위 내에서만 당해 프로그램이 탐색을 수행하고 있지만, AI는 인간이 만든 탐색범위 내에서 수행하면서 스스로 인식하여 보다 좋은 새로

---

16) 예를 들면, 딥러닝 기술이 적용된 AI제품으로는 음성인식기술을 탑재한 애플의 아이폰, 구글의 음성인식과 번역시스템, 페이스북의 뉴스피드와 이미지인식시스템(딥 페이스라는 얼굴인식 알고리즘을 2014년 3월 개발했으며, 얼굴인식기술 탑재), 또 페이스북과 구글 포토의 전혀 불일치하는 사람을 태그하거나 엉뚱한 사물을 분류하여 검색차단하는 시스템, 영화 '아이로봇'의 주인공 부인과 주인공이 차안에 갇힌채 물에 빠지는데 로봇은 주인공인 남자만 살려내는데, 그 이유는 남자가 살 가능성이 더 높기 때문이고 그렇지 않은 여자는 내버려 두는 행위 태양 등도 딥러닝기술이 적용된 AI기술이라고 할 수 있다.
17) 등록특허번호 10-1906428호(등록일자 2018. 10. 2)(발명의 명칭: 음성인식기반 AI형 안심 서비스 제공 방법).

운 탐색기능을 도출하여 스스로 탐색을 수행할 수 있는 기능을 가지고 있다. 즉 AI는 인간이 만든 학습프로그램에 의하여 탐색을 수행하면서, 경험적인 추론의 원리를 이용하여, 방대한 양의 탐색영역에서 최적의 목푯값을 구하고자 일정한 규칙에 근거하여 해답를 찾는 방법인 휴리스틱 탐색(heuristic search) 기능을 제공한다.

넷째, 입력정보와 출력정보의 관점에서 보면, 일반 SW는 주어진 입력정보에 의하여 특정된 출력정보를 생성하는 기능을 수행하지만, AI는 주어진 입력정보에 의하여 특정된 정보를 출력하는 행위를 반복학습을 수행하면서 스스로 주어진 입력정보보다 더 많은 입력정보를 인식하여 보다 완벽한 출력정보를 산출할 수 있는 기능을 가지고 있다.

4. 하드웨어 결합요건

SW발명은 「사용 목적에 따른 특유의 정보의 연산 또는 가공을 실현한 것」이지만, 청구항에 기재된 사항으로부터 발명의 수행주체(하드웨어)를 명확하게 파악할 수 없는 경우, 해당 청구항은 발명의 실시가 명확하게 기재되어 있지 않다는 이유로 특허를 받을 수 없다.[18] AI발명은 세계 각국이 SW발명의 범주에 포함시키고 있으므로 위와 같은 인간의 인위적 행위가 아니라 컴퓨터 등의 하드웨어에 의하여 구현된다는 하드웨어 결합요건을 충족하여야 한다.

AI발명이 방법발명인 경우, AI발명도 시계열적으로 연결된 일련의 처리 또는 조작, 단계에 대한 것으로 학습데이터 구조를 근거로 최종의 목푯값을 산출하기 위한 각 단계별 학습방법을 기재하여야 하며, 또는 AI가 학습데이터 구조를 근거로 학습프로그램에 의하여 반복학습을 통하여 스스로 최적의 목푯값을 설정하여 결과물을

---

18) 특허청, 앞의 심사기준(2019. 3. 18. 특허청예규 제108호), 9A08면.

도출하는 것에 대한 단계별의 방법이 인간의 인위적 수단에 의하여 이루어지는 것이 아니라 하드웨어에 의하여 이루어진다는 것을 명확히 특정하여야 한다.

AI발명이 시스템 또는 장치(예, 인공지능 로봇청소기)와 같은 물건발명인 경우에는 그 발명을 구현하는 복수의 기능으로 표현할 수 있을 때 그 기능으로 특정된 물건(장치)의 발명으로서 청구범위에 기재하여야 한다.[19]

특히 AI발명이 머신러닝이나 딥러닝의 인공신경망에 의하여 학습데이터의 반복학습을 통하여 스스로 판단하여 최적의 목푯값을 도출하는 방법발명에 있어서는 비록 인간의 인위적인 행위에 해당하지 않고 AI에 의하여 이루어진다고 하더라도 그러한 학습행위가 특정 하드웨어와 결합되어 이루어진다는 것을 청구범위에 명확히 특정하여 기재하여야 한다.

제2절 빅데이터(Big Data)의 개념과 특허

1. 빅데이터의 기술적 개념

빅데이터란 디지털 공간에서 비정형 데이터가 크게 늘어남에 따라 기존의 방식이나 방법, 도구로 수집, 저장, 분석, 시각화하기 어려울 정도로 큰 규모의 자료로서 비정형 데이터를 의미한다.[20][21]

---

19) 특허청, 앞의 심사기준(2019. 3. 18. 특허청예규 제108호), 9A04면.
20) 홍승필, 빅데이터 기반 개인정보보호 기술수요 분석, 한국인터넷진흥원 연구보고서, 2012, 2면.
21) 같은 취지로, 빅데이터를 "통찰력 향상 및 의사결정에 높은 비용 대비 효율 및 혁신적인 도움을 주는 엄청난 양과 빠른 속도, 그리고 다양성을 갖춘 정보"라고 정의하였다(M. K. Beyer and D. Laney,"The Importance of 'Big

원시데이터의 생성 또는 데이터의 수집이 이루어지고, 다음으로 수집된 원시데이터의 데이터베이스 구축, 원시데이터로부터 학습데이터 구조의 가공, 그 가공된 학습데이터 구조를 이용하여 산업 창출이 혁신적으로 일어나고 있으며, 이러한 데이터의 수집, 저장, 분석, 이용 및 창출에 AI와 같은 기술이 더해짐으로써 제4차 산업혁신이 일어나고 있는 것이다.

빅데이터 관련기술이란 인터넷 및 SNS 등에 있는 각종 데이터, 카드회사의 거래내역에 관한 데이터, 통신회사의 가입자 및 이동위치 등과 관련한 각종 데이터, 부동산회사의 주택 및 아파트, 토지 등의 거래내역에 관한 데이터, 홈쇼핑회사의 소비자 및 거래내역에 관한 데이터, 기업의 거래처 관리 및 하자관리 등의 각종 데이터를 수집, 가공, 분석, 이용 및 창출하고자 적용되는 기술사상을 말한다. 이러한 빅데이터는 단순히 보유하는 것만으로는 큰 가치가 없고, 또 빅데이터 그 자체에 가치가 있는 것이 아니다. 빅데이터의 수집, 가공, 분석, 이용 및 창출 등을 실시해, 빅데이터를 사업 활동에 적용하는 방법을 개발하는 것이 매우 중요하다.

최근에는 빅데이터의 수집, 가공, 분석, 이용 및 창출에 AI의 기술사상을 적용하여 획기적으로 빅데이터의 활용을 촉진하고 있다. 빅데이터 중에는 다른 데이터와 결합하여 가공 및 분석이 AI에 의하여 이루어짐으로써 새로운 부가가치 산업의 창출을 유도하고 있다. 특히 업종을 초월한 복수의 빅데이터 조합은 오픈 이노베이션을 초래할 것으로 기대되고 있으며, 여기에 AI를 적용함으로써 이용 및 활용 데이터의 대상과 종류를 넓혀 다양하게 결합하여 경쟁력이 높은 새로운 산업 창출을 유도할 수 있다.

Data': A Definition," Gartner, June 21st 2012).

2. 빅데이터의 수집 · 가공 및 분석 · 창출

1) AI 기술에 의한 빅데이터의 수집 · 가공 및 분석 · 창출

멀티미디어 콘텐츠의 폭발적 증가, 스마트폰의 보급, SNS의 활성화 등으로 데이터 수집 및 이용이 기하급수적으로 증가하고 있고, 이와 관련하여 빅데이터 기술도 비약적으로 발전하고 있다.

빅데이터 기술발전은 스마트 단말과 센서의 보급 확대 등으로 더욱 가속화될 전망이며,[22] 전 세계 데이터는 매년 40%씩 증가하고 있으며, 모바일 기기, 온라인 상거래, SNS 서비스 등에서 하루에 250경 바이트 분량의 비정형 데이터가 생성되고 있다.[23] 최근에는 대규모 자료의 수집, 분류, 체계화, 분석을 위한 도구 등을 포괄하는 용어로 빅데이터가 등장하였고, 이러한 빅데이터의 효율적 관리와 이용을 촉진하기 위해서는 관련기술과 이를 움직이는 프로그램으로서의 SW개발이 활발히 이루어지고 있고,[24] 빅데이터 관련 프로그램발명도 많이 특허출원되고 있다.[25]

빅데이터 기술은 기존의 데이터관리분석 체계로는 감당하기 어려운 정도의 거대한 데이터를 관리하고 이용하기 위하여 사용되는 기술의 총칭을 의미하고,[26] 여기에 새로운 프로그램의 알고리즘과

---

22) 홍승필, 앞의 연구보고서(한국인터넷진흥원), 2면.
23) 홍승필, 앞의 연구보고서(한국인터넷진흥원), 5면.
24) 홍승필, 앞의 연구보고서(한국인터넷진흥원), 5면.
25) 빅데이터발명의 예로서, 등록특허번호 10-1897441호(등록일자 2018. 9. 4), 그 요지는 "빅데이터 수집 기반 오·폐수 수질 차등화 처리 시스템 및 방법, 그리고 빅데이터를 이용한 오·폐수 수질 차등화 프로그램을 기록한 컴퓨터로 판독가능한 기록매체"이다.
26) IDC, Extracting Value from Chaos, (2011)에서는 빅데이터를 업무수행에 초점을 맞추어 "다양한 종류의 대규모 데이터로부터 저렴한 비용으로 가치를 추출하고, 데이터의 초고속 수집·발굴·분석을 지원하도록 고안된 차세대 기술"이라고 정의할 수 있다.

아이디어가 뒷받침되어야 한다. 사용자를 위해 허용 경과시간 내에 데이터를 수집하고 저장 관리하고 처리하기 위해서는 범용의 하드웨어 환경이나 SW도구·프로그램의 영역을 넘어서는 프로그램의 운영시스템이 있어야 한다. 즉 데이터의 규모가 방대하고, 데이터를 상호 융합하며, 데이터의 수집·처리 및 분석·예측을 동시에 실현할 수 있는 빅데이터 기술에는 결국 새로운 프로그램과 SW 시스템이 요구되고, 그 요구에 부응하여 개발된 SW로서의 프로그램에 특허성을 인정하기 위한 판단기준뿐만 아니라, 선행 프로그램으로부터 진보성이 있는지의 판단기준이 구체적으로 확립되어야 한다.

빅데이터 기술은 빅데이터 처리 인프라를 기반으로 하는 빅데이터 분석 플랫폼 기술로서, 그 기술은 데이터수집통합,[27] 데이터 처리 및 저장관리,[28] 데이터분석,[29] 데이터분석 가시화기술[30]로 구

---

27) 데이터 수집 통합기술은 분산된 다양한 데이터 소스로부터 필요로 하는 데이터를 수동·자동으로 수집하는 과정이다. 조직 내부에 분산된 정형 데이터의 수집 및 조직 외부에 흩어진 비정형 데이터의 수집을 모두 고려해야 하며, 데이터의 수집은 주로 툴, 프로그래밍에 의해 자동으로 이루어진다[홍승필, 앞의 연구보고서(한국인터넷진흥원), 70면].

28) 데이터 전처리 및 저장 관리 기술은 기존 정형화된 데이터뿐만 아니라 비정형화된 데이터를 포함할 뿐 아니라 그 규모 또한 방대하여 기존의 데이터베이스로는 저장 관리에 한계가 있다. 따라서 빅데이터를 저장 관리하기 위한 새로운 형태의 데이터베이스 및 DBMS가 등장하고 있다. 특히 빅데이터 저장·관리 기술은 웹 데이터, 소셜미디어, 비즈니스 데이터, 센싱정보 등의 폭증하는 다양한 형식의 데이터를 실시간 저장·관리할 수 있는 분산 컴퓨팅 기술이다(홍승필, 앞의 연구보고서, 90면).

29) 빅데이터 분석기술은 통계학과 전산학, 특히 기계학습 데이터마이닝 분야에서 이미 사용되던 기법들이며, 이 분석기법들의 알고리즘을 대규모 데이터처리에 맞도록 개선하여 빅데이터 처리에 적용시키고 있다. 최근 소셜미디어 등 비정형 데이터의 증가로 인해, 다양한 분석기법들 가운데 텍스트 오피니언 마이닝, 소셜네트워크 분석, 군집분석 등이 주목을 받고 있다(홍승필, 앞의 연구보고서, 90면).

분할 수 있으며,[31] 결국 이들의 기술의 뒷받침은 프로그램으로 통칭되는 진보된 SW기술이라고 할 수 있다.

다만, 이러한 다양한 각종 데이터의 결합에 의하여 수집, 가공, 분석, 이용 또는 창출에 AI 기술을 적용하여 최적의 목푯값을 도출할 수 있다. 즉 학습데이터의 가공과 분석에 의하여 최적의 목푯값을 도출함에 있어서 AI의 학습, 추론, 인지(인식) 기술을 적용하는 경우에는 빅데이터를 이용한 AI발명(빅데이터+AI)으로 특허를 받을 수 있다.

2) AI에 의한 크롤링(crawling)과 빅데이터

크롤링(crawling) 또는 스크레이핑(scraping)이란 웹페이지의 내용을 그대로 가져와서 필요한 데이터를 추출해 내어서 필요한 데이터를 구축하는 것을 말한다. 크롤링이 웹페이지에 대하여 이루어지면 웹크롤링이라 한다.

이와 같이 크롤링은 인터넷이나 SNS 등에서 필요한 데이터를 수집하여 사용 목적에 맞게 가공하는 방법에 대한 프로그램을 말한다. 이러한 프로그램에 AI의 학습, 추론, 인지(인식) 기술을 적용하여 최적의 목푯값에 해당하는 데이터를 구축할 수 있다. 여기서 AI 기술이 적용되지 않는 크롤링은 물론이고 AI 기술이 적용된 크롤링도 새로운 데이터의 수집과 구축에 관한 방법으로 간주하여 당연히 방법특허의 보호대상이 된다.[32]

---

30) 빅데이터 분석 가시화 기술은 비전문가가 데이터 분석을 수행할 수 있는 환경을 제공하는 분석도구 기술 및 분석 결과를 함축적으로 표시하고 직관적인 정보를 제공하는 인포그래픽스 기술로 구성된다(홍승필, 앞의 연구보고서, 109면).

31) 조영임, 앞의 Real Estate Focus(Focus Vol.100), 41면.

32) 예를 들면, 특허등록번호 10-1992761호(등록일자: 2019.6.19.; 발명의 명칭: 웹 기반의 이미지 크롤링 장치 및 방법)에는 이미지 크롤링 장치에 관한 것이며, 이미지 크롤링 장치는, 객체에 대한 복수의 인스턴스 및 인스턴스

　여기서 크롤링의 대상이 되는 데이터가 타인의 저작권에 속하는 데이터베이스라든가 또는 무단으로 타인의 웹페이지 등에서 데이터를 수집하는 프로세스(AI의 구현방법)가 특허출원의 명세서에 있다고 하더라도 특허를 받는 것에는 문제가 없다. 다만 특허를 받은 후에 특허발명을 실시하기 위하여 실제 그런 행위를 허락 없이 하는 경우에 관련 법률(개인정보보호 등)에 문제가 되기 때문에 사전에 협의를 하고 그 특허발명을 실시하는 경우에는 특별히 문제가 발생하지 않는다.

　예를 들면, 웹페이지 또는 SNS의 운영자 내지 데이터소유자(데이터베이스제작자)의 의사에 반하여 그 데이터를 무단으로 그대로 가져와서 크롤링(crawling)하는 경우, AI특허권자라 하더라도 웹페이지 또는 SNS의 운영자, 데이터베이스제작자에 대해 불법행위(저작권침해행위 내지 데이터베이스제작자의 권리의 침해 등)가 성립될 수 있는 문제점이 있지만,33) 그러한 불법행위의 문제점이 있다고 하더라도, AI 기술의 적용에 의한 크롤링의 방법발명이 신규성과 진보성이 있다면 특허를 받을 수 있다.

　에 대한 서브 인스턴스를 포함하는 온톨로지를 생성하는 온톨로지 생성부, 상기 서브 인스턴스를 키워드로 이용하여 상기 서브 인스턴스에 대응하는 이미지를 검색하고, 검색된 이미지의 소스 URL을 추출하는 크롤링부 및 상기 추출된 소스 URL과 연계하여 검색된 이미지를 도출하는 분산파일시스템(Distributed File System)에 저장하는 처리부를 포함할 수 있다.

33) 예로서, 인공지능(AI) 알파고(AlphaGo)는 이세돌과 대국을 위하여 이세돌 등 프로기사들의 과거의 기보를 딥러닝 했다. 구글 딥마인드사는 알파고(AlphaGo)로 하여금 프로기사들의 기보 16만 개를 입력해 그들의 수법을 모방하게 하고 스스로 학습해 깨우치게 했다. 그 과정에서 과연 프로기사들 개인이나 기보 데이터베이스 제작자로부터 이용허락을 받았는지가 문제될 수 있다(차상육, 앞의 논문, 28면).

3. 정보의 물리적 변환요건

빅데이터는 다량의 정보수집과 관리를 하여 그 이용 활성화를
극대화할 수 있으므로 향후 비즈니스의 모습, 나아가 산업 구조까
지 바꿀 정도의 잠재력을 가진 산업으로 평가받고 있으며, 기업들
은 빅데이터 분석을 통해 소비자의 다양한 취향과 요구, 행동 등을
실시간으로 감지하고 감리함으로써 새로운 비즈니스 모델 발굴과
경영전략을 추진할 수 있는 최첨단 기술이라고 할 수 있다. 이러한
빅데이터 기술은 결국 SW로 대변되는 프로그램에 의하여 달성되
게 되므로, 빅데이터 관련 프로그램발명은 선행의 다양한 프로그램
기술의 집합체라고 할 수 있으므로 이들의 선행문헌과 비교하여
쉽게 발명할 수 있는가에 대한 진보성 요건을 충족하는 경우 특허
를 받을 수 있다.

4. 하드웨어 결합요건

빅데이터의 수집 및 가공, 분석 및 결합, 창출에는 일반적인 SW
관련기술이 적용되므로 프로그램발명과 같이 당해 처리 프로그램
이 컴퓨터 등의 하드웨어와 결합되어야 하고, 또 이러한 SW관련기
술에 AI가 적용되는 반복학습의 관련기술에는 학습, 추론, 인지(인
식) 기술이 있고, 이러한 기술들이 AI에 의하여 수행되는 경우에는
AI발명으로서 위에서 설명한 것과 같이 AI 그 자체가 판단하는 주
체가 된다고 하더라도 그러한 행위는 인위적인 행위이므로 반드시
컴퓨터 등의 하드웨어에 의하여 수행되는 것으로 특정하여야 AI특
허를 받을 수 있다.

5. AI가 생성한 빅데이터와 특허문제

AI의 학습, 추론, 인지(인식) 기술의 적용에 의해서, 수집된 다수의 원천 데이터를 가공, 분석하여 새로운 빅데이터를 생성할 수 있다. 여기서 AI 기술의 적용에 의하여 생성된 빅데이터에 대한 특허법상의 쟁점 사항이 있을 수 있다. 즉 "AI의 학습, 추론, 인지(인식) 기술에 의한 다수의 원시데이터를 가공, 분석하여 빅데이터를 생성하는 방법"이 특허요건을 충족하는 경우와 충족하지 않는 경우를 고려할 수 있다.

첫째, "AI의 학습, 추론, 인지(인식) 기술에 의한 다수의 원시데이터를 가공, 분석하여 빅데이터를 생성하는 방법"에 대하여 특허권을 받은 경우, 생성된 빅데이터는 비록 인간이 아니라 AI에 의하여 생성되었다고 하더라도, 그러한 AI의 행위와 역할은 인간이 발명한 AI특허, 즉 AI에 의하여 다수의 데이터를 학습데이터 구조로 가공하고, 가공된 학습데이터 구조를 이용하여 반복학습이 이루어지고 또 그 반복학습에 의하여 최적의 목푯값에 해당하는 빅데이터를 생성하는 방법을 특정하고 있고, 그러한 방법은 컴퓨터 등의 하드웨어에 의하여 구현 또는 실현되는 것이므로, 최종 목푯값에 해당하는 빅데이터는 당해 특허발명(생성방법)의 사용에 의하여 생성된 것으로 볼 수 있다.

둘째, AI의 학습, 추론, 인지(인식) 기술에 의한 빅데이터의 생성방법이 특허를 받지 못한 경우에는 AI에 의하여 스스로 생성한 빅데이터는 저작권법상 보호가능한 데이터베이스에 해당될 수 있는지가 문제된다. 그 데이터베이스의 창작성여부에 따라서 편집저작물로서, 창작성이 없는 경우 데이터베이스 제작자의 권리로서 보호받을 수 있는지가 쟁점이 될 것이다. 여기서 AI의 학습, 추론, 인지(인식) 기술에 의하여 생성된 빅데이터는 저작권법상 데이터베이스에 해당될 수 있으며,[34] 현행 저작권법은 데이터베이스제작자를 보호하기 위하여 일정한 범위의 권리를 보장하고 있으며(저작권법 제93조), 데이터베이스제작자의 권리는 데이터베이스의 제작을 완료한 때부터 발생하며 그 다음 해부터 기산하여 5년간 존속한다(동법 제95조 제1항).[35] 다만, 데이터베이스제작자의 권리에 속하는 것으로 보기 위해서는 빅데이터가 비록 인간에 의해서가 아니라 AI의 학습, 추론, 인지(인식) 기술에 의하여 생성되었다고 하더라도, 그러한 AI의 학습, 추론, 인지(인식) 기술을 하드웨어에 적용하게 한 것은 인간이기 때문이라는 논리가 추정되어야 한다.

제3절 사물인터넷(IoT)의 개념과 특허

1. IoT의 기술적 개념

IoT는 제4차 산업혁명의 핵심 기술로 인식되고 있으며, 사물과 사물을 연결함으로써 인간의 삶을 획기적으로 변화시킬 수 있는 새로운 동력으로 기대를 모으고 있다. IoT 단말로부터 실시간으로 들어오는 데이터를 활용하여 우리가 원하는 목푯값을 빠른 시간 내에 얻을 수 있는 것으로, 특히 그동안 불가능하거나 위험하거나 고도의 전문적 숙련공만이 할 수 있는 작업도 IoT 기술을 적용함으로써 보다 쉽게 해결할 수 있게 되었다.

오늘날 제4차 산업혁명의 기본 메커니즘은 초지능 및 초연결, 융합으로 IoT를 통해 빅데이터를 생성하고, AI가 빅데이터의 가공, 편집 및 분류를 하여 학습데이터 구조를 작성하고, 이러한 학습데

---

34) 손승우, "인공지능 창작물의 저작권 보호", 정보법학 제20권 제3호, 2016, 96면.
35) 차상육, 앞의 논문, 226면.

이터 구조를 딥러닝 기술을 토대로 적절한 판단과 자율제어를 수행하여, 초지능적인 상품 및 제품 생산 서비스를 제공하고 있다. 결국 사물과 사물, 사물과 인간의 연결성과 자동화의 향상으로 제3차 산업혁명에 비해 처리 범위나 속도, 용량 등에서 차별화가 이루어지고 있고, 그러한 획기적인 기술진보와 시스템변화는 산업을 재편시키고 있다.

IoT의 초기에는 인간과 인간이 인터넷이란 통신시스템을 통해 상호작용할 수 있도록 네트워크로 연결된 상태를 의미하였지만, 최근에는 인간과 인간, 사물과 사물, 인간과 사물 간 연결을 뜻하는 사물통신(M2M: Machine to Machine) 개념으로 향후 만물인터넷(IoE: Internet of Everything)으로 확장될 전망이다. 즉 모바일 혁명 이후 모든 것이 연결되는 초연결 혁명이 진행 중에 있으며, 통신기술에 기반하여 IoT, 빅데이터 등이 연계하여 새로운 가치를 창출하는 ICBM(IoT-Cloud-BigData-Mobile)이 새로운 트렌드로 부상하고 있다. ICBM을 통해 사람과 사물, 인터넷이 유기적으로 연결되고 실시간 데이터 수집 · 저장 · 분석 · 활용이 가능해지며, 다양한 경제적 가치와 더불어 효율성과 편의성이 한층 높아질 것으로 기대되고 있다.[36]

AI와 빅데이터가 결합된 IoT는 제조업에 많은 영향을 미치고 있지만, 제조업 이외에도 신산업을 창출할 것으로 예측되고 있다. 즉 [그림 5]와 같이 가정, 가전기기, 헬스케어, 차량, 교통 등 다양한 분야에서 IoT서비스 기반조성 및 활성화를 위하여 서비스, 디바이스, 플랫폼, 네트워크 등의 주체들이 유연하게 협력체계를 이루어야 한다. 또한 기존의 소품종 · 대량생산에서 다품종 · 소량생산의 수직적 공급가치 사슬체계로 전환되고 있으며, 소비자 요구에 따른 맞춤형 제품과 서비스를 공급할 수 있도록 변화되면서, 특히 중소기

---

36) 정부 관계부처합동 보도문, 글로벌 선도 국가 실현을 위한 사물인터넷 확산 전략, 2015. 12. 7, 1면.

업 및 창조기업, 스타트업에 IoT를 적용함으로써 다양한 제품을 소
량으로 즉시 생산하여 판매할 수 있는 산업체계의 구축이 활성화
될 것으로 기대되고 있다.

  이와 같이 제4차 산업혁명 시대에 있어서는 사람과 사물이 서로
연결되는 초연결성이 기반이 되고 있어 방대한 빅데이터를 생성시
키고 있으며, 이러한 빅데이터의 분석을 통하여 데이터의 이용 및
유통, 활용에 관한 패턴을 파악하는 초지능성을 가지게 되고, 이를
통하여 생산업뿐만 아니라 우리의 일상생활, 경제산업분야의 생태
계 전반에 많은 영향을 미치고 있다. 이와 같이 IoT는 빅데이터뿐
만 아니라 AI가 결합되어 인간과 사물 간에 초연결 · 초지능이라는
획기적인 기술에 의하여 더욱 진보되고 있다.

[그림 5] IoT의 네트워크와 비즈니스 창출

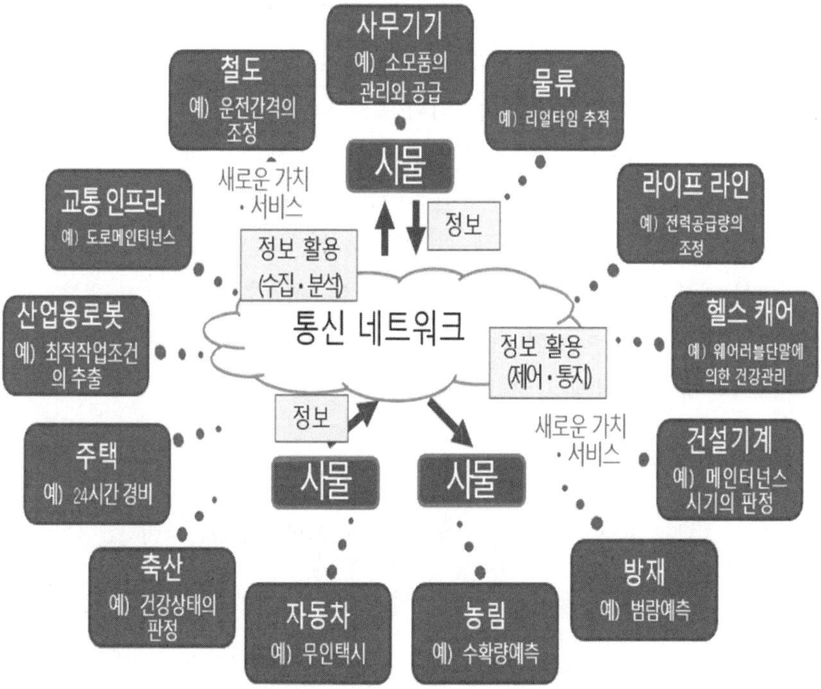

2. 사물과 인터넷의 유기적 결합요건

AI와 빅테이터가 결합되는 IoT는 통신 및 보안, 센서, 플랫폼 등 다양한 기술이 있어야 하고, 특히 이러한 기술들은 상호 결합되기 때문에 다양한 기술이 개발되고 있으며, 그 개발의 결과물에 대하여 특허출원이 되고 또 특허가 허여되고 있다. 따라서 IoT서비스 기반조성 및 활성화를 위한 서비스, 디바이스, 플랫폼, 네트워크 등의 주체들이 유연하게 협력체계로 갈 수 있도록 표준기술이 특정되어야 할 것이다.

특허가 허여되고 있는 IoT이란 다양한 사물들을 유무선 통신 및 네트워크 인프라를 통하여 연결하고, 이들로부터 센싱 혹은 분석된 정보를 활용하여 새로운 부가가치를 창출하는 서비스에 관한 기술을 의미한다.[37] 인터넷은 커뮤니케이션 위주로 물리적 기반에서 출발하였지만, 오늘날에는 모든 경제활동의 중심이 되는 플랫폼으로 진화하고 있다. 인터넷 초기에는 검색과 포털 사이트가 중심이 되었고 또 SNS의 등장으로 인터넷 활동이 증가하기 시작하였지만,[38] 스마트폰 도입 이후에는 인터넷 영역보다 모바일 영역이 확장되면서 이용자들은 언제 어디에서나 인터넷 접속을 할 수 있게 되었다. 인터넷을 자유롭게 활용할 수 있는 디바이스가 스마트폰에서 태블릿 PC, 스마트 TV 등 정보통신기술(ICT) 정보기기 대부분을 수용할 뿐만 아니라 자동차, 조명, 가전 등 다양한 사물들이 네트워크에 연결됨에 따라 모든 것이 네트워크에 연결되는 소위 IoT 시대가 실현되고 있다.[39]

---

37) 강정빈, "사물인터넷(IoT) 분야의 특허동향 및 대응방안", 지식재산정책 Vol. 26, 2016, 40면.
38) 배상태 · 김진경, "사물인터넷(IoT) 발전과 보안의 패러다임 변화", KISTEP R&D Inl 03, 2016, 45면.
39) 배상태 · 김진경, 앞의 동향보고, 45-46면.

또한 IoT 기술은 모바일 등 스마트 기기의 확산으로 인해 스마트 센서의 증가와 함께 기기 간의 융합 및 연결성을 확보하면서 헬스케어, 홈케어, 자동차, 교통, 건설, 농업, 환경, 엔터테인먼트, 게임, 에너지, 안전 등과 관련된 정보통신기술(ICT)의 융합분야 전반에 걸쳐 급속도로 적용 및 이용되고 있다.

IoT는 기존 정보통신기술(ICT)로서는 불가능했던 수많은 다양한 데이터를 수집할 수 있고 이를 관리할 수 있는 기반을 제공함으로써 ICBM을 실현할 수 있는 토대를 형성하여, IoT를 통해 수집된 데이터를 분석·활용하여 현실세계로 실시간 환류시킴으로써 현실세계와 인터넷이 연결되는 접점을 제공한다. 따라서 IoT는 ICBM 구현을 위한 선행조건인 동시에, 새로운 제품 서비스 개발 및 경쟁력 강화를 위한 필수요소라고 할 수 있다.[40]

3. IoT 기술의 결합구성요소

IoT의 핵심 기술사상은 프로그램과 그 시스템이라고 할 수 있다. 즉 IoT 기술사상의 목적은 언제 어디서나 어느 것과도 연결될 수 있는 새로운 통신환경 프로그램시스템으로 인간과 인간, 인간과 사물, 사물과 사물을 연결하여 정보 및 데이터를 수집하여 관리하고 이를 통하여 새로운 부가가치 서비스를 창출하기 위함이다. 이러한 새로운 부가가치 서비스를 창출하기 위한 IoT의 핵심기술은 사물,[41] 센서(sensors),[42] 프로세서(processor),[43] 통신 및 네트워크,[44]

---

40) 정부 관계부처합동 보도문, 앞의 보도문, 1면.
41) 사물인터넷이라고 불리는 만큼 네트워크에 연결할 대상, 즉 사물이라는 요소가 필요하다. 사물의 범위를 센서나 통신장치 등이 갖춰진 사물로 볼 것인지, 또는 그러한 데이터를 수집하는 대상도 사물로 볼 것인지에 따라 사물인터넷은 만물인터넷의 개념까지 확장될 수 있다(한혜진·김종성, 사물인터넷(IoT)을 활용한 스마트 물환경관리 방안 및 정책기반 마련 연구, 한

빅데이터와 정보처리[45] 등의 핵심적 인프라가 구축되어 있어야 하고, 그로부터 생성되는 데이터를 활용하는 역량이 중요하며, 최종적으로는 보다 나은 의사결정을 위해 인간과 데이터 프로세서 시스템이 필요하게 된다.

IoT 기술은 각각의 제품 혹은 서비스 특유의 하드웨어와 SW뿐만 아니라, IoT 기술을 실현하기 위한 제반 관련기술이 매우 방대하며,

---

국환경정책 · 평가연구원 연구보고서, 2016, 17면).

42) 사물인터넷이란 사물을 네트워크에 연결하는 것이라고 정의를 내렸지만, 정확하게 말하면 사물의 정보를 수집하여 네트워크에 연결하는 것이다. 대부분의 경우 사물의 상태를 감지하여 그것을 다시 정보로 변환하기 위해서는 센서가 필요하다. 센서는 온도, 압력, 위치, 움직임, 속도, 습도, 소리, 진동, 가스, 화학물질, 힘, 수평, 전압, 자성 등을 측정하는 도구로서, 사물인터넷을 구현하기 위한 핵심요소이다. GPS 센서를 이용하여 위치를 파악하며, 소형 카메라와 마이크로폰이 눈과 귀의 역할을 맡고, 온도, 압력, 화학물질 변화 등 모든 상태를 측정하게 된다(박찬국 · 김현제, 사물인터넷을 통한 에너지 신산업 발전방향 연구－텍스트마이닝을 이용한 미래 신호 탐색, 에너지경제연구원 기본연구보고서 15-21, 2015, 7면).

43) 프로세서는 사물 쪽에 삽입되어 있을 수도, 사물 밖에 멀리 떨어진 곳(예: 클라우드 플랫폼)에 위치할 수도 있으며, 최근에는 프로세서가 지속적으로 소형화 및 고성능화되어 정보처리를 위한 CPU, 메모리, 관련된 주변회로, 통신기능까지 하나의 전자회로기판에 삽입되어 사용되고 있다.

44) 센서로 생성된 데이터를 공유하기 위해서는 센서들이 상호 '네트워크'로 연결되어야 한다. 사물인터넷의 데이터를 주고받는 네트워크를 설계하는 일은 매우 중요하다. 다양한 통신기술이 활용되는데, 짧은 거리에서부터 먼 거리에 이르기까지 적합한 네트워크를 활용하여 데이터를 전달하게 된다(박찬국 · 김현제, 앞의 연구보고서, 7면).

45) 사물인터넷의 가치 창출 정도는 결국 전달된 수많은 데이터를 분석하여 가치 있는 정보를 찾아내는 '정보처리'에 달려 있다. 사물로부터 아무리 많은 데이터를 받아도 이를 잘 분석하지 못한다면 아무런 의미가 없기 때문이다. 사물인터넷의 가치는 온갖 정보를 다 수집할 수 있게 된 것에 있다. 이는 사람이 정보 수집 작업에 참여하지 않는다는 의미인 동시에 사람이 발견하지 못하는 정보를 찾아낼 수 있게 됨을 의미한다(한혜진 · 김종성, 사물인터넷(IoT)을 활용한 스마트 물환경관리 방안 및 정책기반 마련 연구, 한국환경정책 · 평가연구원 연구보고서, 2016, 21면).

그러한 기반기술을 세분화하면 다음과 같이 정리할 수 있다.[46]

첫째, 저전력 네트워킹 기술: 사물의 통신방식에 따라 단말에서 지원되는 통신반경, 데이터 전송률, 단말 가격, 소모전력이 많이 달라진다.[47]

둘째, 센서데이터 최적화 및 관리기술: IoT 서비스는 수많은 단말로 구성되고, 단말 간 데이터 전송이 빈번하게 발생하게 되므로 단말의 전력소모가 많아지게 된다. 이러한 환경에서 네트워크의 저전력화를 위한 데이터 경로 설정 및 흐름제어 등의 데이터 전송 효율화 기술이 중요하다.

셋째, 저전력 임베디드 OS 기술: 저가격 저전력을 위한 사물 단말에 사용되는 하드웨어 모듈은 제한적 메모리와 성능을 가지게 되며, 이에 따라 데이터 수집·전송을 효율적으로 관리해 주는 경량 운영체제가 필요하다.[48]

넷째, 새로운 전력공급 및 저장기술: IoT 단말들은 다양한 모양을 취할 수 있고, 이를 위한 플렉서블 전력공급 장치와 더욱 장시간 사용할 수 있는 고밀도 배터리기술이 필요하다. 또한 반영구적인 사용을 위해 전력 자가 생산 및 무선 충전기술도 요구된다.

다섯째, 저가격 저전력 프로세서 기술: 단말의 빠른 확산을 위해서 제품의 저가격화가 선행되어야 큰 저항 없이 소비자의 삶에 스며들 수 있으며, 단말 보급에 선순환을 가져올 수 있다.

이와 같이 IoT 기술사상을 실현하기 위한 제반 기반기술로서, 저전력 네트워킹 기술, 센서데이터 최적화 및 관리기술, 저전력 임베디드 OS 기술, 새로운 전력공급 및 저장기술, 저가격 저전력 프로

---

46) 강정빈, 앞의 논문, 40면.
47) 전송 데이터율은 낮지만 저전력을 사용하는 ZigBee, BLE, Sub-GHz 방식의 802.11ah 및 zwave 방식이 사용되고 있다.
48) 현재 Tiny OS, Contiki, NanoQplus 등의 경량운영체제가 많이 사용되고 있다.

세서 기술 등이 특정 하드웨어와 결합하여 작동시키는 시스템은 결국 SW로서 프로그램이 필요하게 된다. 즉 IoT 기술과 관련된 하드웨어와 SW로서의 프로그램발명이 특허출원되는 경우, 선행기술 사상 및 그 선행문헌들로부터 특허를 받을 수 있을 정도의 기술사상이 진보된 것이라면 특허를 받을 수 있다.

4. 하드웨어 결합요건

IoT 관련기술에 해당하는 저전력 네트워킹 기술, 센서데이터 최적화 및 관리기술, 저전력 임베디드 OS 기술, 새로운 전력공급 및 저장기술 등은 특허요건을 만족하는 경우 SW발명으로 물건발명 또는 방법발명으로 특허를 받을 수 있다. 물론 AW발명이 아니라 센서 등과 같이 일반 물건 또는 방법의 발명으로도 특허를 받을 수 있지만, 일반적으로 IoT 관련발명은 우선 인간과 인간, 사물과 사물, 인간과 사물을 네트워크로 연결하는 것을 전제로 하고 있기 때문에 SW발명으로 간주할 수 있다.

따라서 저전력 네트워킹 기술, 센서데이터 최적화 및 관리기술, 저전력 임베디드 OS 기술로서의 IoT발명은 프로그램발명과 같이 당해 처리 프로그램이 컴퓨터 등의 하드웨어와 결합되어야 한다. 여기서 IoT의 기술구현에 AI 기술이 적용되는 경우에는 SW 관련 기술에 AI가 적용되는 반복학습의 관련기술로서 간주되므로 당연히 하드웨어와의 결합요건을 충족하여야 특허를 받을 수 있다. 즉 AI의 학습, 추론, 인지(인식) 기술이 청구범위에 특정됨과 동시에 이러한 기술이 하드웨어에 의하여 구현되어야 한다. 이와 같이 AI에 의하여 수행되는 IoT발명은 AI발명으로서 위에서 설명한 것과 같이 AI 그 자체가 판단하는 주체가 된다고 하더라도, 그러한 행위는 인위적인 행위이므로 반드시 컴퓨터 등의 하드웨어에 의하여 인간과 사물 간에 물리적 변환이 이루어진다는 것을 특정하여야만

IoT특허를 받을 수 있다.

제4절 블록체인(Block Chain)의 개념과 특허

1. 블록체인의 기술적 개념

블록체인은 비트코인의 기반기술로 알려져 있지만, 새로운 정보통신기술(ICT)로써 제4차 산업 전반에 걸쳐 영향을 미칠 수 있는 기술이다. 일반적인 시스템에서는 클라이언트 서버 모델(Client-server model)을 적용하지만, 블록체인 시스템은 서비스 요청자인 클라이언트와 서비스 자원의 제공자인 서버 간에 작업을 분리해 주는 네트워크 아키텍처이다.

블록체인은 퍼블릭(Public) 또는 프라이빗(Private) 네트워크에서 일어나는 거래정보가 암호화되어 해당 네트워크 참여자들 간에 공유되는 디지털 원장(Ledger)이라고 할 수 있으며, 특히 블록을 구성하고 있는 어느 한 거래정보가 변경되는 경우에는 전체 블록체인 해시(Hash)값의 변동을 가져오게 되는 특징을 가지고 있으므로, 임의로 특정 노드가 정보를 변경 또는 조작하는 것이 불가능하므로 데이터(정보, 코인 등)의 무결성을 유지한다. 또한 P2P 네트워크를 통한 완전한 정보공유로 특정 노드를 목표로 한 외부로부터의 해킹을 사전에 무력화시킬 수 있으므로, 전체 시스템이 중단되는 위험도 줄일 수 있다.[49]

최근 IoT 또는 빅데이터와 결합된 다양한 유형의 블록체인이 등장하고 있으며 관련 기술개발에 대한 노력도 활발히 진행되고 있

---

49) 이제영 · 우청원, "블록체인(Blockchain) 기술동향과 시사점", 동향과 이슈 제34호, 2017, 12면.

다. 비트코인과 같이 누구나 참여가능한 퍼블릭(Public) 블록체인은
물론, 허가를 받은 특정 노드만 참여가능한 프라이빗(Private) 블록
체인 또는 미리 선정된 소수의 허가된 집단에 의해 운용되는 컨소
시엄(Consortium) 블록체인 등 다양한 블록체인 비즈니스 모델들이
활용되고 있다.

이와 같이 블록체인 기술은 [그림 6]과 같이 서로 신뢰할 수 없는
인터넷 환경에서 사람이나 사물들이 중개인 없이 상품이나 금융자
산을 안전하게 교환하는 것이 요구되고 있고, 이에 따라 상품이나
금융의 거래들이 기록되어 있는 분산화된 원장을 안전하고 위변조
될 수 없게 관리하기 위한 분산 데이터베이스 및 관련 기술을 통칭
하고 있다. 분산 데이터베이스화된 원장은 암호화키를 이용하여
체인 형태로 연결되어 있어 위변조가 불가능하도록 하는 기술이
뒷받침되어야 한다. 또 상품이나 금융 등이 거래명세서를 모두가
공유하고 내용에 대해 수정이 있는지 서로 감시하고 검증하고, 이
를 위하여 블록체인 검증에 참여하는 노드들이 많아야 하고, 특히
많은 노드들의 참여를 유도하기 위하여 참여 및 검증, 저장에 대해
보상이 수반되어야 한다.50)

블록체인은 기술 진화 측면에서 보면, 최근 스마트 계약(Smart

---

50) 노드들은 특정 기간(예, 비트코인 매 10분)에 일어난 거래 기록을 담은 블
  록(block) 단위로 저장한다. 블록을 조작하는 것을 막기 위하여 공동 관리
  하고 블록들을 해시 함수(예, sha256)를 이용하여 요약하고 연결체인을 만
  든다. 연결 체인은 이전 블록의 요약을 다음 블록에 추가하여 다음 블록이
  완성되면 이전 블록을 수정할 경우 바로 확인할 수 있다. 분산 원장은 모든
  블록을 가지고 있어서 내용을 확인할 수 있지만 변경할 수 없다. 위의 특징
  을 이용하여 P2P 구조로 모든 사람이 변경되지 않은 데이터를 가질 수 있으
  며 확인할 수 있다. 비트코인 등의 암호화폐의 블록체인은 금전 거래(트랜
  잭션)를 저장하고 있다. 금전 거래뿐만 아니라 다른 기록 정보를 원본 그대
  로 보존하는 목적으로 이용할 수 있다(정현준·이흥노, "블록체인개발 현
  황과 보안이슈 변화 동향", 정보보호학회지 제28권 제3호, 2018, 50면).

[그림 6] 블록체인의 기본개념

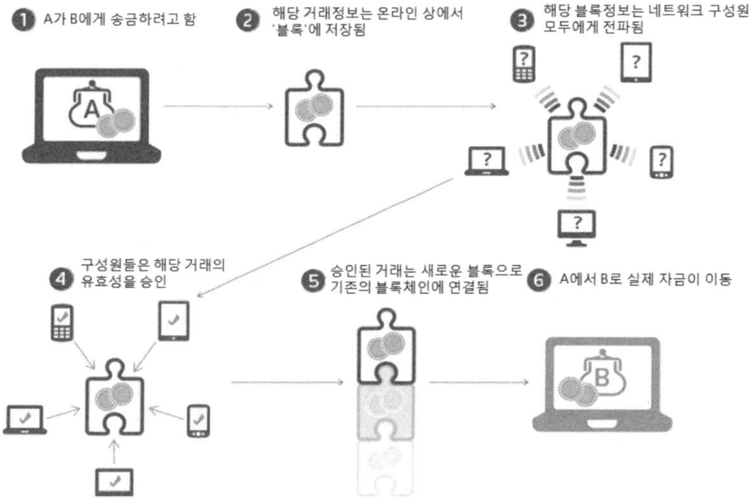

❶ A가 B에게 송금하려고 함

❷ 해당 거래정보는 온라인 상에서 '블록'에 저장됨

❸ 해당 블록정보는 네트워크 구성원 모두에게 전파됨

❹ 구성원들은 해당 거래의 유효성을 승인

❺ 승인된 거래는 새로운 블록으로 기존의 블록체인에 연결됨

❻ A에서 B로 실제 자금이 이동

[출처] Thomson Reuters(2016.1.16.), Blockchain technology: Is 2016 the year of the blockchain

Contract)의 등장으로 암호화폐를 넘어 모든 종류의 거래가 가능한 온라인 플랫폼으로서의 성장가능성을 보여 주고 있다. 즉 블록체인이 암호화폐를 넘어 다양한 산업 분야에 활용되기 위해서는 거래처리 속도나 데이터 저장상의 기술적 문제점을 해결하여야 한다. 그리고 블록체인이 추구하는 정보공유 메커니즘으로 인한 프라이버시의 문제나 중앙관리자 부재로 인한 거버넌스의 문제도 해결해야 진정한 제4차 산업혁명시대의 중추기술이 될 수 있다.

또 블록체인의 문제점은 분산 네트워크 방식에 기반하고 있으므로 중앙식 네트워크보다 상대적으로 느린 거래처리 속도와 확장성 문제가 주요 한계점으로 지적되고 있다. 즉 상품거래 등의 블록체인 네트워크 참여자가 많아지면 많아질수록 검증해야 할 거래의 대상과 내용이 많아지면서 그만큼 네트워크 참여자들 간 합의에 도달하는 소요시간이 증가하게 됨으로써 처리결과의 도출까지 시간이 많이 소요된다는 문제점이 대두되고 있는 것도 현실이다.[51]

이러한 문제점을 해결하기 위해서 최근에는 새롭게 등장하는 많은 시스템들이 합의 노드를 사전에 선정하고 이들 합의 노드에 기반한 DPoS(Delegated Proof of Stake) 방식을 사용하는 등 새로운 알고리즘들이 개발되고 있어 블록체인의 거래처리 속도는 향후 빠르게 높아질 것으로 예상된다. 또한 데이터처리방식에 있어서도 다중 블록체인이나 샤딩(Sharding) 등 병렬처리 또는 분할처리 방식이 늘고 있어 이에 기반한 거래처리 속도가 빨라질 것으로 기대되고 있다. 따라서 블록체인의 속도 및 확장성 문제를 극복하기 위해 프라이빗 블록체인이 빠르게 확산되고 있고, 특히 블록체인의 확장 가능성을 높이기 위해 거래처리 속도 향상을 넘어 결제 완결성과 높은 신뢰성을 담보로 하는 합의 알고리즘의 개선도 병행되고 있다.

2. 데이터의 결합·공유·분석

블록체인은 [그림 7]과 같이 특정 네트워크에 참여하고 있는 모두가 공동으로 거래정보를 검증하고 기록·보관함으로써 공인된 제3자 없이도 거래기록의 무결성 및 신뢰성을 확보하는 기술을 말하며, 통상 암호화, 해시값(Hash), 전자서명 등의 보안기술을 활용하여 네트워크 인프라를 구축하여 다양한 응용서비스를 실현할 수 있는 구조를 말한다.[52)53)]

---

51) 실제 비트코인의 경우 초당 최대 7건의 거래만 처리할 수 있고 평균 10분의 블록 형성시간이 필요하다. 또 다른 암호화폐 리플(Ripple)의 경우 초당 1,500건의 거래를 처리한다고는 하지만 1초에 24,000건을 처리하는 비자(Visa)에 비하면 여전히 미미한 수준이어서 빠른 거래처리가 필요한 산업분야에서의 블록체인 활용은 아직 시기상조라는 비판이 있다(이제영·우청원, 앞의 논문, 12면.).

52) 홍승필, 블록체인기술 금융분야 도입방안을 위한 연구, 금융위원회 연구보고서, 2016. 6, 4면.

53) 예를 들면, 비트코인의 핵심기술로써 디지털통화(digital currency)의 발

[그림 7] 블록체인 기술의 성격과 특성

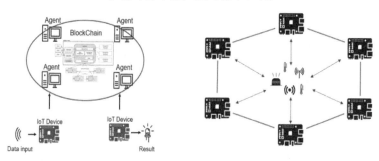

	Chain-Agent Model	End-to-End Model
무결성	○	○
보안성	△	○
확장성	△	○
분산성	×	○

결국 블록체인은 거래의 기록관리에 대한 권한을 특정 중앙관리 기관과 관계없이 P2P 네트워크를 통해 분산 블록으로 기록하고 관리하는 기술을 말하며,[54] 특정시간 동안 발생한 모든 거래정보가

행·유통·거래가 주 기능이었던 기존의 블록체인 1.0은 기존 비트코인의 한계를 극복하고 다양한 영역으로의 확장을 목표로 하는 블록체인 2.0으로 진화 발전해 나가고 있다. 블록체인 2.0의 대표적인 기술로는 '이더리움'(Ethereum)이 있으며, 디지털통화의 기능과 더불어 비트코인의 거래스크립트를 다양한 형태로 프로그램 가능하게 만든 스마트 계약(smart contract)을 구현하였으며, 블록체인 기반하에 부동산 계약, 온라인 투표 등 다양한 분산 애플리케이션을 개발하고 구동할 수 있는 플랫폼으로 확장되었다(홍승필, 앞의 연구보고서, 5면)

54) KEA/WIPS, 전자·ICT 산업동향 분석 Report -비트코인(블록체인) 기술-, i-PAC Issue Report, 2017. 6, 3면. 블록체인은 '블록'(Block)들을 '사슬'(Chain) 형태로 엮은 것을 의미한다. '블록'은 개인과 개인 간 거래(P2P)의 데이터가 기록되는 장부(Database)가 되며, 이런 블록들이 형성된 후 시간의 흐름에 따라 순차적으로 연결된 '사슬' 구조를 가지게 된다. 블록체인

기록된 블록을 생성하여, 이를 모든 구성원들에게 전송하고, 전송된 블록의 유효성이 확인될 경우 기존 블록체인에 연결하는 방식으로 구현되는 것으로,[55] 이는 결국 넓은 의미에서 프로그램과 그 시스템에 의하여 실현되는 것이다.

3. 블록체인의 결합구성요소

데이터의 결합·공유·분석과 관련한 기술구분은 보안성 향상기술, 거래속도 향상기술, 구축비용 절감기술, 가시성 극대화기술 등이 지속적으로 개발되어야 하고, 그 연구 결과물을 특허로 권리화하여야 한다. 특히 특허받기 위한 기술적 특징으로서는 암호화된 데이터와 암호화된 키 값으로만 거래가 이루어지는 기술사상, 새로운 블록이 기존 블록과 연결될 때 전체 블록의 데이터 변조와 탈취가 불가능하도록 하는 기술사상, 각 참여 노드의 분산화에 의한 해킹이 불가능하도록 하는 기술사상을 데이터의 결합과 분석을 바탕으로 특정하여야 한다. 또 거래의 인증·증명과정에서 제3자를 배제시키는 실시간 거래 시스템 및 거래 기록·관리의 신뢰성 확보 기술사상, 오류와 실수의 추적관리 및 정정·수정의 기술을 구체적으로 특정하여야 한다.

그 외에도 중앙서버가 없는 거래 데이터(정보)와 인증기술, 거래 데이터(정보)의 분산에 따른 해킹 방지기술, 네트워크 참여자들의 실시간 거래 모니터링의 효율화를 위한 기술, 거래의 투명성 및 부

은 네트워크를 통해 모든 구성원들이 데이터를 검증 및 저장하여 특정인의 임의 조작이 어렵도록 설계된 저장 플랫폼으로, 거래정보를 특정 중앙서버에 저장하지 않고 네트워크 참여자 간 분산 저장해 공동으로 기록 관리하기 때문에 '공공 거래장부' 또는 '분산 거래장부'라고 불린다.

55) 곽현, 블록체인(BlockChain) 기술의 산업동향 및 특허동향, 한국지식재산연구원, ISSUE & FOCUS on IP, 2017. 4, 4면.

인방지를 위한 기술이 데이터의 결합·공유·분석이라는 전제하에서 일률적으로 수행될 수 있도록 특정하여야 한다.

결국 블록체인에는 [표 3]과 같이, 거래를 투명하고 안전하게 보호하기 위한 분산 네트워크 운영, 암호화 기술과 더불어, 새로 생성

[표 3] 블록체인의 기술특징과 특허대상

기술구분	기술특징	특허대상
보안성 향상기술	· 암호화된 데이터와 암호화된 키 값으로만 거래가 이루어지는 기술개발 · 새로운 블록이 기존 블록과 연결될 때 전체 블록의 데이터 변조와 탈취가 불가능하도록 하는 기술개발 · 각 참여 노드의 분산화에 의한 해킹이 불가능하도록 하는 기술개발	블록체인 + 데이터 저장기술 데이터 암호화기술 노드 분산기술 해킹방지기술 상품·금융거래시스템
거래속도 향상기술	· 거래의 인증·증명과정에서 제3자를 배제시키는 실시간 거래 시스템개발 · 거래 기록·관리의 신뢰성확보 기술개발 · 거래의 신속성관련 기술개발 · 오류와 실수의 추적관리 시스템개발 · 오류와 실수의 정정과 수정의 편리성 및 신속성 관련 기술개발	블록체인 + 실시간거래시스템 실시간거래속도향상 오류·실수 추적관리 오류 수정기술
구축비용 절감기술	· 중앙서버가 없는 거래 데이터(정보)와 인증의 시스템 개발 · 거래 데이터(정보)의 분산에 따른 해킹 방지기술개발	블록체인 + 정보·인증시스템 해킹방지기술
가시성 극대화 기술	· 네트워크 참여자들의 실시간 거래 모니터링의 효율화를 위한 기술개발 · 거래의 투명성 및 부인방지를 위한 기술개발	블록체인 + 모니터링효율화 기술 거래의 투명성기술 거래의 자기부인기술

되는 블록을 기존 블록에 연결시키는 체이닝 기술, 및 P2P 네트워크 기반이기 때문에 서로를 믿을 수 없어 나타날 수 있는 문제점과 함께 데이터의 무결성을 보장하기 위한 동의·합의 기술 등이 요구되며,[56] 이러한 기술은 결국 프로그램시스템이라는 범주 내에서 움직이는 것으로 이를 아이디어로 간주하여 특허출원하는 경우에는 프로그램발명과 시스템발명이 된다.

예를 들면, 특허등록된 블록체인의 특허권[57]을 보면, 발명의 명칭이 "이종 블록체인 간에 데이터의 공유를 가능하게 하는 얼라이언스 블록체인 시스템"이고, 발명의 요지는 "발명은 이미 활성화된 블록체인 시스템에 신규 블록체인의 기술적, 상업적인 제휴를 통해 보다 빠르게 자신이 원하는 완성도 높은 블록체인 시스템을 구축할 수 있는 방법과 회원 DB와 전자지갑 등을 공유하여 상호 사업적인 이득뿐만 아니라 회원들에 의한 신뢰도 평가와 안정적인 블록체인의 플랫폼을 유지가 가능한 이종 블록체인 간에 데이터의

---

56) 홍승필, 앞의 연구보고서(금융위원회), 8면.
57) 등록특허번호 10-1922565호(등록일자 2018. 11. 21.)의 대표도면은 다음과 같다.

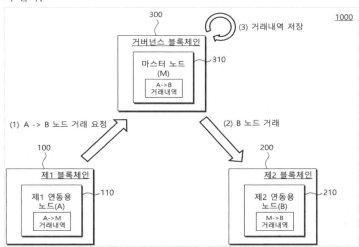

공유를 가능하게 하는 얼라이언스 블록체인 시스템에 관한 것이다. 본 발명에 의하면, 이종 간의 블록체인 간에 정보를 공유하고 보안 및 회원연동을 연계하여 효율적이고 효과적인 블록체인 시스템을 구축하여 시장의 확대성과 개발 및 마케팅에 대한 비용을 줄일 수 있다. 또한 상호 협력할 수 있는 연합 블록체인 시스템과 플랫폼은 향후 우후죽순처럼 생겨나는 블록체인 생태계에 있어서 네트워크의 확장성 및 경쟁력을 가지고 블록체인 시장을 선점할 수 있을 시스템에 관한 것이다.

이와 같은 블록체인 관련 프로그램발명은 먼저 발명의 성립성을 만족하여야 하지만, 그 기술구성 및 시스템상으로 보면 구현방법이 특정되어 있으므로 발명의 성립성은 만족하는 것으로 볼 수 있고, 특히 진보성이 문제가 될 수 있다. 결국 블록체인 관련 발명에는 분산 네트워크 운영기술, 암호화 기술, 체이닝 기술, 및 동의·합의 기술 등이 구현 단계(프로그램)와 함께 청구범위에 기재되는 시스템 발명이 이 건 특허출원 전의 인용발명과 비교하여 진보성이 있었기 때문에 특허등록이 된 것을 알 수 있다.

제 3 장

제4차 산업혁명 관련발명의 특허적격성

제1절 프로그램발명과 AI발명의 관계

1. 프로그램발명

SW라 불리는 프로그램은 제4차 산업혁명 시대에서 "산업의 쌀"이라고 불러질 정도로 매우 중요한 역할을 하고 있다. 이러한 프로그램은 소스코드[1]와 목적코드[2] 형태의 일정한 언어로 표현되는 특징상 저작권법으로 보호되는 것이 일반적인 태도였다.

하지만 저작권법상의 프로그램을 개발하기 위해서는 전 단계로서 프로그램의 기술사상 소위 아이디어를 먼저 발상하여야 하고, 이를 바탕으로 소스코드와 목적코드라고 하는 실질적인 프로그램을 완성하게 된다. 이러한 프로그램은 개발초기에서의 아이디어와 완성단계에서의 표현이라고 하는 이중적인 성격을 가지고 있다 보니 저작권법만의 보호체계로 충분한 법적 보호를 달성할 수 있는 것인가라는 한계에 부딪히게 되었고, 이를 보완하기 위한 방안으로 SW의 아이디어를 특허로 보호하려는 경향이 대두되게 되었다. 즉 프로그램의 법적 보호에 대하여 그동안 국가마다 조금씩 차이점은 있었지만 SW의 표현은 저작권법의 보호대상으로, 그리고 아이디어는 특허법의 보호대상으로 간주하려는 논리가 전개되고 있었다.

미국에 있어서는 1972년 Gottschalk v. Benson 판결[3]과 1978년

---

[1] 소스프로그램은 인간이 읽을 수 있는 프로그램으로 비교적 저작권법상의 표현에 가까운 것으로 COBOL이나 FORTRAN 등의 고급언어로 표현된 프로그램을 말한다.

[2] 목적프로그램(object program)이란 컴퓨터가 소스프로그램을 읽고 이해할 수 없으므로 소스프로그램을 컴파일러(compiler)에 의하여 0과 1의 나열에 의하여 목적프로그램으로 변환시킨 것을 말한다.

[3] 409 U.S. 63 (1972).

Parker v. Flook 판결[4])에서 프로그램의 특허 보호에 제한을 가하였지만, 1981년 Diamond v. Dier 판결[5])에서 특허성을 인정하였다. 프로그램의 특허적격성 인정을 극적으로 확대한 것은 CAFC의 1998년 State Street Bank & Trust 판결[6])이었다.[7]) 그러나 프로그램의 특허적격성 인정기준은 2008년 Bilski 판결[8])에서 "기계 또는 변환(machine or transformation: MoT)" 기준으로 바뀐다.[9]) Bilski 판결 이후 이를 수용한 여러 판결이 있었는데, CyberSource v. Retail Decisions 사건에서 CAFC는 기록매체 청구항의 특허적격성 인정을 판단할 때 매체에 기록된 방법의 특허적격성을 중심으로 판단하였다. CyberSource 판결은 미국 법원의 기존 입장과도 큰 차이가 없으며, 현재 특허심사에서도 적용되고 있다.

유럽 특허법에는 프로그램 그 자체(programs for computers as such)는 발명이 아니기 때문에 특허를 받을 수 없다고 규정하고 있다.[10]) 따라서 프로그램의 특허적격성은 출원 발명이 프로그램 "그 자체"에 해딩하는시 여부에 대한 해석론을 중심으로 논의되어 왔다.[11]) 그 후

---

4) 437 U.S. 584 (1978).

5) 450 U.S. 175 (1981).

6) State Street Bank & Trust v. Signature Financial Group, 149 F.3d 1368 (Fed. Cir. 1998)

7) 이 판결은 프로그램의 특허성 인정을 "유용하고 구체적이며 실용적인 결과" 즉, "실제 적용성(practical application)"을 기준으로 판단하였다. 실제 적용성 요건은 Benson 사건에서 BCD(이진 부호화 십진수)를 이진수로 변환한 방법에 대한 특허성 인정을 부인하는 데에 사용된 후, CAFC의 Alappat 사건에서 모니터에 평활 파형(smooth waveform)을 생성하기 위하여 사용된 알고리즘이 특허성이 인정된다고 판단했던 근거로 사용한 바 있다.

8) In re Bilski, 545 F.3d 943 (Fed. Cir. 2008).

9) 미국 대법원은 MoT 기준을 지지하면서 다만 이것이 특허성 인정을 판단하기 위한 유일한 기준은 아니라고 하였다[Bilski, 130 S.Ct. 3218, 3226-27 (2010)].

10) 유럽 특허법 제52조 제2, 3항.

11) EPC 제52조는 입법자가 모든 컴퓨터프로그램을 특허대상에서 제외하려는

유럽 집행위원회는 공동체 특허에 대한 방안을 발표하면서 SW특허의 보호를 강화할 계획이었지만, 오픈소스 운동 진영 등의 반대에 부딪히자 계획을 연기하였고, 그 후 2002년 2월 지침 초안[12]이 만들어졌다. 이 초안은 모든 소프트웨어에 특허권을 부여하려는 의도가 내재되어 있다는 이유로 반대에 직면해 오다가 2003년 9월 수정된 형태로 유럽의회를 통과하였지만, 유럽이사회는 이를 승인하지 않고 기술적 특징이 있는 경우 특허적격성을 인정한다는 절충안을 제시하였다. 그러나 반대론자들은 기술적 특징은 다양한 해석이 가능하기 때문에 실질적으로 모든 소프트웨어가 특허 대상이 될 수 있다고 비판했고, 결국 2005년 7월 6일 유럽의회는 압도적 표차로 프로그램의 특허적격성을 인정하려는 지침 제정안건을 부결시켰다.[13]

일본은 세계 최초로 프로그램을 특허의 보호대상으로 한다는 규정을 특허법에 명문화하였다.[14] 특히 일본 특허법에는 세계 각국이 프로그램발명을 방법의 발명으로 간주하는 것이 일반적임에도 불구하고 물건의 발명으로도 간주한다는 명문의 규정을 두고 있는 것이 특이하다.

이러한 국제적인 추세에 따라 우리나라도 프로그램의 특허적격성 인정에 대한 논의가 있었으며, 특히 현행 특허법에는 프로그램을 발명의 대상에 포함시킨다는 명문의 규정은 없지만 종전부터 방법의 발명으로 간주하여 특허권이 허여되어 왔고, 특허청은 「컴퓨터 관련 발명 심사기준」에 의하여 "프로그램을 내장한 기록매체"

것이 아니라, 출원 발명이 컴퓨터프로그램 또는 비즈니스 방법 그 자체에 해당하여 특허 대상에서 배제되려면 출원 발명이 기술적 특징이 없는 단순한 추상적 창작물인 경우라야 한다.

12) Proposal for a Directive of the European Parliament and of the Council on the patentability of computer-implemented inventions.

13) 총 680명의 의원 중 648명이 반대했고, 찬성은 18명, 기권은 14명이었다.

14) 일본 특허법 제2조 제3호 및 제4호.

의 형태로 특허를 인정하여 왔으나, 2011년 특허법 개정안에서 프로그램을 물건의 발명으로 취급하여 특허법의 보호대상으로 확대하려고 하였지만 국회를 통과하지 못하였다.[15] 비록 현행 특허법에는 프로그램 또는 프로그램을 포함하는 SW를 특허의 보호대상으로 한다는 명문의 규정은 없지만, 프로그램을 방법의 발명으로 청구범위에 기재하는 경우에는 특허를 받을 수 있다. 다만 프로그램을 물건의 발명으로 특정하여 청구범위에 기재하는 경우에는 특허법이 아니라 특허청의 「특허·실용신안 심사기준(2019. 3. 18. 특허청예규 제108호 제10장 컴퓨터 관련 발명)」에 의하여 물건특허로 프로그램특허권이 허여되고 있다.

따라서 SW로서 프로그램발명은 특정과제를 해결하기 위한 프로그램개발 공정과 그 공정별로 산출되는 성과물이 있게 된다. 여기서 중요한 것은 SW시스템 설계가 이루어지고 이에 따라 프로그램설계가 완성되면, 그 프로그램설계에 의하여 프로그램 창작(coding, debugger 등)이 완성되는데, 여기서 프로그램 창작의 성과물은 저작권법에서 말하는 프로그램저작물이 된다.

한편 특정과제를 해결하기 위한 SW 시스템 설계의 성과물은 아이디어에 해당하는 기술적 사상의 창작으로 시스템의 블록도 및 플로어차트가 생성되게 되는데, 이러한 아이디어는 SW발명으로서 프로그램특허를 받을 수 있다. 결국 SW로서의 프로그램특허는 하드웨어와 결합된 시스템뿐만 아니라 프로그램도 포함되는 것으로 해석할 수 있고, 이러한 프로그램이 포함되는 경우에는 저작권법상의 프로그램저작물도 되기 때문에 이중의 법적 보호를 받을 수 있다.

---

15) 2011년 10월 14일 입법예고된 지식경제부 공고 제2011-514호(특허법 개정 법률안).

2. SW발명으로서의 AI발명

1) AI발명의 개념

AI는 특정과제를 해결함에 있어서 스스로 판단하고 결정하여 최적의 목적을 달성할 수 있는 것을 의미하므로, 매우 추상적이고 복합적인 개념을 가지고 있다. 즉 AI는 인간이 만든 프로그램을 통하여 스스로 사물을 이해하고, 주어진 주변환경을 인식하고 이를 경험에 근거하여 학습하고 최적의 목적을 달성하는 것을 말한다. 이러한 AI 관련기술에 특허를 허여하기 위해서는 반복구현될 수 있는 기술사상이 특정되어야 하고, 이러한 구현 기술을 청구범위에 기재하여 특허출원을 하면 특허를 받을 수 있다. 즉 AI 관련 발명이란 특정 학습프로그램16)에 의한 학습, 추리, 추론 및 결정의 기술사상을 인간이 지능적으로 인식하는 것과 같은 논리이며 방법발명 또는 시스템발명을 말한다.

이와 같이 AI발명은 일반적으로 지능형 인간과 같은 의사결정을 내릴 수 있는 컴퓨터기반 장치에 중점을 둔 것으로 넓은 의미로 프로그램발명의 유형에 해당한다. 물론 모호한 경계선상에 있지만, 그동안 산업에 적용하여 오고 있는 어떤 프로그램에 의한 완전자율과 그 프로그램의 반복학습에 의한 AI는 기술사상적으로 차이가 있다. 자동화된 완전자율의 기술사상은 프로그램의 방법발명이나 시스템발명으로서 보호를 받을 수 있었지만, 여기서 인간이 만들어 놓은 AI 기술을 이용하여 특정 학습데이터 구조를 학습프로그램에 의하여 반복학습해서 최적의 목적을 달성한다는 AI의 지능 및 그 구현수단에 대해서는 특허의 보호대상에 포함되는 것인가, 그 보호대상에 포함시키기 위해서는 청구범위를 어떠한 기준과 형식으로

---

16) 여기서 프로그램이란 소스코드 그 자체가 아니라, 기능이나 처리방법 등으로부터 파악될 수 있는 개념적인 프로그램을 의미하고 있다.

기재하여야 하는 것인가가 매우 중요하다.

최근 우리나라를 비롯해 미국, 일본 등은 AI 기술의 적용에 의한 SW는 학습프로그램에 의한 학습, 추리, 추론 및 결정이 AI 기술에 의하여 이루어지고 있지만, 그 프로세서를 방법 또는 시스템으로 청구범위를 기재하는 경우에는 소위 AI특허를 허여하고 있는 추세이다.

우리나라에는 AI를 발명의 카테고리에 포함시킨다는 명문의 규정이 없지만, 최근 개정된 EPO의 「특허심사 가이드라인」에서는 새로운 카테고리로서 AI(인공지능: Artificial intelligence)와 ML(머신러닝: Machine Learning)으로 구분하고 있고, 여기서 AI와 ML은 "분류(classification), 클러스터링(clustering), 회귀(regression) 및 차원감소(dimensionality reduction)를 위한 계산모델(computational models) 및 알고리즘을 기반으로 한다"고 규정하고 있다. 그 예로서 신경망, 유전자 알고리즘(genetic algorithm), 서포트 벡터 머신, k-평균(k-means), 커널회귀(kernel regression) 및 판별분석(discriminant analysis)이 있다."고 규정하고 있고, 최근 AI발명의 요건에 해당하는 딥러닝(Deep Learning)도 ML의 일종으로 분류되고 있으므로 딥러닝에 의한 AI발명도 특허를 받을 수 있다.

2) AI발명과 프로그램발명의 상관관계

AI발명은 기본적으로 SW로서의 프로그램발명의 유형에 속한 발명이지만, 그 기술적 사상 면에서는 차이가 있다.

우선 프로그램발명은 특정한 과업을 수행하기 위하여 특정한 알고리즘을 구현하는 것을 말한다. 예로서, 과제해결의 목적에 따라 주어진 특정 입력 데이터를 처리하고 그 데이터를 기반으로 계산 및 의사결정을 하여 유용한 산출물을 생성하는 방법 또는 시스템을 말한다. 즉 검색엔진 방법발명은 특정 키워드 또는 문장을 입력하고, 그 입력에 의하여 처리하고 모든 검색 문서 및 인덱스를 포함하는 데이터베이스에 대한 쿼리를 생성하고, 이에 대응하는 결과를 검색하여 일부 기준에 따라 우선순위를 정한 다음 사용자에게 제공하는 방법을 말한다.

이에 반해, AI발명은 프로그램발명에 학습데이터 구조 및 학습 전 파라미터(하이퍼 파라미터 등)를 근거로 학습프로그램에 의한 반복학습 기능이 추가되어 있는 것으로 볼 수 있다. 즉 AI 기술은 특정한 작업을 수행하기 위해 명시적으로 정해진 특정 프로그램을 이용하는 것이 아니라, 구축 또는 제공된 학습데이터에 대한 응답으로 학습프로그램의 내부 상태가 변하는 학습전 파라미터 및 학습후 파라미터의 알고리즘을 사용하는 것이 다르다고 할 수 있다. 일반적으로 AI발명은 컴퓨터의 알고리즘 내에 입력 데이터에 의하여 명시적인 코딩(coding) 및 디버그(debugger)를 할 필요가 없고, 구축 또는 제공된 학습 데이터의 패턴으로 컴퓨터의 기계적 반복학습에 의하여 최적의 목적치가 달성되는 구현방법 또는 시스템을 말한다.

이와 같이 AI발명은 기본적으로 SW발명으로서의 프로그램발명에 해당하지만, 인간이 창작한 AI 기술을 이용한 학습프로그램에 의하여 특정 학습데이터 구조를 반복학습하고, 그 반복학습의 결과에 의하여 최적의 목적을 달성하기 위한 구현 수단이 방법발명(또는 시스템발명)으로 특허의 보호대상이 된다.

종래 기계학습에 의한 인식 정도를 좌우하는 목표치 설계를 인간이 하고, 그 기계학습에서는 목표치 설계에 인간의 시간과 노력, 그리고 상당한 기술이 필요하였으므로 최적의 목표치 달성을 위한 설계를 하는 것이 한계가 있었다. AI 기술의 적용에서는 입력데이터를 가지고 인간이 만든 학습프로그램에 의하여 컴퓨터가 스스로 반복학습하고, 그 결과 최적의 목표치를 도출하게 된다. 또 최근에는 (ⅰ) 다양한 정보의 데이터가 수집, 가공되어서 빅데이터가 구축되고, (ⅱ) 빅데이터는 컴퓨터에 의하여 정보처리의 속도 및 처리능력이 향상되고 있고, (iii) 컴퓨터에 의하여 빅데이터의 반복구현이 이루어짐과 더불어 그 학습의 알고리즘도 빠르게 진화하고 있고, (iv) 그러한 학습의 알고리즘은 인간이 생각할 수 없는 영역의 최적 목표치에 도달할 수 있다.

이와 같이 AI 발명이란 통상의 프로그램발명에 반복학습에 의한 최적의 목표치를 창출하는 AI를 적용한 것으로 정의할 수 있다. 즉 특정 사업목적이 정해지고 그 사업목적에 관한 데이터를 수집하고, 그 수집된 원시데이터를 가공하여 학습데이터 구조를 생성한다. 그 다음 학습데이터 구조를 이용하여 다양한 파라미터의 알고리즘과 프로그램을 개발하기 위한 SW 시스템설계가 이루어지고 이를 근거로 학습프로그램 설계가 완성되고, 그 다음으로 프로그램 창작을 한 결과 학습프로그램이 도출된다. 물론 이러한 학습프로그램은 AI 기술을 적용한 범용 프로그램이 있으므로, 이러한 범용 학급프로그램을 사용할 수도 있다. 학습프로그램에 의하여 학습데이터 구조, 학습전에 설계된 다양한 피리미터 및 하이퍼 파라미터를 근거로 반복학습이 이루어져 최적의 목푯값(학습완료모델 SW)을 도출한다.

따라서 AI 관련 발명으로는 학습용 데이터의 수집 및 편집방법, 원시데이터를 가공하여 학습데이터 구조를 산출하는 방법, 학습전 파라미터의 설계 및 이를 이용한 학습프로그램의 반복학습에 의한 학습완료모델 SW(학습후 파라미터 및 추론프로그램)가 수단 또는 방법, 시스템을 생각할 수 있고, 이러한 수단 또는 방법, 시스템을 하드웨어와 결합하여 청구범위에 기재하는 경우에는 소위 AI 발명으로서 특허를 받을 수 있다.

3) AI 발명의 발상기법(사례연구)

(가) 발명의 목적(해결과제)

제품의 광고를 외주업체에 의뢰하여 발주하는 경우에는 많은 비용이 소요되는 문제점이 있다. 이러한 문제점을 해결하기 위하여

AI를 활용한 광고방법을 개발하고자 한다. 즉 AI를 기반으로 다양한 광고 플랫폼에서 보다 정확하고 효율적이며 소비자에게 최적의 광고를 할 수 있는 광고이미지를 개발하고 이를 흐름도로 특허출원하고자 한다.

(나) 데이터 수집

해당 제품과 관련된 다음의 각종 데이터를 수집한다.

첫째, 서비스로부터 취득한 데이터, 대상제품의 물질 및 재료·원료·특성 등에 관한 데이터, 타인의 광고데이터 등을 수집한다.

둘째, 수집된 각종 데이터는 입력데이터 및 화상데이터로 변환하고, 그 외에 인터넷 및 SNS 데이터 등의 클라우드 데이터를 수집한다.

(다) AI 학습프로그램의 설계 및 창작

AI 학습프로그램이란 저작권법상의 소스코드 그 자체가 아니라, 기능이나 처리방법 등으로부터 파악될 수 있는 개념적인 프로그램(아이디어로서의 알고리즘)을 의미하고 있다.

(라) 학습데이터(데이터의 집합률)의 구축

수집된 각종 데이터를 바탕으로 학습용 데이터를 구축한다. 즉 서비스로부터 취득한 데이터, 대상제품의 물질 및 재료·원료·특성 등에 관한 데이터, 인터넷 및 SNS 데이터 등의 클라우드 데이터, 타인의 광고데이터 등을 학습데이터로 구축한다. 즉 다양한 광고데이터를 컴퓨터에 의하여 학습할 수 있도록 구축한다. 일반적으로 데이터에는 컴퓨터가 인식할 수 있게 (i) 배열이나 선택·선별 등이 되지 않은 순수한 데이터 집합물, (ii) 배열이나 선택·선별된 데이터 집합물 중 데이터별 분류가 되어 있는 데이터 집합물, (iii) 배열이나 선택·선별 등이 된 데이터 집합물이나 데이터의 분류는 되어 있지 않은 데이터 집합물로 구축되고 있다.

(마) 반복학습

첫째, 기계적 학습을 수행한다. 그 수행에 의하여 데이터의 해석 및 규칙성을 발견한다.

둘째, 기계적 학습에 의하여 파생모델을 도출한다.

셋째, 파생모델을 바탕으로 반복학습을 수행하고 그 결과 학습된 모델로서 최적모델을 도출한다.

(바) 학습완료의 최적모델(학습완료모델 SW)

AI 학습프로그램에 의한 반복학습의 결과로서 최적모델을 산출한다. 실제 반복학습에서는 학습용 데이터를 사용하여 학습시킴으로써 '특정기능을 실현하기 위하여 필요한 파라미터(계수)가 규정된 학습용 모델'이 생성된다. 일반적으로 학습용 모델이 AI 학습프로그램과 파라미터(계수)의 조합이므로 학습완료 모델은 AI 학습프로그램+파라미터(알고리즘)로 정의한다.

(사) AI의 생성물(창작물)

목적에 부합되는 광고를 위하여, 도출된 최적모델에 지시·목적데이터를 입력하여 최적의 광고물을 산출한다. 이러한 최적의 광고물 산출방법 또는 시스템을 AI 발명으로 특허출원한다. 즉 AI를 기반으로 다양한 광고 플랫폼에서 보다 정확하고 효율적으로 광고를 직접할 수 있는 방법을 특정하여 청구범위에 기재하여 특허출원한다. 다만, AI에 의해 만들어지는 결과물에는 AI에 의해 자율적으로 생성되는 창작물은 인간의 관여에 의해 만들어지는 결과물도 있을 수 있지만, 여기서 최적의 광고물(광고이미지)이 AI에 의하여 만들어진다고 하더라도 청구범위에 「AI프로그램의 설계 및 창작이 특정되고, 그 AI프로그램에 의하여 구축된 학습용 데이터(데이터의 집합)를 근거로 반복학습이 이루어지고, 그 결과 최적의 광고물(광고이미지)이 생성되는 방법 또는 시스템」이라고 특정하여 기재하는 경우에는 인간에 의하여 발명된 것으로 보고 당해 AI 발명자는 특허를 받을 수 있다.

제2절 우리나라의 발명의 성립성 요건

1. 발명의 성립성 개념

우리나라에 있어서 AI, 빅데이터, IoT, 블록체인 등의 제4차 산업혁명 관련발명의 성립성(미국의 "특허적격성" 및 일본의 "특허해당성"과 같은 의미이다.)은 특허법 제2조 제1호의 규정이 적용되고, 본 조항에 관련한 특허청 심사기준[17] 제10장의 「컴퓨터 관련 발명 심사기준」[18]이 적용되고 있다. 특히 발명의 성립성 판단 프로세스는 다음의 [그림 8]과 같이 발명의 성립성이 판단되고 있다.

여기서 "창작이 아닌 예에 해당하는지 여부판단(주1)"은 청구항에 기재된 발명이 (i) 자연법칙 이외의 법칙, (ii) 인위적인 결정, (iii) 인간의 정신활동에 해당하거나 이를 이용하고 있는 등 자연법칙을 이용한 것이 아니거나 (iv) 단순한 정보의 제시인 경우에는 자연법칙을 이용한 기술적 사상의 창작이 아니므로 발명에 해당하지 않는다.

다음으로 "창작인 예에 해당하는지 여부판단(주2)"은 청구항에 기재된 발명이 (i) 기기의 제어 또는 제어를 위해 필요한 처리를 구체적으로 수행하거나, (ii) 대상의 기술적 성질에 근거한 정보처리를 구체적으로 수행하는 경우에는 자연법칙을 이용한 기술적 사상의 창작이므로 발명에 해당한다.

그리고 소프트웨어에 의한 정보처리가 하드웨어를 이용하여 구체적으로 실현된 것인지 여부판단(주3)은 청구항에 기재된 발명이 사용 목적에 따른 특유의 정보처리 장치 또는 그 동작 방법을 구축

---

17) 특허청, 앞의 심사기준(2019. 3. 18. 특허청예규 제108호), 9A09-9A29면.
18) 본 심사규정의 제10장은 특허청의 2014. 7. 1. 시행 「컴퓨터 관련 발명 심사기준」을 반영한 것이다.

하고 있는지 여부를 중심으로 SW에 의한 정보처리가 하드웨어를
이용하여 구체적으로 실현되고 있는 경우에 해당하는지 여부를 판
단해야한다.[19)]

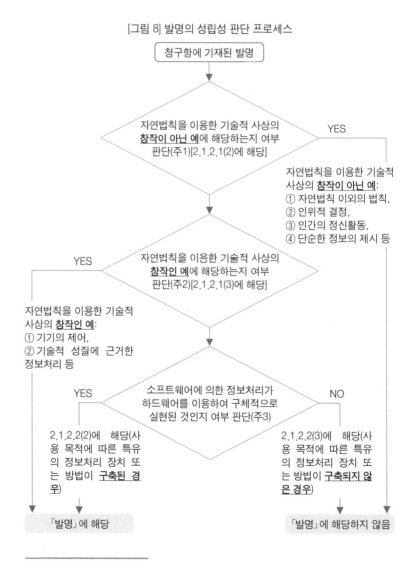

[그림 8] 발명의 성립성 판단 프로세스

청구항에 기재된 발명

자연법칙을 이용한 기술적 사상의
창작이 아닌 예에 해당하는지 여부
판단(주1)[2.1.2.1(2)에 해당]

YES

자연법칙을 이용한 기술적
사상의 **창작이 아닌 예**:
① 자연법칙 이외의 법칙,
② 인위적 결정,
③ 인간의 정신활동,
④ 단순한 정보의 제시 등

YES

자연법칙을 이용한 기술적 사상의
창작인 예에 해당하는지 여부
판단(주2)[2.1.2.1(3)에 해당]

자연법칙을 이용한 기술적
사상의 **창작인 예**:
① 기기의 제어,
② 기술적 성질에 근거한
정보처리 등

YES

소프트웨어에 의한 정보처리가
하드웨어를 이용하여 구체적으로
실현된 것인지 여부 판단(주3)

NO

2.1.2.2(2)에 해당(사
용 목적에 따른 특유
의 정보처리 장치 또
는 방법이 **구축된 경
우**)

2.1.2.2(3)에 해당(사
용 목적에 따른 특유
의 정보처리 장치 또
는 방법이 **구축되지 않
은 경우**)

「발명」에 해당

「발명」에 해당하지 않음

19) 특허청, 앞의 심사기준(2019. 3. 18. 특허청예규 제108호), 9A12면.

2. 발명의 성립성의 판단기준

1) 자연법칙을 이용한 발명의 요건

AI, 빅데이터, IoT, 블록체인 등의 제4차 산업혁명 관련발명이 자연법칙을 이용한 것인지 여부는 청구항 전체로서 판단해야 하므로, 청구항에 기재된 발명의 일부에 자연법칙을 이용하고 있는 부분이 있더라도 청구항 전체로서 자연법칙을 이용하고 있지 않다고 판단될 때에는 특허법상 발명에 해당하지 않는다. 그 발명이 (i) 자연법칙 이외의 법칙, (ii) 인위적인 결정, (iii) 인간의 정신활동에 해당하거나 이를 이용하고 있는 등 자연법칙을 이용한 것이 아니거나 (iv) 단순한 정보의 제시에 불과한 경우 해당 발명은 자연법칙을 이용한 기술적 사상의 창작이 아니므로 발명에 해당하지 않는다. 그리고 발명이 (i) 기기의 제어 또는 제어를 위해 필요한 처리를 구체적으로 수행하거나, (ii) 대상의 기술적 성질에 근거한 정보처리를 구체적으로 수행하는 경우 해당 발명은 자연법칙을 이용한 기술적 사상의 창작이므로 발명에 해당한다.[20]

특히 AI, 빅데이터, IoT, 블록체인 등의 제4차 산업혁명 관련발명은 SW발명으로서 SW에 의한 정보처리가 하드웨어를 이용하여 구체적으로 실현되고 있는 경우, 즉 SW와 하드웨어가 협동한 구체적 수단 또는 구체적 방법에 의해 사용 목적에 따른 특유의 정보의 연산 또는 가공을 실현함으로써 사용 목적에 따른 특유의 정보처리 장치(기계) 또는 그 동작 방법이 구축되어 있는 경우, 해당 발명은 자연법칙을 이용한 기술적 사상의 창작이므로 발명에 해당한다. 또 발명이 SW에 의한 정보처리가 하드웨어를 이용하여 구체적으로 실현되고 있지 않는 경우에는 해당 발명은 자연법칙을 이용한 기술적 사상의 창작이 아니므로 발명에 해당하지 않는다.[21]

---

20) 특허청, 앞의 심사기준(2019.3.18.특허청예규 제108호), 9A11-9A11면.

2) 하드웨어와의 결합요건

AI, 빅데이터, IoT, 블록체인 등의 제4차 산업혁명 관련발명은 SW 관련 발명으로서 정보처리가 하드웨어를 이용하여 구체적으로 실현되고 있는 경우, 해당 SW와 협동하여 동작하는 정보처리 장치 (기계), 그 동작 방법, 해당 프로그램을 기록한 컴퓨터로 판독할 수 있는 매체, 매체에 저장된 컴퓨터프로그램은 자연법칙을 이용한 기술적 사상의 창작이므로 발명에 해당한다. SW에 의한 정보처리가 하드웨어를 이용하여 구체적으로 실현되고 있는 경우란, SW가 컴퓨터로 판독되는 것에 의해 SW와 하드웨어가 협동한 구체적 수단 또는 구체적 단계로 사용 목적에 따른 특유의 정보의 연산 또는 가공을 실현함으로써 사용 목적에 따른 특유의 정보처리 장치(기계) 또는 그 동작방법이 구축되는 것을 말한다. 그리고 사용 목적에 따른 특유의 정보처리 장치(기계) 또는 그 동작방법은 자연법칙을 이용한 기술적 사상의 창작이므로 발명에 해당한다.[22)23)]

---

21) 특허청, 앞의 심사기준((2019. 3. 18. 특허청예규 제108호), 9A16-9A17면.
22) 예를 들면, "인공지능 기반의 광고방법은 인공지능 광고서버가 광고주의 광고정보를 수신하는 단계; 상기 인공 지능 광고 서버가 상기 광고주 광고 정보를 기반으로 복수의 플랫폼 광고 정보를 생성하는 단계; 및 상기 인공 지능 광고 서버가 상기 복수의 플랫폼 광고 정보 각각을 멀티채널광고 인터페이스를 통해 복수의 광고 플랫폼 각각으로 전송하는 단계를 포함하되, 상기 복수의 플랫폼 광고 정보는 복수의 플랫폼 광고 이미지 정보 및 복수의 플랫폼 광고 타깃팅 정보를 포함하고, 상기 복수의 플랫폼 광고 이미지 정보는 상기 복수의 광고 플랫폼 각각에 대응되는 복수의 광고 이미지 정보를 포함하고, 상기 복수의 플랫폼 광고 타깃팅 정보는 상기 복수의 광고 플랫폼 각각에 대응되는 복수의 광고 타깃팅 정보를 포함하고, 상기 복수의 플랫폼 광고 타깃팅 정보는 상기 광고주 광고 정보에 포함되는 타깃 연령층 정보와 상기 복수의 광고 플랫폼 각각의 나이 카테고리를 기반으로 한 클러스터에 의해 결정되고, 상기 클러스터의 중심과 상기 타깃 연령층 정보에 포함되는 나이 지시 단어 간의 거리는 언어 인접도에 의해 결정될 수 있고, 상기 언어 인접도는 웹 페이지에 포함된 나이 관련 단어에 대한 단어 집합 추출 빈도 및 단어 밀집도를 기반으로 결정되는 것을 특징으로 하는 방법"

또 콘텐츠 선호도를 정확히 예측하고자 하는 발명의 목적을 달성하기 위하여 선호도 예측 장치에서 유사 사용자 목록에 포함된 사용자들의 선호도 정보를 기계학습 알고리즘[24]의 입력정보로 하고, 기계학습 알고리즘을 이용하여 선호도 정보에 포함된 콘텐츠의 특징 집합을 학습함으로써 사용자의 콘텐츠에 대한 선호도를 예측하는 특유의 정보 연산 또는 가공이 구체적으로 실현되고 있다. 따라서 청구항에 기재된 발명은 SW에 의한 정보처리가 하드웨어를 이용하여 구체적으로 실현되고 있기 때문에 자연법칙을 이용한 기술적 사상의 창작이므로 발명에 해당한다.[25]

SW 기술 분야에서 청구항 전체를 고려하더라도, AI 기술의 적용목적에 따른 특유의 데이터의 가공 또는 학습방법을 실현하는 발명의 수행주체(하드웨어)가 명확하게 파악되지 않는 경우에는 원칙적으로 해당 청구항은 「사용 목적에 따른 특유의 정보 연산 또는 가공을 실현하기 위한 SW와 하드웨어가 협동한 구체적 수단 또는 구체적 방법」이 구축되지 않은 것으로 발명의 성립성이 없는 것으로 판단하고 있다.[26]

3. 성립성의 판단사례 분석

호텔 및 리조트, 팬션 등의 숙박시설을 이용한 자로부터 숙박시설을 평가하여 데이터를 수집하고, 이러한 수집된 데이터를 이용하

으로 기재한 경우, 플랫폼이라는 매체를 통하여 물리적 변화가 일어나고 있으므로 AI에 의한 광고방법의 발명이므로 성립성을 만족하는 것으로 판단한다.

23) 특허청, 앞의 심사기준(2019. 3. 18. 특허청예규 제108호), 9A16-9A17면.
24) 기계학습 알고리즘이란 학습전 파라미터 및 하이퍼 파라미터의 알고리즘을 말한다.
25) 특허청, 앞의 심사기준(2019. 3. 18. 특허청예규 제108호), 9A16-9A18면.
26) 특허청, 앞의 심사기준(2019. 3. 18. 특허청예규 제108호), 9A23면.

여 AI 기반 이용자의 평판을 분석하기 위한 학습모델을 특허출원 하였으며, 그 명세서의 요지는 다음과 같다.

1) 명세서의 요지

【발명의 명칭】

숙박시설의 평판을 분석하기 위한 학습모델

【배경 기술】

컴퓨터를 소정의 입력에 대한 출력을 연산하는 연산부로서 기능 시키는 뉴럴 네트워크는 많은 실례를 학습함으로써 정보 처리를 할 수 있으며, 게다가 복잡한 정보 처리를 고속으로 할 수 있기 때문에, 화상인식, 음성인식, 음성합성, 자동번역 등의 분야에서 다양한 이용이 시도되고 있다.

일반적으로 뉴럴 네트워크를 새로운 분야에 이용하는 경우에는 뉴럴 네트워크에 의한 연산을 위해 무엇을 특징량으로 입력하면 좋은지 명확하지 않은 경우가 많고, 특징량을 무엇으로 할 것인지를 신중하게 음미하여 설정할 필요가 있다.

입소문 난 여행 사이트 등의 웹사이트에 투고된 호텔 등의 숙박 시설의 평판에 관한 텍스트 데이터를 분석하기 위해, 뉴럴 네트워크를 이용하는 경우에도, 입력 특징량에는 해당 텍스트 데이터 중에 포함된 다양한 단어("좋아요"와 " ! " 등)의 출현 빈도 등이 후보로 간주되기 때문에 쉽게 설정할 수 없다.

【발명이 이루고자 하는 기술적 과제】

본 발명은 상기 과제를 감안하여 이루어진 것으로, 입력 특징량을 미리 설정해 두지 않고도 숙박시설의 평판을 정확하게 분석하는 것을 목적으로 한다.

【과제를 해결하기 위한 수단】

본 발명의 학습된 모델은 숙박시설의 평판에 관한 텍스트 데이터에 근거하여 숙박시설의 평판을 정량화한 값을 출력하도록 컴퓨터를 기능시키기 위한 것이며, 제1의 뉴럴 네트워크와, 제1의 뉴럴 네트워크의 출력이 입력되도록 결합된 제2의 뉴럴 네트워크로 구성된다. 해당 학습완료모델은 AI 기반 SW의 일부인 프로그램 모듈로서의 이용이 예상된다.

본 발명의 학습완료모델은 CPU와 메모리를 구비한 컴퓨터에서 사용된다. 구체적으로는, 컴퓨터의 CPU가 메모리에 기억된 학습완료모델로부터의 지령에 따라 제1의 뉴럴 네트워크의 입력층에 입력된 입력데이터(숙박 시설의 평판에 관한 텍스트 데이터에서 예를 들어, 형태를 분석하여 얻어지는 특정 단어의 출현 빈도)에 대하여, 제1 및 제2의 뉴럴 네트워크에서의 학습된 가중치 계수와 응답함수 등에 근거하여 연산을 수행하고, 제2의 뉴럴 네트워크의 출력층에서 결과(평판을 정량화한 값, 예를 들면 "★ 10개"라는 값)를 출력하도록 동작한다.

제1의 뉴럴 네트워크는 특징 추출용 뉴럴 네트워크 중 입력층에서 중간층까지로 구성된 것이다. 이 특징 추출용 뉴럴 네트워크는 일반적으로 자기 부호화기(자동 인코더)라는 것으로, 중간층 뉴런수가 입력층의 뉴런수보다도 작고, 입력층과 출력층의 뉴런수가 서로 동일하게 설정하고 있다. 또한 입력층과 출력층의 각 뉴런의 응답함수는 선형함수이며, 그 이외의 각 뉴런의 응답함수는 시그모이드함수$[1/(1+\exp(-x))]$이다.

당해 특징 추출용 뉴럴 네트워크의 학습은 주지기술인 오차역전파법에 의해 행해지고, 뉴런 사이의 가중치 계수가 갱신된다. 본 발명의 실시예에서, 숙박 시설의 평판에 관한 텍스트 데이터를 형태소 분석하여 얻은 각 단어의 출현 빈도를 입력층에 입력하고, 입력된 데이터와 동일한 데이터가 출력층에서 출력될 수 있도록, 입력데이터 전체에 대한 평균 제곱 오차가 작아지도록 학습을 실시한다.

또한 상기와 같이 뉴런의 응답함수로서 비선형함수인 시그모이드함수가 사용되고 있기 때문에, 뉴런 사이의 가중치 계수는 중간층을 경계로 대칭이 되는 것은 아니다. 특징 추출용 뉴럴 네트워크를 학습하여 중간층에서 각 입력 데이터의 성질을 나타내는 특징량을 취득할 수 있게 된다. 중간층에 나타나는 특징량은 반드시 물리적으로 명확한 의미를 갖는 특징량은 아니지만, 입력층에 입력된 정보를 출력층에서 출력된 정보로 복원할 수 있을 정도로 압축된 것으로 생각할 수 있고, 입력층으로의 입력 특징량이 어떤 것이라도 그 중간층에 나타나는 특징량은 대략 비슷한 것이 되므로, 입력층으로의 입력 특징량을 미리 적절하게 설정해 둘 필요가 없어진다.

본 발명에서는 이 가중치 계수가 학습된 특징 추출용 뉴럴 네트워크 중 입력층에서 중간층까지의 부분을 제1의 뉴럴 네트워크로서, 제2의 뉴럴 네트워크로 결합하고 있다. 그리고 제2의 뉴럴 네트워크의 가중치 계수는 상기 제 1 의 뉴럴 네트워크의 가중치 계수를 변경하지 않고, 학습에 의해 갱신된 것이다. 해당 학습도 위와 같이 주지기술인 오차역전파법에 의해 실시한다.

본 발명의 학습완료모델은 상기와 같은 제1및 제2의 뉴럴 네트워크로 구성되기 때문에, 입력 특징량을 미리 설정해 두지 않고노, 숙박시설의 평판을 정확하게 분석할 수 있다.

【청구항 1 】

숙박 시설의 평판에 관한 텍스트 데이터에 근거하여 숙박 시설의 평판을 정량화한 값을 출력하도록 컴퓨터를 기능시키기 위한 학습된 모델이며,

제1의 뉴럴 네트워크와, 상기 제1의 뉴럴 네트워크에서의 출력이 입력되도록 결합된 제2의 뉴럴 네트워크로 구성되며,

상기 제1의 뉴럴 네트워크가 적어도 1개의 중간층 뉴런수가 입력층의 뉴런수보다도 작게 또한 입력층과 출력층의 뉴런수가 서로 동일하며, 각 입력층으로의 입력값과 각 입력층에 대응하는 각 출력층에서의 출력값이 같아지도록 가중치 계수가 학습된 특징추출용 뉴럴 네트워크 중 입력층에서 중간층까지로 구성된 것이며,

상기 제2의 뉴럴 네트워크의 가중치 계수가 상기 제1의 뉴럴 네

트워크의 가중치 계수를 변경하지 않고 학습된 것이며,

상기 제1의 뉴럴 네트워크의 입력층에 입력된 숙박 시설의 평판에 관한 텍스트 데이터에서 얻어지는 특정 단어의 출현 빈도에 대해, 상기 제1 및 제2의 뉴럴 네트워크에서의 상기 학습된 가중치 계수에 근거하여 연산을 수행하고, 상기 제2의 뉴럴 네트워크의 출력층에서 숙박 시설의 평판을 정량화한 값을 출력하도록 컴퓨터를 기능시키기 위한 학습완료모델.

【도면】

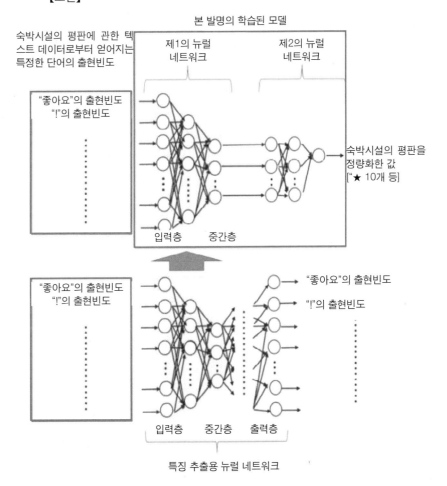

본 발명의 학습된 모델

숙박시설의 평판에 관한 텍스트 데이터로부터 얻어지는 특정한 단어의 출현빈도

제1의 뉴럴 네트워크

제2의 뉴럴 네트워크

"좋아요"의 출현빈도
"!"의 출현빈도

숙박시설의 평판을 정량화한 값
["★ 10개 등]

입력층   중간층

"좋아요"의 출현빈도
"!"의 출현빈도

"좋아요"의 출현빈도

"!"의 출현빈도

입력층   중간층   출력층

특징 추출용 뉴럴 네트워크

2) 발명의 성립성 판단

(i) 청구항 말미의 카테고리가 "학습완료모델"로 기재되어 있지만, "학습완료모델"이란 학습된 모델로서 SW에 해당하고 이는 프로그램발명으로서 발명에 해당한다.

(ii) 학습완료모델은 "숙박 시설의 평판에 관한 텍스트 데이터의 입력에 대해, 숙박 시설의 평판을 정량화한 값을 출력하도록 컴퓨터를 기능시키기 위한 것"이며, "상기 제1뉴럴 네트워크의 입력층에 입력된 숙박시설의 평판에 관한 텍스트 데이터에서 얻어지는 특정 단어의 출현 빈도에 대해 상기 제1및 제2의 뉴럴 네트워크에서의 상기 학습된 가중치 계수에 근거한 연산을 수행하고, 상기 제2의 뉴럴 네트워크의 출력층에서 숙박시설의 평판을 정량화한 값을 출력하도록 컴퓨터를 기능시키기 위한 것"이라고 기재하고 있고, 또한 발명의 설명에는 "해당 학습완료모델은 인공 지능 소프트웨어의 일부인 프로그램 모듈로서의 이용이 예상된다." 및 "컴퓨터의 CPU가 메모리에 기억된 학습된 모델로부터의 지령에 따라 제1의 뉴럴 네트워크의 입력층에 입력된 입력데이터(숙박시설의 평판에 관한 텍스트 데이터에서 예를 들어 형태소 분석하여 얻은 특정 단어의 출현 빈도)에 대하여 제1 및 제2의 뉴럴 네트워크의 학습된 가중치 계수 및 응답기능 등에 근거하여 연산을 수하고, 제2의 뉴럴 네트워크의 출력층에서 결과(평판을 정량화한 값, 예를 들어 '★ 10개'라는 값)를 출력하도록 동작한다."고 하는 구체적인 구현 수단이 기재되어 있는 것을 고려하여 판단하여 보면, 당해 청구항 1의 말미가 "모델"이라고 기재되어 있어도 SW를 특정하는 것이 명확하므로, 프로그램발명에 해당한다.

(iii) 숙박시설에 대한 이용자의 평판을 정확하게 분석하는 사용 목적에 따라 특정 정보의 연산 또는 가공이 컴퓨터에 의한 "제1의 뉴럴 네트워크의 입력층에 입력된 숙박시설의 평판에 관한 텍스트 데이터에서 얻어지는 특정 단어의 출현빈도에 대해, 상기 제1 및 제2의 뉴럴 네트워크에서의 상기 학습된 가중치 계수에 근거한 연

산을 수행하고, 상기 제2의 뉴럴 네트워크의 출력층에서 숙박시설의 평판을 정량화한 값을 출력한다"라고 하는 숙발시설의 평판 수단은 SW 및 하드웨어 자원이 결합한 구체적 수단 또는 구체적인 절차에 의해 실현되고 있는 것으로 판단된다.

(iv) 따라서 청구항 1에 관련된 학습완료모델은 SW와 하드웨어 자원이 결합하여 사용 목적에 따른 특유의 정보처리장치의 동작방법을 구축한 것이고, 또 SW에 의한 정보처리가 하드웨어 자원을 이용하여 구체적으로 실현되고 있기 때문에, 청구항 1에 기재된 학습완료모델은 자연법칙을 이용한 기술적 사상의 창작으로 발명의 성립성이 있다.

제3절 미국의 특허적격성 요건

1. 특허적격성의 판단 개요

미국특허법 제101조에는 특허적격성 요건을 규정하고 있다. 즉 제101조는 "새롭고 유용한(any new and useful) 방법(process), 기계(machine), 제조물(manufacture), 조성물(composition of matter), 또는 이에 대한 새롭고 유용한 개량을 발명하거나 발견한 자는 본 조의 조건 및 요건에 따라 특허를 획득할 수 있다"고 규정함으로써, 이른바 유용성, 신규성, 비자명성을 갖춘 인간이 만든 어떠한 것 또는 인간이 발견한 어떠한 것도 특허의 대상에서 당연히 제외되지는 않는다는 법정요건을 규정하고 있다.

한편 이러한 법정요건을 해석함에 있어서 판례법상으로 특정된 비법정요건이 실제 심사 및 소송에서 적용되고 있다. 비법정요건이란 판례법에 의하여 확립된 것으로, SW발명이 자연법칙(laws of nature), 자연현상(natural phenomena), 원칙(principle), 추상적 아이디어(abstract idea)에 해당하는 경우에는 사법적 예외(Judicial exception)로서 특허적격성을 부정하고 있다.[27] 이러한 비법정요건은 사법예외로서 미국특허청(United States Patent and Trademark Office: 이하 'USPTO'라 한다)의 특허심사절차매뉴얼(Manual of Patent Examining Procedure: 이하 'MPEP'라 한다)에서 규정하고 있고, 특히 그 판단에 대한 구체적인 프로세스를 제시하고 있다.

또 제101조는 특허적격성에 관한 매우 중요한 규정임에도 불구하고 구체적으로 어떠한 기준으로 판단해야 하는지 등의 문제점을 내포하고 있다. 이러한 문제점을 해결하기 위한 방안으로 Alice 판결[28] 이후 2014년 가이드라인[29]을 제시하였고 그 후 2015년 및 2016년 일부 개정되었으며, 특히 2016년 개정에서는 "Federal Register Notice requesting the public's thoughts on specific parts of patent subject matter eligibility"를 게시한 데 이어,[30] 2019년 1월 7일에는 새로운 가이드라인을 개정하였다.

따라서 제4차 산업혁명 관련기술(AI, 빅데이터, IoT, 블록체인 등)은 넓은 의미에서 SW발명으로 프로그램발명이 대부분이므로, 미국 특허법 제101조의 법정요건과 USPTO의 가이드라인에 의한 비법정요건을 근거로 판단하고 있다. 즉 AI, 빅데이터, IoT, 블록체인 등의 제4차 산업혁명 관련발명의 특허적격성 판단기준은 다음과 같은 법정

---

27) 사법적 예외는 1841년 영국의 Neilson v. Harford[151 ER 1266 (1841)]판결 이후 판례로 확립된 것으로서, 1972년 미국의 Gottsschalk v. Benson [409 U.S. 63(1972)] 판결이 있기 전까지 확립된 법리를 제공하였다고 한다 (강기봉, "미국 특허법상 소프트웨어발명의 특허대상적격성", 지식재산연구 제13권 제1호, 2018, 57-60면).

28) Alice Corp. v. CLS Bank International 573 US. (2014).

29) 2014 Interim Eligibility Guidance Quick Reference Sheet for examiners to evaluate inventions.

30) Megan Thobe, A call to action: Fixing the judicially-murkied waters of 35 U.S.C. §101, 50 Ind. L. Rev. 1023 (2017) at 1029~1031 참조.

요건과 비법정요건이 적용되는 것을 원칙으로 하고 있다.

(i) 청구항에 기재된 발명이 "새롭고 유용한 방법, 기계, 제조물, 조성물, 또는 이에 대한 새롭고 유용한 개량에 해당하는 것인가의 법정요건을 판단한다.

(ii) 청구항에 기재된 발명이 자연법칙, 자연현상, 원칙, 추상적 아이디어에 해당하는 것인가의 비법정요건을 판단하며, 만약 비법정요건에 해당하는 경우에는 사법예외(Judicial exception)로서 특허적격성이 부정되어 특허를 받을 수 없다.

미국에서의 특허적격성 판단에 대한 예를 들어 보면, AI 시스템의 핵심요소인 딥러닝과 빅데이터의 이용은 기존 데이터의 수집, 가공처리 및 이용이라는 흐름을 갖게 되는데, 이러한 일련의 과정은 추상적 아이디어에 불과한 것으로 평가되는 경우, 당해 발명은 비법정요건에 해당하여 사법예외로서 특허적격성이 없는 것으로 판단하여 특허를 허여하지 않는다. 그러나 AI 기술의 적용에 의한 데이터의 수집방법, 수집된 데이터의 분류 및 분석에 의한 특정목적을 해결하기 위한 최적의 모델창출방법이 하드웨어에 의하여 구현된다는 구체적인 기술사상이 기재된 청구항은 SW발명으로서 비법정요건에 해당하지 않아서 특허를 받을 수 있다.

2. 특허적격성 판단기준(2019년 가이드라인)

1) 가이드라인의 개요

2019년 가이드라인에서는 Alice 판결[31]의 2단계 테스트에 대한

---

31) Alice Corp. v. CLS Bank International 573 US(2014). 본 판결의 요지는 2014년 6월 19일 미국연방대법원에서는 법관들의 만장일치로 Alice의 특허에 대하여 무효를 선언하였다. 대법원은 자연법칙, 자연현상, 추상적 아이디어는 미국특허법 제101조에 포함될 수 없어 특허대상이 되지 않으며, Alice의 특허는 위의 요건 중 추상적 아이디어에 해당하기 때문에 무효라고

명확한 기준을 제시하기 위한 것인데, MPEP §2106.04(II) 및 USPTOs Eligibility Quick Reference Sheet Idenifying Abstract Ideas and any eligibility-related guidance issued prior to the Ninth Edition, R-08.2017, of the MPEP(published January 2018)[32]을 대체한다는 점을 명확하게 밝히고 있다.

　USPTO의 특허적격성 가이드라인에는 우선 2A 스텝에 따라 두 가지 방식으로 사법예외(자연법칙, 자연현상 및 추상적 아이디어)에 해당되는 것인지의 여부를 판단한다고 규정하고 있다. 즉 2019년 특허적격성 가이드라인에 의하면, 추상적 아이디어는 예를 들어, 수학적 개념, 인간 활동을 조직화하는 특정 방법 및 정신적인 과정으로 그룹화된 청구항은 사법예외에 해당하지만, 그러한 사법예외의 청구항을 인용하는 청구항이 사법예외를 실제 다른 구성에 적용하여 통합되는 것이 명백한 경우에는 사법예외에 해당되지 않는 것으로 판단한다. 그리고 사법예외를 인용하지만 실제 적용에 통합되지 않는 청구항은 2A 스텝에 따라, 사법예외에 해당되며 2B 스텝(독창적 개

───────

　판시하면서 CAFC 전원합의체 판결을 유지하였다. 과거 Bilski의 위험 회피에 관한 발명이 추상적 아이디어이기 때문에 특허를 받을 수 없는 발명이라는 결론과 마찬가지로, Alice의 에스크로 발명 또한 Bilski와 별반 차이가 없는 추상적 아이디어라는 것이다. 미국연방대법원은 쟁점이 된 모든 청구항에 대하여 특허가 부적격하다는 결론을 지으면서, 컴퓨터로 구현된 발명의 성립성을 판단하는 방법으로는 Mayo 판결에서 제시된 2단계 판단방법을 사용하였다. Alice의 특허는 1단계로 제3자 개입에 의한 합의라는 것은 추상적 아이디어라는 점에는 이견이 없으며, 2단계로 제3자 개입을 통한 합의 방법은 금융업계에서 전통적으로 존재하였던 방법이며 그 과정에서 컴퓨터 시스템을 이용하는 것 역시 전통적인 방법이므로 결론적으로 Alice의 특허는 특허대상이 될 수 없어 무효라고 판단하였고, 더불어 추상적 아이디어에 해당하는 방법발명을 컴퓨터 시스템으로 구현한 시스템 발명 역시 무효라고 판단하였다. 다만 연방대법원은 CAFC에서 논의되었던 추상적 아이디어에 대한 구체적인 판단방법에는 명확한 견해를 제공하지는 않고 있다.

32) Software inventions face new USPTO standards for patenting, 2019 WL 1179072 (March 14, 2019) at 2.

념)에 따라 청구항의 특허적격성을 판단하는 것으로 규정하였다.

2B 스텝에는 특허적격성 판단테스트를 3개의 갈래(prongs)로 구분하고 있으며, 처음 2개의 구분은 종전 가이드라인의 2A단계를 적용하는 것이고, 나머지 하나는 종전 가이드라인의 2B단계에 적용되는 것이다. 특히 2B단계에서는 청구항을 "단순히 재연(merely recite)"하는 경우와 "실제적인 응용"에 해당하는 경우로 구분하여 판단하는 프로세서가 규정되어 있다.

개정 가이드라인에는 Alice/Mayo 테스트[33]의 스텝 2A)에 관한 특허적격성 판단절차를 (i) 추상적 아이디어로 간주되는 대상 물질의 그룹화로 제공하고. (ii) 사법예외가 그 예외의 "실제적인 응용"으로 통합되지 않는 청구항은 사법예외로 "지시하지" 않는다는 것을 명확히 하고 있다.

개정 가이드라인 섹션 I은 사법예외는 수학적 개념, 인간 활동을 구조화하는 특정 방법 및 정신적 프로세스와 같은 추상적 아이디어뿐만 아니라 자연법칙 및 자연현상을 포함하는 과학 및 기술적 작업의 기본 도구로 확인된 대상 물질에 대한 것을 특정하고 있고, 또 청구항에 기재된 발명이 사법예외를 인용하는 경우에만 특허적격성의 적합성을 판단하기 위하여 추가 분석을 요구하는 것으로 규정하고 있다.

섹션 II에는 Alice/Mayo 테스트의 스텝 2A의 제1 스텝에서 사법예외가 "지시된" 것인지 여부를 결정하도록 되어 있고, 섹션 III에는

---

33) Alice/Mayo의 특허적격성 판단 프로세스는 다음과 같다.

(i) 1단계는 문제된 청구항이 미국특허법 제101조의 특허대상이 아닌 자연법칙, 자연현상, 추상적 아이디어와 직접적으로 관련이 있는지를 판단하고, 만약 위의 세 가지와 직접적인 연관이 있다면 이를 유효한 특허대상으로 변환할 수 있는 추가적인 구성요소가 있는지를 고려해서 판단한다.

(ii) 2단계는 업계에서 전통적으로 잘 알려진 방법에 관한 발명을 단순 프로그램발명으로 구현하였다면 이는 특허로서 성립할 수 없으며, 방법발명에 있어 진보성이 있는지를 판단해야 한다.

개정된 2A 스텝의 두 가지 측면, 즉 (i) 청구항이 사법예외를 인용
하는지 여부 및 (ii) 인용된 사법예외가 실제 적용에 통합되었는지
의 여부를 중점적으로 판단한다고 규정하고 있으며, 청구항에 기재
된 발명이 사법예외를 인용하며 그 예외가 "실제적인 응용"으로 통
합하지 못하는 경우에만, 사법예외로 "지시된" 것이며, 이에 Alice/
Mayo 테스트의 두 번째 스텝(USPTO 스텝 2B)에 따라 추가 판단[예로
서, 클레임이 단순히 충분히 이해되고, 규칙적이며, 통상적인 활동(activity)
을 인용하는지 여부를 결정하기 위해]을 하여야 한다고 규정하고 있다.

2) 종전 가이드라인에 의한 특허적격성 판단

종전에는 청구항에 기재된 발명에 대한 특허적격성 판단 프로세
스는 아래의 [그림 9]와 같이 1단계와 2단계로 구성되고, 2단계는
2A단계 및 2B단계로 구분하였으며, 전체적으로 3단계의 프로세스
로 구성되어 있다.

1단계에서는 청구항에 기재된 AI, 빅데이터, IoT, 블록체인 등의
제4차 산업혁명 관련발명이 미국특허법 제101조상의 법정요건을 충
족하는 것인가의 여부를 판단한다. 여기서 법정요건을 충족하지 않
는 경우에는 당연히 특허를 받을 수 없고, 또 충족한다고 하더라도
바로 특허를 허여하는 것이 아니라 비법정요건을 심사하여야 한다.

2A단계에서는 위 1단계에서 법정요건을 충족한 경우, 다음 단계
의 비법정요건인 자연법칙, 자연현상, 원칙, 추상적 아이디어에 해
당하는 것인지를 판단한다.[34] 청구항에 기재된 AI, 빅데이터, IoT,

---

34) 2019년 USPTO 가이드라인에는 사법예외로서 비법정요건에 해당하는 대
   상으로 다음의 사항을 열거하고 있다.
   a) 수학적 개념: 수학적 관계, 수학 공식 또는 방정식, 수학 계산.
   b) 인간 활동을 조직하는 특정 방법: 근본적인 경제적 원칙 또는 실행(위험
   회피, 보험, 위험 완화 포함); 상업적 또는 법적 상호 작용(계약 형태의 계
   약, 법적 의무; 광고, 마케팅 또는 판매 활동 또는 행동; 사업 관계 포함); 개

블록체인 등의 제4차 산업혁명 관련발명이 비법정요건에 해당하지 않는 경우에는 특허적격성을 만족하여 특허를 받을 수 있지만, 만약 당해 발명이 추상적 아이디어 등에 불과한 경우에는 바로 특허적격성이 없는 것으로 판단하지 않고 2B단계로 넘어간다.

[그림 9] 종전 가이드라인의 특허적격성 판단 프로세스

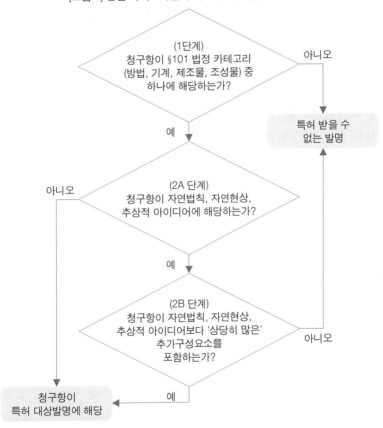

___

인 행동 또는 사람들 사이의 관계 또는 상호 작용 관리(사회 활동, 가르침, 규칙이나 지시를 따르는 것 포함).

c) 정신적 프로세스: 인간의 마음에서 수행되는 개념들(관찰, 평가, 판단, 의견 포함).

2B단계에서는 청구항에 기재된 AI, 빅데이터, IoT, 블록체인 등의 제4차 산업혁명 관련발명이 추상적인 아이디어에 해당한다고 하더라도, 당해 발명에 상당한 추가적인 무엇(significantly more)이 추가구성(예로서, 딥러닝의 반복학습에 의한 학습데이터의 분석과 목푯값의 도출수단이 구체적으로 특정되어 있는 경우)으로 기재된 경우에는 추상적인 아이디어와 추가구성의 결합에 의하여 비법정요건에 해당하지 않는 것으로 간주하여 특허적격성이 있는 것으로 판단한다.

3) 현행 가이드라인(2019년 개정)에 의한 특허적격성 판단

2019년 개정된 현행 가이드라인상의 특허적격성 판단은 종전의 판단기준과는 많은 차이점이 있는 것이 아니라, 아래의 [그림 10]과 같이 1단계와 2단계로 구성되고, 2단계는 종전과 같이 2A단계 및 2B단계로 구분하고 있지만, 2A단계를 [2A-갈래(prong) 1] 및 [2A-갈래(prong) 2]로 구분하여 판단하는 프로세스를 추가하였고, 그리고 종전의 2B단계를 [2A-갈래(prong) 3]로 하여 전체 3개의 갈래(prongs)로 구분하여 판단하는 것으로 개정하였다.

(i) 1단계에서는 청구항에 기재된 AI, 빅데이터, IoT, 블록체인 등의 제4차 산업혁명 관련발명이 미국특허법 제101조상의 법정요건을 충족하는 것인가의 여부를 판단한다. 여기서 법정요건을 충족하지 않는 경우에는 당연히 특허를 받을 수 없고, 또 충족한다고 하더라도 바로 특허를 허여하는 것이 아니라 비법정요건을 심사하여야 한다.

(ii) 2A단계-[갈래(prong) 1]에는 사법예외에 속하는 자연법칙, 자연현상, 원칙, 추상적 아이디어의 재연에 불과한 것인가를 판단한다. 즉 청구항에 기재된 AI, 빅데이터, IoT, 블록체인 등의 제4차 산업혁명 관련발명이 사법예외에 속하는 추상적 아이디어를 재연한 것에 불과한 경우에는 바로 특허적격성이 없는 것으로 판단하지 않고 2A단계-[갈래(prong) 2]로 넘어간다.

(iii) 2A단계-[갈래(prong) 2]에서는 청구항에 기재된 AI, 빅데이

터, IoT, 블록체인 등의 제4차 산업혁명 관련발명이 사법제외(자연법칙, 자연현상, 원칙, 추상적 아이디어)의 재연이 "실제적인 응용"으로 통합되는 것인지를 판단하고, 만약 그 재연이 "실제적인 응용"으로

[그림 10] 현행 가이드라인의 특허적격성 판단 프로세스

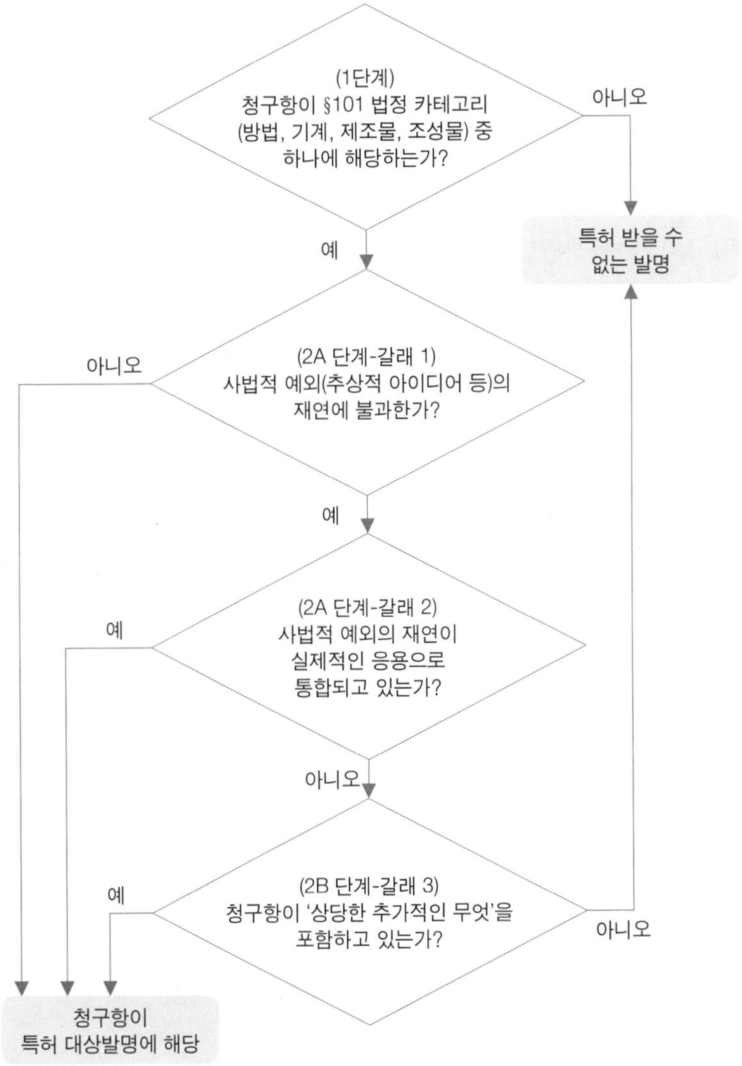

(1단계)
청구항이 §101 법정 카테고리
(방법, 기계, 제조물, 조성물) 중
하나에 해당하는가?

아니오

예

특허 받을 수
없는 발명

(2A 단계-갈래 1)
사법적 예외(추상적 아이디어 등)의
재연에 불과한가?

아니오

예

(2A 단계-갈래 2)
사법적 예외의 재연이
실제적인 응용으로
통합되고 있는가?

예

아니오

(2B 단계-갈래 3)
청구항이 '상당한 추가적인 무엇'을
포함하고 있는가?

예

아니오

청구항이
특허 대상발명에 해당

통합되는 것으로 판단되는 경우에는 특허적격성이 있는 것으로 판단하고, 통합되지 않는 것으로 판단한 경우에는 다음 단계로 넘어간다. 즉 AI발명에 있어서 딥러닝의 반복학습에 의한 학습데이터의 분석과 목푯값을 도출하는 수단(학습 전후의 파라미터, 하이퍼 파라미터의 알고리즘)이 비록 추상적인 아이디어에 해당한다고 하더라도, 그 추상적인 아이디어가 다른 구성요소와 결합하여 실제적인 응용이 되는 것으로 판단하는 경우에는 특허적격성이 있는 것으로, 실제적인 응용이 되지 않는 것으로 판단하는 경우에는 마지막 단계인 2B단계-[갈래(prong) 3]로 넘어간다.

(iv) 2B단계-[갈래(prong) 3]에서는 청구항에 기재된 AI, 빅데이터, IoT, 블록체인 등의 제4차 산업혁명 관련발명이 사법제외(자연법칙, 자연현상, 원칙, 추상적 아이디어)의 재연이 '실제적인 응용'으로 볼 수 없는 경우라고 하더라도, 당해 발명에 '상당한 추가적인 무엇(significantly more)'이 추가구성(예로서, 딥러닝의 반복학습에 의한 학습데이터의 구조 및 학습 전후의 파라미터 알고리즘, 반복학습 수단이 하드웨어에 의하여 구현되는 수단)으로 기재된 것으로 판단되는 경우에는 추상적인 아이디어와 추가구성의 결합에 의하여 비법정요건에 해당하지 않는 것(사법제외에 해당하지 않음)으로 간주하여 특허적격성이 있는 것으로 판단한다.

프로그램을 포함한 SW발명의 특허적격성은 원칙 자체(특허적격성이 없음) 및 이러한 원칙을 실용적인 애플리케이션에 통합(특허적격성이 있음)하는 것으로 구별하였다. 특히 미국연방순회항소법원은 사법예외로 지시되는 청구항(특허적격성을 결정하기 위한 추가 분석을 요하는 경우)과 그렇지 않은 경우(특허적격성이 되는 경우)를 구분하였다. 예를 들어, 컴퓨터 또는 다른 기술 또는 기술 분야의 기능 향상은 청구항에 추상적 아이디어 또는 자연법칙, 자연현상을 인용하더라도, Alice/Mayo 테스트의 1단계 판단에 의하여 특허적격성이 인정될 수 있다.

다음으로 유자격 대상발명이 종종 첫 번째 또는 Alice/Mayo 테스트의 두 번째 단계에서 사법예외(사법예외에 지시되지 않음)의 실제적 응용을 인용하는 청구항을 정확하고 일관되게 식별하도록 고안되어, 특허적격성 분석에서 예측 가능성 및 일관성이 증가되는 것으로 분석한다. 이러한 분석은 가이드라인의 2A단계에서 수행되고, 법원에 의해 적용되고, Alice/Mayo 프레임 워크의 1단계 및 2단계에서 어떤 주어진 사건의 사실에 따라 각 단계에서 인식된 중복이 주어진 구체적 특징을 고려하여 '실제적 응용'의 통합을 판단하고 있다.

따라서 미국에 있어서 청구항에 기재된 AI, 빅데이터, IoT, 블록체인 등의 제4차 산업혁명 관련발명의 특허적격성은 청구항에 기재된 발명이 가이드라인의 2A단계의 사법 예외에 지시되었는지 여부의 판단에 의하여 결정되는 절차를 규정하고 있고, 이 절차에서 청구항이 사법예외(자연의 법칙, 자연 현상 또는 위의 섹션 I에서 그룹화된 추상적 아이디어)를 인용한다면, 인용된 사법예외가 그 예외의 실제적 응용으로 통합되었는가 여부를 결정하기 위하여 분석을 해야 한다. 또 청구항은 사법예외로 지시되지 않고, 청구항이 전체적으로 인용된 사법예외를 그 예외의 실제적 응용으로 통합한다면, 특허적격성이 있는 것으로 본다. 사법예외를 실제적 응용에 통합하는 청구항은 사법예외에 대해 의미가 있는 제한을 부과하는 방식으로 사법예외를 적용한 것으로 간주하여 특허적격성이 있는 것으로 판단하고 있다.

3. 제4차 산업혁명 관련발명의 특허적격성 판단

AI 및 빅데이터, IoT, 블록체인 등의 제4차 산업혁명 관련발명이 미국특허법상 특허의 보호대상에 포함되는 것인지의 여부를 판단하는 기준은 특허적격성이다. 이와 관련하여 2019년 개정된 가이드라인의 제반 요건을 충족하여야 특허적격성이 있는 발명으로 보고 있다.

첫째, AI발명이 AI시스템의 핵심요소인 딥러닝기술에 의하여 기존 데이터의 수집, 가공처리 및 이용하는 것을 요지로 하는 경우, 이러한 AI발명은 통상의 딥러닝기술을 적용하여 단순히 데이터의 수집과 이용한다는 것으로 구체적인 물리적 변화에 대한 수단이 제시되어 있지 않아서 비법정요건인 사법제외의 추상적인 아이디어 등에 해당하여 특허적격성이 없다. 따라서 통상의 딥러닝기술(통상의 파라미터 알고리즘)에 의한 데이터의 수집 및 분석, 가공은 사법예외에 해당하여 특허적격성이 없다.

둘째, 통상의 딥러닝기술 또는 컴퓨터기술을 적용함에 있어서 특정 과제를 해결하기 위한 구체적인 수단으로 추가 구성요소가 함께 청구항에 기재되어 있어야 한다. 즉 AI 기술의 적용에 의한 데이터의 수집방법, 수집된 데이터의 분류 및 분석이라는 통상의 기술사상(사법제외 요소에 해당)에 의하여 특정 과제를 해결하기 위한 최적의 모델창출방법이 구현된다는 구체적인 기술사상이 청구항에 기재된 경우에는 2019년 가이드라인의 2B단계-[갈래(prong) 3]의 적용 프로세스에 의하여 특허적격성을 인정받을 수 있다.

여기서 추가 구성요소(또는 구성요소들의 조합)는 예외적으로 실제적 응용으로 통합할 수 있는 것을 나타내기 때문에, 사법예외의 자연법칙, 자연현상, 원칙, 추상적 아이디어의 결합에 의하여 특정과제를 수행하는 것으로 판단하여 특허적격성을 인정하고 있다. 2019년 가이드라인에는 다음과 같은 추가 구성요소가 있는 경우, 사법예외(자연법칙, 자연현상, 원칙, 추상적 아이디어)가 당해 청구항에 기재된 추가 구성요소에 결합되어서 특정과제를 구현하는 데 "실제적 응용"이 된 것으로 판단하여 특허적격성을 인정하고 있다.

（i）추가 구성요소는 컴퓨터 기능의 향상을 반영하거나, 다른 기술이나 기술 분야의 개선을 반영하여야 한다.

(ⅱ) 질병 또는 의학적 상태에 대한 특정한 치료 또는 예방하기 위하여 사법예외의 자연법칙, 자연현상, 원칙, 추상적 아이디어를 적용하거나 사용하는 것은 추가 구성요소로 본다.

(ⅲ) 추가 구성요소에 사법예외의 자연법칙, 자연현상, 원칙, 추상적 아이디어가 재연하여 구현하거나 청구항으로 통합되는 특정 기계나 제조와 관련되어야 한다.

(ⅳ) 추가 구성요소는 다른 스테이트(state) 또는 사물(thing)로 특정 물건(article)의 변형 또는 축소에 영향을 줄 수 있어야 한다.

(ⅴ) 추가 구성요소는 사법예외의 자연법칙, 자연현상, 원칙, 추상적 아이디어의 사용을 특별한 기술적 환경과 일반적으로 링크하는 것 이상의 다른 의미가 있는 방법으로 적용하거나 사용하며, 전체적인 청구항이 예외를 독점하기 위해 고안된 초안 작업 이상의 것이어야 한다.

다만, 추가 구성요소가 있다고 하더라도, 사법예외가 "실제적 응용"으로 통합되지 않은 다음의 경우에는 특허적격성이 없는 것으로 판단하고 있다.

① 추가 구성요소는 단순히 적용(또는 이와 동등한)이라는 단어를 사법예외로서 인용하거나 단순히 컴퓨터상 추상적 아이디어를 실행하는 지시를 포함하거나, 단순히 컴퓨터를 추상적 아이디어를 수행하는 도구로 사용하는 경우

② 추가 구성요소는 사법예외에 중요하지 않은 솔루션 활동을 추가하는 경우

③ 추가 구성요소는 일반적으로 사법예외의 사용을 특정 기술환경 또는 사용분야에 링크하는 것 이상이 아닌 경우

이와 같이 미국은 AI 및 빅데이터, IoT, 블록체인 등의 제4차 산업혁명 관련발명을 SW발명과 구분하여 별도의 특허적격성 판단기준을 제정하여 운영하는 것이 아니라, MPEP 및 SW발명 심사가이드라인을 근거로 특허적격성 판단여부를 판단하고 있다. 물론 AI

발명 등이 무엇인지에 대해서는 수많은 견해들이 난립하고 있고, 현행 미국특허법상 특허의 보호대상에 포함되는 것인지의 논란이 있는 것도 현실이다. 그러나 미국은 AI발명 등의 제4차 산업혁명 관련발명은 프로그램을 토대로 특정한 기능을 수행하도록 하는 시스템이라는 점으로 구분하지 않고 SW와 동일관점에서 특허적격성을 판단하여 특허를 허여하고 있다.

AI 발명, 빅테이터+AI 발명, IoT+AI 발명 등은 SW발명으로서 프로그램의 성격을 가지고 있고, 특히 컴퓨터에서 구현되는 속도, 정보량 등이 빠르고 자동화되며, 동시에 이러한 모든 것이 자율적이라는 특징을 가지고 있다.[35] 이와 관련하여 AI가 딥러닝을 토대로 하는 시스템으로 수집된 데이터를 입력하고 입력된 데이터를 어떠한 행동을 위한 다른 데이터로 구축 또는 변환하는 것은 통상의 머신러닝 기술을 단순히 범용의 컴퓨터기술에 적용한 것으로 사법예외의 추상적 아이디어에 해당하여 특허적격성이 부정된다.[36] 즉, 통상의 AI 알고리즘을 토대로 하는 데이터의 수집 및 분

---

35) Dr. Shlomit Yanisky Ravid, Xiaoqiong (Jackie) Liu, "When artificial intelligence systems produce inventions: An alternative model for patent law at the 3A era," 39 Cardozo L. Rev. 2215 (2018) at 2223~2229; 본 참고자료에서는 인공지능의 8가지 특징을 아래와 같이 기술한다. 1) 창의성(Creativity), 2) 예측하지 않은 결과(Unpredictable Results), 3) 독립적이고 자동화된 동작(Independent, Autonomous Operation(t-autonomy)): autonomy란 인식능력을 포함하는 개념임, 4) 이성적 지능(Rational Intelligence), 5) 진화 또는 발전(Evolving), 6) 외부의 데이터를 이용한 학습능력, 수집, 접근, 그리고 소통(Capable of Learning, Collecting, Accessing, and Communicating with Outside Data), 7) 효율성 및 정확성(Efficiency and Accuracy), 8) 목적에 근거한 자유로운 선택("Free Choice" Goal Oriented) (정진근, "인공지능시대의 SW특허적격성에 대한 미국의 대응과 시사점— 2019 Revised Patent Subject Matter Eligibility Guidance를 중심으로", 강원법학 제57권, 2019, 78-79면 재인용).

36) Brian Higgins, The role of explainable artificial intelligence in patent law, 31 No. 3 Intell. Prop. & Tech. L. J. 3 (2019) at 3; Digitech Image Techs,

류, 처리하는 기술은 추상적 아이디어로 취급되어 특허적격성이 부정되므로,[37] 미국 특허출원 시에는 통상의 AI 알고리즘 및 범용 컴퓨터기술만을 특정하는 경우 추상적 아이디어에 해당하여 특허를 받을 수 없으므로, 반드시 통상의 AI알고리즘 및 범용 컴퓨터기술이 어떤 특정 목적을 실현하기 위한 구체적인 프로세스(방법)를 함께 청구범위에 기재해야 특허를 받을 수 있다.

제4절 일본의 특허해당성 요건

1. 특허해당성의 판단 개요

일본에 있어서 AI, 빅데이터, IoT, 블록체인 등의 제4차 산업혁명 관련발명의 특허적격성(일본은 "特許該當性"이란 용어를 사용하고 있으므로 이하 "특허해당성"이라 한다)은 일본 특허법 제2조 제1호의 규정이 적용되고, 본 조항에 관련한 일본특허청 심사기준[38] 제3부 제1장 및 부속서 「B 제1장 컴퓨터소프트웨어 관련발명 규정」[39]에 의하여 판단되고 있다. 그리고 2018년 6월에 제정한 「IoT관련 기술의 심사기

LLC v. Elecs. v. Imaging, Inc., 758 F.3d 1344, 1351 (Fed. Cir. 2014).

37) Purepredictive, Inc. v. H2O.AI, Inc., slip op., No. 17-cv-03049-WHO (N.D. Cal. Aug. 29, 2017)에서는 "AI driving machine learning ensembling"에 관한 특허출원 발명에 대한 특허적격성 판단에서, (1) 데이터를 수집하여 학습함수들(learned functions)을 만드는 단계, (2) 테스트 데이터를 이용하여 학습함수들을 평가하여 정확한 예측을 가능하게 하는 단계, (3) 가장 효율적인 학습함수를 선택하여 데이터 입력을 위한 체계를 만드는 단계로 구성된 본원 발명은 통상의 AI알고리즘에 해당하여 특허적격성이 없다고 판단하였다.

38) 일본특허청, 특허·실용신안심사기준(2019. 3. 27. 개정).

39) 일본특허청, 附属書 B 第1章 コンピュータソフトウエア関連発明(2019. 1. 개정).

준에 대하여―IoT, AI, 3D 프린터의 적용에 대하여」40)에 의하여 구
체적으로 다음의 [그림 11]과 같이 특허해당성이 판단되고 있다.

아래에서 (주 1)은 청구항에 관한 발명이 심사기준 2.1.1.1(1)의
자연법칙을 이용한 기술적 사상의 창작에 해당하는 경우 또는 심
사기준 2.1.1.1(1)의 자연법칙을 이용한 기술적 사상의 창작에 해
당하는 경우로 구분하여 전체적으로 특허해당성을 판단하고, 또
(주 2)는 청구항에 관한 발명에서 SW에 의한 정보처리가 하드웨어
자원을 이용하여 구체적으로 실현되고 있는지의 여부를 근거로 특
허해당성을 판단하고 있다.

[그림 11] 특허해당성 판단 프로세스

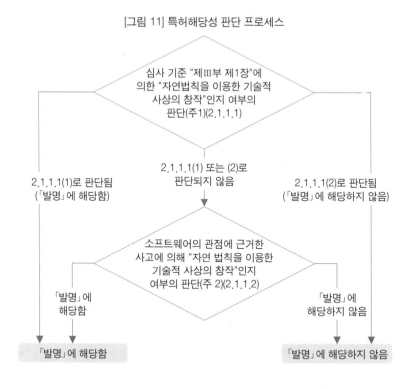

40) 일본특허청, IoT関連技術の審査基準等について - IoT, AI, 3Dプリンティン
グ技術等に対する審査基準・審査ハンドブックの適用について-, 2018. 6.)

특히 AI, 빅데이터, IoT, 블록체인 등의 제4차 산업혁명 관련발명이 특허해당성이 있는 것인지의 여부는 (ⅰ) 기기 등에 대한 제어 또는 제어에 수반하는 처리를 구체적으로 특정하고 있는 것인지의 여부, (ⅱ) 대상의 기술적 특성에 근거한 정보처리를 구체적으로 하는 것인지의 여부, (ⅲ) 청구항에 관한 발명이 정보의 단순한 제시, 인위적 약속, 수학적 공식 등의 발명에 해당하지 않는 것의 유형에 해당하는지의 여부에 따라서 판단하고 있다.

2. 특허해당성의 판단기준

특허해당성은 SW에 의한 정보처리가 하드웨어 자원을 이용하여 구체적으로 실현되고 있는지의 여부를 판단할 때, 청구항의 일부 발명 특정 사항에 얽매이지 않고, 청구항에 관한 발명이 전체적으로 SW에 의한 정보처리가 하드웨어 자원을 이용하여 구체적으로 실현되고 있는지의 여부를 판단한다. 특히 구체적 수단 또는 구체적인 단계는 청구항에 기재된 각각의 수단 또는 단계뿐만 아니라, 복수의 수단 또는 단계에 의해 전체로서 실현될 수 있는 것인 점에 유의한다.

청구항에 관한 SW 관련발명이 판단의 대상이다. 따라서 발명의 설명(일본 은 발명의 상세한 설명) 및 도면에서 "SW에 의한 정보처리가 하드웨어 자원을 이용하여 구체적으로 실현되고 있다"와 같이 기재되어 있어도, 청구항에 관한 발명이 "SW에 의한 정보처리가 하드웨어 자원을 이용하여 구체적으로 실현되고 있다"와 같은 것이 아닌 경우에는, 청구항에 기재된 발명은 자연 법칙을 이용한 기술적 사상의 창작에 해당하지 않는다는 이유로 특허해당성을 인정하지 않는다.

청구항에 컴퓨터(정보처리장치), CPU(연산수단), 메모리(기억수단) 등의 하드웨어 자원이 기재되어 있어도 사용 목적에 따른 특유의 정보의 연산 또는 가공을 실현하기 위한 SW 및 하드웨어 자원이 협동한 구체적 수단 또는 구체적 단계가 기재되어 있지 않은 경우, 청구항에 기재된 발명은 자연법칙을 이용한 기술적 사상의 창작에 해당하지 않는 것으로 간주하여 특허해당성을 인정하지 않는다.

　단순히 하드웨어 자원이 기재되어 있는 것만으로는 SW와 하드웨어 자원이 협동함으로써 사용 목적에 따른 특유의 정보처리장치 또는 그 동작 방법이 구축되어 있다고는 말할 수 없으며, SW에 의한 정보처리가 하드웨어 자원을 이용하여 구체적으로 실현된 것이라고는 할 수 없기 때문이다.

　또한 청구항에 사용 목적에 따라 특정 정보의 연산 또는 가공이 기재되어있는 경우에는 하드웨어 자원으로 컴퓨터(정보처리장치)만 기재되어 있는 경우라도 출원 시의 기술상식을 참작하면 청구항에 관한 발명에 있어서 컴퓨터 (정보처리장치)가 통상 있는 CPU(연산수단)나 메모리(기억수단) 등의 하드웨어 자원과 SW가 협동한 구체적 수단 또는 구체적인 단계에 의해 사용 목적에 따른 특정 정보의 연산 또는 가공이 실현되는 것이 명백하다. 그리고 청구항에 관한 SW 관련발명이 "자연법칙을 이용한 기술적 사상의 창작"인지 여부를 판단하는 경우, 카테고리(방법 또는 물건)에 얽매이지 않고, 청구항에 기재된 발명을 특정하기 위한 사항(용어)의 의의를 해석한 후에 판단하여야 한다. 즉, 형식적으로 발명의 카테고리가 변경된 것만을 가지고 "자연법칙을 이용한 기술적 사상의 창작"인지의 여부를 판단해서는 안 된다고 규정하고 있다.[41]

---

41) 일본특허청, IoT関連技術の審査基準等について - IoT, AI, 3Dプリンティング技術等に対する審査基準・審査ハンドブックの適用について-, 2018. 6.), 21-22면.

3. 데이터 구조의 특허해당성 판단기준

청구항에 기재된 발명이 구조를 갖는 데이터 및 데이터 구조가 SW발명의 프로그램에 준하는 것, 즉 데이터 구조가 컴퓨터의 처리를 규정하는 것이라는 점에서 프로그램에 유사한 성질을 갖는 것인지 여부를 판단한다. 구조를 갖는 데이터 및 데이터 구조가 프로그램에 준하는 것인 경우에는 이들은 SW 라고 판단되며, 구조를 갖는 데이터 및 데이터 구조라도 프로그램에 준하는 것이 아닌 경우 이들은 SW라고 판단하지 않는다.

SW발명에 해당하는 구조를 갖는 데이터(구조를 갖는 데이터를 기록한 컴퓨터로 판독 가능한 기록매체를 포함) 및 데이터 구조가, 자연법칙을 이용한 기술적 사상의 창작에 해당하는지의 여부에 대해서는 해당 데이터의 구조가 하드웨어에 의하여 구현되는 구체적인 단계가 특정되어 있는 것인지의 유무를 기준으로 판단한다. 특히 SW인 구조를 갖는 데이터 및 데이터 구조에 관해서는 SW의 관점에 근거한 사고방식에서 데이터가 가지고 있는 구조가 규정하는 정보처리가 하드웨어 자원을 이용하여 구체적으로 실현되고 있는지 여부에 따라 자연 법칙을 이용한 기술적 사상의 창작의 요건을 판단한다. 이러한 구체적인 판단 방법은 청구항에 관한 발명이 SW(프로그램에 준하는 데이터 구조)와 하드웨어 자원이 협동한 구체적 수단 또는 구체적 단계에 의해 사용목적에 따른 특유의 정보의 연산 또는 가공이 실현되어 있는 것인지 아닌지를 판단하면 된다.

예를 들면, 컴퓨터가 특수한 정보처리를 실행함으로써 생성된 가상공간 내의 캐릭터의 발명에 대하여, 청구항에 기재된 발명은 컴퓨터가 특수한 정보처리를 실행함으로써 생성되는 것이며, 도형·도안의 조합으로 표현되는 가상공간 내의 캐릭터인바, 말미에 캐릭터라고 기재되어 있어도, 데이터인 것은 분명하다. 그러나 데이터는 특수한 정보처리를 실행함으로써 생성되는 것이나, 구조를 갖는 데이터로서의 구체적인 구조는 특정되어 있지 않기 때문에, 이 데이터가 가지는 구조가 컴퓨터 처리를 규정한다고는 할 수 없다. 또 가상공간 내의 캐릭터는 프로그램에 유사한 성질을 가지고 있지 않고, 프로그램에 준하는 것이 아니다. 따라서 청구항에 관한 발명의 가상공간 내의 캐릭터는 정보의 제공에 기술적 특징을 가지고 있지 않는 정보의 단순한 제시이고, 전체적으로 자연 법칙을 이용한 기술적 사상의 창작이 아니며, 발명에 해당하지 않는다.42)

---

42) 성명, 주소, 전화 번호로 이루어진 데이터 요소가 하나의 레코드로서 저장, 관리되는 전화번호부 데이터 구조이며, 컴퓨터가 성명을 키로써 전화번호 검색하기 위해 이용되는 데이터 구조인 경우의 특허적격성 여부를 판단하여 보면, 청구항에 관한 발명에 있어서, 데이터 구조에 착안하면, 이름, 주소, 전화번호로 이루어진 복수의 데이터 요소가 하나의 레코드로 저장, 관리되는 것이 특정되어 있는 것일 뿐, 각 데이터 요소 간에는 그 외에 아무런 관계성도 특정되어 있지 않다. 따라서 해당 데이터 요소 간의 관계성은 컴퓨터가 성명을 키로써 전화번호 검색한다고 하는 결과를 이끄는 것이라고 까지는 말할 수 없기 때문에, 해당 전화번호 검색은, 데이터 구조에 의해 규정된 컴퓨터의 처리라고는 할 수 없다(데이터 구조가 아닌 컴퓨터 측에 준비된 프로그램이 해당 전화번호 검색이라는 컴퓨터의 처리를 규정하고 있는 것에 지나지 않는다). 따라서 청구항에 관한 데이터 구조는, 컴퓨터의 처리를 규정하는 것이 아니기 때문에, 프로그램에 유사한 성질을 가지고 있지 않고, 프로그램에 준하는 것은 아니다. 즉 청구항에 관한 발명의 데이터 구조는 데이터 구조를 포함하는 데이터 요소의 내용과 순서를 정의하는 것에 지나지 않고, 인위적인 약속에 그치기 때문에 자연 법칙을 이용한 기술적 사상의 창작이 아니므로 특허적격성이 없다(일본특허청, IoT関連技術の審査基準等について - IoT, AI, 3Dプリンティング技術等に対する審査基準・審査ハンドブックの適用について-, 2018. 6, 25면 참조).

제 4 장

제4차 산업혁명 관련발명의 특허출원전략

제1절 SW발명의 명세서작성

1. SW발명으로서의 AI발명

1) 프로그램발명과 AI발명의 관계

발명의 종류에는 물건발명(장치 및 물질 등)과 방법발명(방법 및 수단 등) 이 있다. 프로그램발명은 종전부터 방법발명으로 인정하여 특허가 허여되고 있지만, 일본이 특허법을 개정하여 프로그램을 물건발명의 보호대상에 포함시켰고, 우리나라는 특허청의 컴퓨터 관련발명 심사기준을 개정하여 프로그램을 물건발명으로 간주하여 특허를 허여하고 있다. 최근 개정된 특허청 심사기준에 의하면, 프로그램발명의 특허성 인정기준은 발명이 일련의 수순으로 표현될 때는 방법발명으로서 청구범위에 기재할 수 있으며, SW발명이 복수의 기능이 결합된 것으로 표현되는 경우에는 물건발명으로서 청구범위에 기재할 수 있다. 다시 말하면, SW발명에 있어서 발명이 시계열적으로 연결된 일련의 처리 또는 조작과 같은 절차로 표현할 수 있을 때에는 그 절차를 특정함으로써 방법의 발명으로 청구항에 기재할 수 있으며,[1] SW발명이 하나 또는 둘 이상의 기능에 의해 표현될 수 있을 때에는 그 기능을 특정함으로써 물건발명으로서 청구항에 기재한 경우에 특허성을 인정하여 특허를 허여하고 있었다. 즉 현행 특허법에는 명문의 규정이 없지만, 특허청 예규로 고시된 심사기준에 의하여 프로그램 그 자체를 보호객체로 하는 것이 아니라 그 프로그램을 내장한 기록매체 및 하드웨어와 결합된 형태의 프로그램도 하나의 물건으로 간주하여 특허성을 인정하고 있다.

---

1) 손경한 편저,『新특허법론』, 법영사, 2005, 184면.

이와 같은 프로그램발명과 유사한 개념의 AI발명도 넓은 의미에서 프로그램에 의하여 해결되는 수단에 AI의 반복학습 개념이 부가된 것으로 결국 양자는 발명의 성립성 또는 특허적격성의 판단기준이 유사하다고 할 수 있다.

2) "프로그램을 내장한 기록매체"와 "프로그램"의 차이점

현행 특허법상의 "프로그램을 내장한 기록매체 특허"란 컴퓨터 등의 정보화기기로 읽을 수 있는 프로그램을 내장한 기록매체를 물건의 발명으로 인정하여 특허권을 허여한 경우를 말한다. 현행 특허법에는 프로그램 그 자체를 특허의 보호대상으로 인정하고 있지 않는다. 즉 어떤 특정한 과제를 수행하기 위한 프로그램이 USB, CD-ROM이나 디스켓에 내장한 기록매체의 형태 또는 프로그램이 특정장치와 결합된 형태의 청구항은 하나의 유체물로 간주하여 물건의 발명으로 취급하고 있다.[2][3]

특허법의 개정안에 의하면, 프로그램의 아이디어를 보호대상으로 하지만, 침해금지행위 및 배타권이 미치는 대상은 프로그램 그 자체라고 할 수 있다. 물론 청구범위에 기재된 사항은 저작권법상의 프로그램 그 자체가 아니라, 그 프로그램의 기술사상(아이디어, 알고리즘 등)을 청구범위에 기재하고 그 마지막 부분에 프로그램을 보호대상으로 규정하고 있다. 따라서 이번 특허법 개정안에 의해서는 기술사상(아이디어)로서의 프로그램을 특정하고 있지만, 현행

---

2) 이에 대하여 현행 특허법에는 명문의 규정이 없지만, 특허청의 『컴퓨터 관련 발명 심사기준(2005)』 및 『컴퓨터 관련 발명 심사기준 해설(2007)』에 의하여 특허성이 인정되었다.

3) CD-ROM이나 디스켓에 기록된 프로그램은 그것이 컴퓨터의 내부에서 다른 부분들과 구조적·기능적인 상호관계를 가지며 이를 통해 물적(物的)으로 실행되는 것이며, 컴퓨터의 동작 프로세스가 수행되는 과정에서 어떠한 기능적인 상호관계도 발휘할 수 없는 정보의 단순한 제시 역시 특허의 대상이 되지 않는다(손경한 편저, 앞의 책, 185면).

심사기준에는 프로그램이 아니라 반드시 기록매체에 저장된 프로그램의 경우에만 특허권이 허여되는 점이 다르다.

또한 특허발명의 실시에 있어서, 현행 규정은 "프로그램을 내장한 기록매체"가 어떤 프로그램을 CD-ROM이나 디스켓에 내장하거나 또는 특정장치에 직접 내장된 경우에 하나의 물건 · 유체물로 보고, 그 물건을 유상이든 무상이든 관계없이 업으로 양도 · 대여하는 권한을 가지고 있는 것으로 보고 있다. 현행 특허법에 의하면, 프로그램 그 자체를 업으로 판매 등 유통하는 행위는 특허권의 실시범위에 포함되지 않지만, 프로그램을 보호대상으로 하는 경우에는 당해 프로그램이 정보통신망을 통하여 제공되는 행위를 양도 · 대여의 개념에 포함시켜서 해석하기 때문에 특허권의 실시범위가 넓고, 이에 따른 침해의 인정범위도 "프로그램을 내장한 기록매체"보다 넓고 강력하다는 점이 다르다. 특허법개정안에는 프로그램을 보호대상(프로그램의 기술사상, 아이디어)으로 하고 있지만, 실제 특허발명품은 특허청구범위에 기재된 기술사상(아이디어)으로서의 프로그램이 아니라, 그 기술사상을 구현한 프로그램 그 자체가 된다. 즉, 특허발명품인 프로그램(물건)을 업으로써 정보통신망을 통하여 양도 · 대여할 수 있으므로 특허권의 권리범위(실시범위)가 현행의 "프로그램을 내장한 기록매체"보다도 넓게 되고, 이로 인한 특허분쟁이 빈번히 일어날 것으로 보이는 점이 다르다고 할 수 있다.[4]

---

4) 일본이 전기통신망을 통해서 유통되는 기록매체형태의 프로그램은 충분한 법적 보호를 받을 수 없기 때문에, 프로그램을 물건의 발명으로 특정하고 전기통신회선에 의한 양도행위를 실시의 개념에 포함시킬 필요성이 있다고 하였다(産業構造審議会知的財産政策部会, 『ネットワーク化に対応した特許法, 商標法等の在り方について』, 政策報告書, 2001, 19頁 참조).

2. SW발명의 특허명세서 구성

1) 명세서의 형식

【발명(공안)의 명칭】
【기술분야】 (발명의 설명: 법 제42조 제3항; 서식 15호)
【발명의 배경이 되는 기술】
([선행기술문헌])
([특허문헌]   [비특허문헌])
【발명의 내용】
【해결하려는 과제】
【과제의 해결 수단】
【발명의 효과】
【도면의 간단한 설명】
【발명을 실시하기 위한 구체적인 내용】
([실시예])
([산업상 이용가능성])
【부호의 설명】
【청구범위】 (법 제42조 제4-8항; 서식 15호)(시행령 제5조)
【청구항 1】 (독립항)
【청구항 2】 (종속항)(한정하거나 부가, 구체화)
【도면】 (특허법 시행규칙 제17호 서식)
【도 1】
【도 2】 ----------------
【요약서】 (특허법 제43조, 시행규칙 제16호 서식) :
【요 약】
【대표도】

2) 발명의 설명

SW발명에 대하여 특허권을 받기 위해서는 우선 특허출원서에 첨부되는 명세서의 발명의 설명에 그 발명이 속하는 기술분야에서 통상의 지식을 가진 사람(이하, "통상의 기술자"라 한다)이 쉽게 실시할 수 있을 정도로 기재되어 있어야 한다. 즉 발명의 설명에는 통상의 기술자가 쉽게 실시할 수 있을 정도로 그 발명의 (ⅰ) 기술분야, (ⅱ) 발명의 배경이 되는 기술, (ⅲ) 발명의 내용으로 발명의 해결과제(발명의 목적) 및 해결하려고 하는 과제의 수단, 발명의 효과, (ⅳ) 발명의 실시를 위한 구체적인 내용(발명의 구성) 등을 기재해야 한다.[5] 발명의 설명은 컴퓨터 관련 발명분야에서 통상의 기술적 수단을 이용하고 통상의 창작능력을 발휘할 수 있는 사람이 청구범위 이외의 명세서 및 도면에 기재한 사항과 출원 시의 기술 상식에 근거해 청구항에 관련된 발명을 실시할 수 있을 정도로 명확하고 충분하게 기재해야 한다는 취지의 실시가능요건을 충족하여야 한다.

예를 들면, (ⅰ) 일반적으로 사용하지 않는 기술 용어, 약호, 기호 등을 정의하지 않은 채 사용하고 있어서 이들 용어의 의미를 명확하게 파악할 수 없는 결과 청구항에 관련된 발명을 실시할 수 없는 경우,[6] (ⅱ) 발명의 설명에서 청구항에 관련된 발명에 대응하는 기술적 단계 또는 기능을 추상적으로 기재하고 있을 뿐 그 단계 또는 기능을 하드웨어 또는 SW로 어떻게 실행하거나 실현하는지 기재하지 않은 결과 청구항에 관련된 발명을 실시할 수 없는 경우,[7]

---

5) 명세서의 '발명의 설명'란에는 특허법 제42조 제3항 제1호 및 제2호, 그리고 동법 시행규칙 제15호 서식에 따라 통상의 기술자가 쉽게 실시할 수 있을 정도로 기재하여야 한다.

6) 예를 들면, 청구항에 비즈니스 방법 또는 게임 방법을 실행하는 정보 처리 시스템을 기재하고 있음에도 발명의 설명에 이들 단계나 기능을 컴퓨터에서 어떻게 실행하거나 실현하는지 기재하지 않은 결과 청구항에 관련된 발명을 실시할 수 없는 경우는 실시가능요건의 위반에 해당한다[특허청, 앞의 심사기준(2019. 3. 18. 특허청예규 제108호), 9A06-7면 참조].

(iii) 발명의 설명에서 청구항에 관련된 발명의 기능을 실현하는 하드웨어 또는 SW를 단순히 기능 블록도 또는 개략 흐름도로 설명하고 있고, 그 기능 블록도 또는 개략 흐름도에 의한 설명으로는 어떻게 하드웨어 또는 SW를 구성하는지 명확하지 않은 결과 청구항에 관련된 발명을 실시할 수 없는 경우, (iv) 청구항은 기능을 포함하는 사항으로 특정하고 있는데 발명의 설명은 흐름도로 설명하고 있으므로 청구항의 기능과 발명의 설명의 흐름도가 어떻게 대응하는지 명확하지 않은 결과 청구항에 관련된 발명을 실시할 수 없는 경우8)에는 실시가능요건의 위반으로 특허를 받을 수 없다.9)

프로그램발명을 발명의 설명에 기재함에 있어서 주의하여야 할 사항은 기능적 또는 작용적으로 기재하고 있는 경우, 당업자가 청구항에 관련된 발명을 출원 시의 기술 상식에 근거해 실시할 수 있을 정도로 명확하고 충분하게 기재하고 있는지 여부에 주의를 하여야 한다. 그리고 발명의 설명에 기재된 사항에 대해 구체적인 설명이 없는 경우, 당업자가 청구항에 관련된 발명을 출원 시의 기술 상식에 근거해 실시할 수 있을 정도로 명확하고 충분하게 기재하고 있는지 여부에 주의하여 프로그램발명의 실시가능요건을 판단하고 있다. 다만 당업자에게 널리 알려진 언어로 쓰여진 짧은 프로

---

7) 컴퓨터의 표시 화면[예 : GUI(Graphical User Interface)를 이용한 입력 형태]을 기초로 컴퓨터의 조작 단계를 설명하고 있지만 컴퓨터의 조작 단계로부터는 그 컴퓨터의 조작 단계를 컴퓨터에서 어떻게 실행하는지 기재하지 않은 결과 청구항에 관련된 발명을 실시할 수 없는 경우는 실시가능요건의 위반에 해당한다.

8) 예를 들면, 청구항은 복수의 기능 수단으로 구성된 비즈니스 지원용 정보 처리 시스템을 기재하고 있음에도, 발명의 상세한 설명은 비즈니스 업무의 흐름밖에 기재하지 않아서 청구항의 기능 수단과 상세한 설명의 비즈니스 업무 흐름이 어떻게 대응하는지 명확하지 않은 결과 청구항에 관련된 발명을 실시할 수 없는 경우는 실시가능요건의 위반에 해당한다.

9) 특허청, 앞의 심사기준(2019. 3. 18. 특허청예규 제108호), 9A05-9A08면 참조.

그램 리스트로서, 충분한 설명이 붙여져 있고 발명의 이해에 도움
이 되는 것은 명세서 또는 도면에 기재할 수 있지만, 그러한 프로그
램 리스트를 참고자료로 제출하는 경우에는 나중에 참고자료의 기
재를 근거로 발명의 설명을 보정할 수는 없고,[10] 또한 특허등록 후
에는 정정도 불가능하다.

3) 청구범위

청구범위에는 보호받으려는 사항을 적은 청구항이 하나 이상 있
어야 하며, 그 청구항은 발명의 설명에 의하여 뒷받침되어야 하고,
발명이 명확하고 간결하게 적혀 있어야 하고(특허법 제42조 제4항 제
1호 및 제2호), 그리고 청구범위에는 보호받으려는 사항을 명확히
할 수 있도록 발명을 특정하는 데 필요하다고 인정되는 구조·방
법·기능·물질 또는 이들의 결합관계 등을 적어야 한다(특허법 제
42조 제6항). 청구범위의 기재는 특허권의 보호범위가 그에 근거하
여 결정된다는 점에서 중요한 의미를 갖는다. 청구범위에 청구항
으로 기재된 사항은 발명의 설명에 개시한 발명 중 출원인이 스스
로의 의사로 특허권으로 보호를 받고자 하는 사항으로 선택하여
기재한 사항이다. 따라서 특허를 받고자 하는 발명의 인정은 출원
인이 자신의 의사에 의하여 선택한 청구범위의 기재 내용을 존중
하여 각 청구항에 기재된 사항에 근거하여 이루어져야 하고, 청구
항의 기재가 불명료하거나 기술용어의 의미, 내용이 불명확한 경우
에는 특허를 받을 수 없다.

프로그램발명에 대한 청구범위도 이와 같은 청구범위의 기재요
건을 충족하여야 하며, 특히 프로그램을 물건발명으로 할 것인지
아니면 방법발명[11]으로 청구할 것인지에 대하여 청구범위에 명확

---

10) 특허청, 앞의 심사기준(2019. 3. 18. 특허청예규 제108호), 9A08면.
11) 특허등록번호 10-1906428호(등록일자: 2018. 10. 2.; 발명의 명칭: 음성인

히 발명의 범주를 특정하여야 한다. 예를 들면, (ⅰ) 프로그램발명
의 청구항 기재 자체가 명확하지 않은 경우,12) (ⅱ) 발명을 특정하
기 위한 사항의 기술적 의미를 이해할 수 없는 경우,13) (ⅲ) 발명을

식 기반 인공지능형 안심 서비스 제공방법)에는 음성인식 기반 인공지능형
안심 서비스 제공 방법이 제공되며, 음성 입력 인터페이스를 통하여 사용자
로부터 음성을 입력받는 단계, 입력된 음성을 저장하고 사용자의 음성을 백
그라운드 모드(Background mode)로 모니터링하는 단계, 모니터링 결과
사용자의 음성과 기 저장된 음성이 일치하고, 기 저장된 조건을 만족하는
경우, 사용자단말과 연동되는 안심 서비스 제공 서버로 구조요청 이벤트를
전송하는 단계, 및 기 저장된 구조오프 조건에 대응하는 입력이 존재할 때
까지 녹음 또는 동영상 촬영을 실시하여 실시간으로 안심 서비스 제공 서버
로 스트리밍 전송하는 단계를 포함하는 것을 요지로 하고 있다.

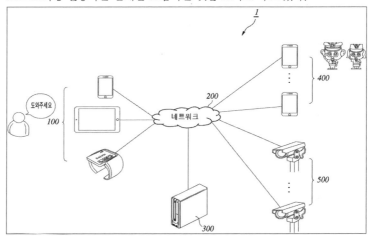

12) 청구범위를 "컴퓨터를 이용해 고객으로부터 상품의 주문을 받아들이는 단
   계, 주문된 상품의 재고를 조사하는 단계, 해당 상품의 재고가 있는 경우에
   는 해당 상품을 발송할 수 있음을 위 고객에게 대답하고 해당 상품의 재고
   가 없는 경우에는 해당 상품을 발송할 수 없음을 위 고객에게 대답하는 단
   계를 실행하는 수주 방법"이라고 기재한 경우에는 "컴퓨터를 이용해, …단
   계"에서 각 단계의 동작 주체가 명확하지 않다는 이유로 기재요건을 위반하
   여 특허를 받을 수 없다.
13) 청구범위에는 발명의 설명에 특정되어 있지 않는 "우뇌 추론 규칙을 이용
   해 퍼즐을 푸는 컴퓨터"를 기재한 경우에는 "'우뇌 추론 규칙'은 발명의 설
   명에 그 정의가 기재되어 있지 않고 출원 시의 기술 상식도 아니고, 발명을

특정하기 위한 사항 사이에 기술적인 관련성이 없는 경우,[14] (iv) 프로그램 신호, 프로그램 신호열, 프로그램 제품, 프로그램 산출물 등에 대한 발명이 속한 범주가 명확하지 않는 것으로 발명의 범주가 명확하지 않은 경우에는[15][16] 프로그램이라는 발명의 범주가 명확하지 아니하여 특허를 받을 수 없다.

4) 도 면

출원된 발명을 설명하는 데 필요한 경우, 명세서에 기재된 발명의 구성을 보다 잘 이해할 수 있도록 보충하기 위해 도면을 첨부할 수 있다. 출원서에 첨부하는 도면은 특허법시행규칙 별지 제17호서식 기재요령에 따라 작성하여야 한다. 특히 프로그램발명에 대해서는 블록도(block diagram)[17] 및 흐름도(flow chart)[18]에 의하여

특정하기 위한 사항의 기술적 의미를 이해할 수 없으므로 발명이 명확하지 않다"는 이유로 기재요건을 위반하여 특허를 받을 수 없다.

14) 청구범위를 "특정 컴퓨터 프로그램을 전송하고 있는 정보 전송 매체"라고 기재한 경우에는 정보 전송 매체는 정보를 전송하는 기능을 가진 매체를 의미한다. 그러므로 특정 컴퓨터 프로그램을 정보 전송 매체에 실어 전송하고 있는 것은 물건으로서 전송 매체를 기술적으로 특정한 것으로 볼 수 없다. 따라서 발명을 특정하기 위한 사항 사이에 기술적인 관련성이 없으므로 발명이 명확하지 않다는 이유로 기재요건을 위반하여 특허를 받을 수 없다.

15) 예를 들면, "특정 컴퓨터 프로그램을 전송하고 있는 정보 전송 매체"라고 기재한 경우이다.

16) 청구범위에 "자구 해석을 고속으로 수행하는 수단과 구문 해석을 수행하는 수단을 가지며 양 수단을 병렬로 실행할 수 있는 컴파일러 장치"라고 기재한 경우에는 기술 상식을 고려해도 '고속'이라는 용어는 비교의 기준 또는 정도가 불명확하다. 따라서 발명의 범위를 애매하게 하는 표현이 있으므로 발명이 명확하지 않아서 특허를 받을 수 없다. 다만 "자구 해석을 수행하는 수단과 구문 해석을 수행하는 수단을 가지며…"라고 기재함으로써 발명을 명확히 하는 경우에는 특허를 받을 수 있다.

17) 블록도는 시스템, 컴퓨터 또는 장치의 도표로서, 각 부분의 기본적인 기능 및 그들의 상호 관계를 나타내기 위해서 그 주요 부분에 적절히 주석을 붙인 기하 도형으로 표현된 것을 말한다.

정확히 도시하여야 한다.

제2절 AI 관련발명의 명세서작성

1. 명세서 기재 일반

AI발명은 방법발명으로 특허출원하는 것이 일반적이고, 가끔 AI 기술을 시스템 또는 AI가 적용된 컴퓨터 또는 로봇 등과 같은 장치 발명으로 특허출원을 할 수 있다. 그러나 세계 각국은 AI발명을 하나의 특허출원에 방법발명과 물건발명을 병합하여 특허출원하는 경우가 많으며, 이러한 경우 대부분 방법발명으로 특정하고, 그러

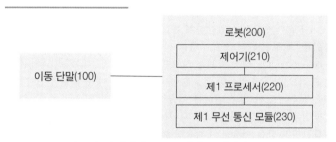

18) 흐름도는 블록을 시계열적으로 표시한 도면이다.

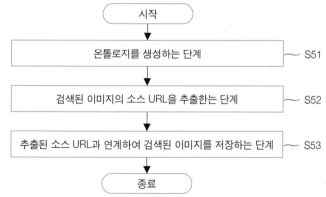

한 방법이 적용된 장치발명, 예를 들면 AI 기술이 구현된 지능로봇, 지능청소기, 자율주행차 등과 같은 장치 또는 시스템이 함께 청구범위에 기재되어 특허출원되는 경우가 많다.

AI 기술로서 특허출원할 수 있는 경우는 다음과 같이 정리할 수 있다.

(i) 데이터를 통하여 기계를 학습시키는 방법으로 최적의 목푯값을 추론하는 학습기술 및 지도학습(Supervised)을 컴퓨터 등의 하드웨어에 의해 구현하는 머신러닝기술을 적용한 AI 알고리즘 발명이 있다.

(ii) 머신러닝과 달리, 학습 전에 인간이 선처리한 목푯값의 설정 등의 작업 없이 입력된 학습데이터 구조를 그대로 이용하여 파라미터 알고리즘이 스스로 학습하여 최적의 목푯값을 도출하는 딥러닝기술을 적용한 AI 알고리즘 발명이 있다.

이와 같이 특허출원할 수 있는 AI발명의 구성요소로서는 원시데이터 및 그 데이터 수집방법, 원시데이터를 학습데이터 구조를 가공하는 방법, 가공된 학습데이터 구조 및 학습 전 파라미터(하이퍼파라미터) 알고리즘, 학습프로그램(범용 또는 개발 SW), 학습데이터 구조를 학습프로그램에 의하여 구현하는 단계 및 그 방법, 성과물로서의 학습완료모델 및 추론프로그램 알고리즘, 목적에 필요한 압력데이터, 학습완료모델에 입력데이터를 입력하여 생성되는 창작물 등이 있다.

2. 발명의 설명의 기재

1) 【발명의 명칭】의 기재

기재 방법	1) 너무 막연한 기재, 너무 장황한 기재는 사용하지 말 것 · 인공지능에 의한 광고방법 · 인공지능 과제매칭 방법 및 장치

	· 숙박시설 이용평가 분석을 위한 학습된 모델[19)
	2) 개인명, 상표명, 상품의 애칭, 추상적인 성능은 불가
	· 최신식, 유명한, 문명식 등
	3) 2 이상의 카테고리는 복수기재
	· 인공지능 과제매칭 방법, 장치 및 프로그램
	4) 발명이 속하는 기술분야를 포괄적으로 기재
	5) 청구항의 말미에 사용된 용어와 일치

AI발명의 명칭은 너무 막연한 기재, 너무 장황하게 기재하지 않아야 하고, 개인명이나 상표명, 상품의 애칭 등 추상적인 성능을 나타내는 표현은 사용하지 말아야 한다. 최근에는 일반적으로 청구범위의 말미에 사용된 용어와 일치시키는 것이 일반적이다. 즉 청구범위의 말미에 "~ 음성인식 기반을 특징으로 하는 인공지능형 안심 서비스 제공 방법"이라고 기재한 경우, 발명의 명칭은 "인공지능형 안심 서비스 제공 방법"으로 기재하는 것이 좋다.

2) 【기술분야】의 기재

	1) 발명이 어느 기술분야에 속하는 것인가를 기재
기재	· 관련되는 기술분야를 기재
방법	· 발명의 내용이 무엇인지를 간략히 설명
	· 발명의 요약에 해당

AI발명도 다른 발명과 같이 당해 발명이 속하는 기술분야를 기재하여야 한다. 일반적으로 "본 발명은 음성인식 기반 인공지능형 안심 서비스 제공 방법에 관한 것으로, 특히 백그라운드 모드로 구동되는 음성인식을 통하여 구조요청을 전송할 수 있는 방법을 제공한다."와 같이 "본 발명은 ~이고, 특히 …이다"로 기재한다.

---

19) "학습된 모델"은 SW의 프로그램발명이기 때문에 발명에 해당한다.

3) 【발명의 배경이 되는 기술】의 기재방식

기재 방법	1) 개량 발명인 경우 · 종래기술에 대한 문헌 명을 원칙적으로 기재 · 그 문헌내용을 본원과 대비될 수 있게 기재 2) 원천 발명인 경우 · 미기재 · 다만, 종래기술이 없음을 기재하여 종래기술 대신 3) 발명을 하게 된 문제점 제기 · 종래기술의 구성 및 작용을 기재 · 종래기술이 갖는 문제점을 도출하여 기재 4) 결론적으로 종래기술의 문제점 도출

AI발명을 특허출원하기 위해서는 먼저 선행 AI발명이나 선행 AI
관련 문헌들로부터 문제점을 도출하고, 그러한 문제점을 해결한다
는 취지를 【발명의 배경이 되는 기술】에 기재하여야 한다. 이와 같
이 발명의 배경이 되는 AI기술을 명세서에 기재하는 이유는 (i)
발명의 목적(의도)을 명확히 할 수 있고, (ii) 발명의 개량(진보)된
내용을 명확히 나타낼 수 있으며, (iii) 종래기술을 명세서에 기재
하지 아니한 경우, 심사관은 그 종래기술로부터 쉽게 발명할 수 있
다는 진보성의 요건을 적용할 수 있고, (iv) 분쟁·심판단계에서
무효사유로부터 벗어날 수 있고, (v) 특허분쟁·소송단계에서는
피고의 무효(권리남용)주장을 벗어날 수 있기 때문이다.

일반적으로 발명의 배경이 되는 기술문헌으로서는

① AI관련 기술이 문헌 또는 인터넷상에 공지 또는 공연되어 있
는 경우

② AI특허를 받으려고 하는 관련분야의 발명인 것

③ AI특허를 받으려고 하는 자가 알고 있는 발명인 것

- 출원인이 특허를 받으려고 하는 AI발명의 연구개발 단계나 출
원 단계에서 실시한 선행기술조사 등에 인지한 관련 자료

- 출원인이 출원 전에 발표한 AI관련 논문 등의 자료

- 출원인이 출원한 선행 특허출원의 명세서, 청구범위 또는 도면에 기재된 발명

4) [발명의 내용]의 기재

(1) 【해결하려는 과제】의 기재

기재 방법	1) 【발명의 배경이 되는 기술】에 기재한 종래기술의 문제점에 대한 해결방안을 기재 2) 종래기술의 문제점 해결과 관련하여 본 발명의 목적 기재 3) 문제점(기술적 과제)을 해결하기 위한 장치, 수단, 방법, 공정, 재료 또는 이들의 조합을 그 목적으로 기재 　· 문제점 해결의 목적이 여러 가지가 있으면, 모두 기재 　· 문제점 해결을 위해 사용되는 특수 용어는 구체적으로 정의하여 설명

(2) 【과제해결 수단】의 기재

기재 방법	1) 과제(목적)의 해결수단(발명)을 기재 2) 발명의 목적을 달성하기 위한 기술적 수단을 기재 3) 일반적으로는 청구항에 기재된 발명이 해결수단 그 자체가 되므로 청구항(독립항)에 기재된 발명을 설명하는 형태로 기재

청구항에 기재된 발명이 해결하고자 하는 과제를 기재하는 것으로 일반적으로 【과제해결 수단】에는 청구항 1항을 풀어서 설명하는 형식으로 기재한다.

(3) 【발명의 효과】의 기재

기재 방법	1) 발명으로부터 얻어지는 효과(새로운 효과, 특이한 효과, 특유효과)를 기재 2) 경제성, 명백히 달성될 수 없는 것을 효과로 기재해서는 아니 됨 　· 기술적으로 나타나는 효과만을 기재 3) 시험데이터에 의한 효과 주장의 법적 의의 　· 시험데이터의 작성기관 등

발명의 유형에는 원천발명과 개량발명이 있다. 출원발명이 공학

적 관점에서의 기술이라기보다는 기술적 사상(아이디어)에 불과한
것이고 또 선출원주의하에서는 먼저 출원하는 것이 필요하므로 출
원발명을 공학적으로 실험을 하여 효과의 입증을 확인하지 않은
상태에서 특허출원하는 경우가 대부분이다. 이러한 경우, 구체적
인 효과를 정확히 기재한다는 것은 힘들기 때문에 출원인에게 유
리한 효과만을 기재하여도 된다. 특히 원천발명인 경우에는 효과
를 구체적으로 기재하지 않고 개략적으로 유리한 효과만 기재하여
도 되고, 개량발명인 경우에는 개량의 목적 및 그로부터 얻어지는
효과를 기재한다.

예를 들면, "본 발명은 AI 기반에 의해 외부 광고업체의 도움 없
이 광고주 장치에 의해 직접적으로 광고가 집행될 수 있는 효과가
있다. 또 다른 효과로, 실시간 광고 전략 변경을 제안하여 광고 효
율을 극대화하고, 가장 관련도 높은 광고 타깃 선정이 가능하며, 학
습된 최적 세팅 값을 바탕으로 개선된 광고 전략을 수정 및 재정립
하여 추후 집행할 광고에 대한 파라미터값을 다시 생성하여 지속
적인 광고 효과의 성능 개선이 가능하고, 이로 인하여 광고주의 광
고 캠페인 생성을 위한 기술적 데이터 분석이 가능하여 데이터에
기반한 더욱 정확한 광고 타깃 선정을 효율적으로 할 수 있는 효과
가 있다"로 기재한다.

5) 【발명을 실시하기 위한 구체적인 내용】의 기재

(1) 기재원칙

명세서 중에서 【발명을 실시하기 위한 구체적인 내용】의 란에는
발명이 구현되는 구체적인 내용을 모두 기재하여야 한다. 예를 들
면, AI발명에 있어서는 AI 기술을 적용하여 특정과제를 해결하기
위한 SW개발을 목표로 하는 발명인 경우, 원시데이터의 수집(수집
된 원시데이터), 그러한 선행 원시데이터의 가공에 의한 학습데이터
구조를 도출하는 단계, 그리고 학습 전 파라미터 알고리즘(하이퍼

파라미터)을 도출하는 단계, 학습프로그램에 의하여 학습하여 최적의 학습완료모델(SW: 학습완료 파라미터, 추론프로그램)을 도출하는 단계 등을 구체적으로 컴퓨터 등의 하드웨어에 의하여 구현되는 형태로 각 단계를 구체적으로 특정하여 기재하여야 한다.

기재 방법	1) AI, 빅데이터, IoT, 블록체인의 기술분야에서 통상의 기술자가 그 발명이 어떻게 실시되는 것인지를 쉽게 알 수 있도록 그 발명의 실시를 위한 구체적인 내용을 적어도 하나 이상, 가급적 여러 형태로 기재 2) 필요한 경우에는 [실시예] 란을 만들어 데이터 및 학습의 목적, 그 반복학습에 의한 물리적 변환을 각 단계별로 특정하여 구체적으로 기재 3) 명세서에 도면 부호를 기재할 때에는 반드시 해당 도면의 부호를 도면에도 같이 기재해야 하며, 그 도면 부호는 명세서 및 도면 전체에 걸쳐 동일하게 사용하여 기재

(2) 실시예의 기재원칙

어떤 과제를 해결하기 위하여 원시데이터 및 학습데이터 구조가 다양하거나 학습방법이 복수인 경우에는 그 복수의 학습방법에 따라 각각 별도의 실시예를 기재하고, 각 실시예에 대하여 독립항과 그 종속항으로 구성하는 청구범위를 기재하여 각각 다른 특허발명으로 보호를 받을 수 있다. 물론 권리화하고 싶지 않는 학습방법도 실시예에만 기재하고 청구범위에 기재하지 않으면 된다.

이와 같이 실시예에만 기재하고 권리화하지 않는 실시예의 발명은 공지기술이 되기 때문에 다른 사람이 특허를 받을 수 없다. AI 발명이 방법발명인 경우에는 범용의 AI기술을 적용한다고 하더라도 그 학습의 방법(학습용 파리미터 알고리즘)이 다른 경우 특허를 받을 수 있는 확률이 높기 때문에 특허출원 시에 다양한 실시예를 【발명을 실시하기 위한 구체적인 내용】의 란에 기재하여 다른 사람이 특허를 받는 것을 사전에 방지하여야 한다.

기재 방법	1) 실시예 1 · 통상의 기술자가 쉽게 실시할 수 있도록 구현 단계별로 구체적, 실질적으로 기재

· 종래기술과 같은 동일구성부분은 동일부호를 사용하여 기재
· 블록, 흐름도를 근거로 각 구성요소별로 구조, 기능, 동작 및 이들
의 결합관계를 순서에 따라 구현되는 사항을 구체적으로 기재
2) 다른 실시예 (실시예 2, 실시예 3⋯)
· 본 발명과 동일목적 및 효과가 달성될 수 있는 변형된 다른 실시예
(다른 학습용 파라미터 등) 기재

실시예에는 학습데이터 및 학습작용의 기술적 단계 또는 기능을 인간이 작용하는 인위적인 수단으로 기재하여서는 아니 된다. 즉 각 단계 또는 기능을 하드웨어 또는 SW로 어떻게 실행하거나 실현하는 구체적인 수단이 특정되어 있고, 이러한 수단은 출원 시 기술수준을 참작한 통상의 기술자가 명확하게 파악할 수 있는 경우에는 청구항에 기재된 발명을 쉽게 실시할 수 있는 것으로 간주하여 특허를 받을 수 있다.

AI발명에 있어서, 인간의 인위적 수단인가 아닌가를 판단하는 사례를 검토하여 본다.

첫째, 실시예에 "과제정보에 기초하여 제안서의 서식을 획득하고, 지원자정보를 이용하여 제안서의 작성에 관한 수집된 과제정보(데이터) 및 인공지능 모델을 이용하여 수집된 과제정보를 학습하여 지원자정보의 장점과 적합성을 추출하고, 추출된 지원자정보에 기초하여 제안서를 자동으로 작성할 수 있는 수단"으로 기재한 경우에는 인위적인 수단에 해당하므로 당업자가 쉽게 실시할 수 없는 것이다. 따라서 인간이 작용하는 인위적인 수단이 아니라 컴퓨터 등의 하드웨어에 의하여 수행되는 것으로 특정하기 위해서는 "컴퓨터가 과제정보에 기초하여 제안서의 서식을 획득하고, 지원자정보를 이용하여 제안서의 작성에 관한 수집된 과제정보(데이터) 및 컴퓨터가 인공지능 모델을 이용하여 수집된 과제정보를 학습하여 지원자정보의 장점과 적합성을 추출하고, 추출된 지원자정보에 기초하여 제안서를 자동으로 작성할 수 있는 수단 및 컴퓨터는 지

원자로부터의 선택입력 또는 기설정된 내용에 따라, 추출된 과제정보에 자동으로 지원하거나, 추출된 과제정보에 지원하기 위한 제안서의 적어도 일부 또는 전부를 자동으로 작성하여 지원자에게 제공하는 수단"으로 수정하여야 한다.

둘째, 청구범위에 "소비자들의 기호에 따른 가공 데이터의 반복학습에 의한 최적의 광고방법 및 그 시스템"을 기재한 경우, 실시예에는 이들 단계나 기능을 컴퓨터에서 어떠한 방법으로 가공 데이터의 반복학습이 실행되고 있는 것인지 또 그 반복학습에 의하여 최적의 광고모델을 실현하는 것인지에 대하여 구체적으로 기재하여야 하고, 그러한 기재 사항으로부터 통상의 기술자가 출원 시 기술수준을 참작하여 명확하게 파악할 수 있는 경우에는 청구항에 기재된 발명이 쉽게 실시할 수 있는 것으로써 AI특허를 받을 수 있다.

셋째, 실시예에 컴퓨터의 표시 화면[GUI(Graphical User Interface)를 이용한 입력 형태]을 기초로「인공지능의 반복학습 단계」를 기재하는 것만으로는 부족하고,「인공지능의 반복학습 단계」가 컴퓨터에서 어떻게 실행하는지 명확하게 파악할 수 있도록 각 실현단계를 구체적으로 기재하여야 하고, 그러한 기재로부터 통상의 기술자가 출원 시 기술수준을 참작하여 명확하게 파악할 수 있는 경우에는 청구항에 기재된 발명이 쉽게 실시할 수 있는 것으로써 AI특허를 받을 수 있다.

넷째, AI발명은 원칙적으로 블록도 및 흐름도가 첨부되어야 하고, 그 도면을 근거로 실시예의 구체적 구현 방법 또는 시스템을 기재하여야 한다. 다만 실시예에 청구항에 기재된 발명의 기능(학습용 데이터 및 학습방법)을 실현하는 하드웨어 또는 SW를 단순히 블록도 및 흐름도만으로 표현하고 있고, 그 블록도 및 흐름도로부터 어떻게 하드웨어 또는 SW가 구현되는지 명확하게 파악할 수 없고, 출원 시 기술수준을 참작하여도 통상의 기술자가 명확하게 파악할 수 없어서 청구항에 기재된 발명을 쉽게 실시할 수 없는 경우에는 특허를 받을 수 없다.

(3) 인공신경망(딥러닝, 머신러닝)의 실시예 기재

AI발명에는 인공신경망과 직접 관련된 딥러닝 또는 머신러닝 기술 자체를 개량하려는 발명이 있고, 또 딥러닝 또는 머신러닝 기술을 응용하거나 특정기기에 적용하는 발명으로 구분할 수 있다. 딥러닝 또는 머신러닝 등의 인공신경망에 대한 성능, 기능 등을 향상시키는 개량발명은 인공신경망의 새로운 구조를 개선하거나, 학습방법을 향상시키는 개량발명으로 특허출원을 할 수 있다.

그러나 일반적인 인공신경망의 입력노드, 출력노드, 히든노드의 개수나 구조 등에 관한 기술은 이미 컴퓨터에 있어서 범용기술에 해당하기 때문에【발명을 실시하기 위한 구체적인 내용】의 실시예에 구체적으로 기재할 필요성이 없다.

따라서 범용의 딥러닝 또는 머신러닝 기술의 기본적인 구조를 발명의 설명에 기재할 필요도 없고, 이와 더불어 이러한 딥러닝 또는 머신러닝에 의하여 구현되는 학습데이터 구조의 형태나 종류도 발명의 설명(실시예)에 구체적으로 기재할 필요가 없다. 또 범용의 딥러닝 또는 머신러닝을 이용하여 어떤 학습데이터를 분석하고 이를 이용하여 특정과제를 해결하려는 최적의 목푯값을 도출하는 방법에 관한 발명에 있어서도, 딥러닝 또는 머신러닝의 형태나 종류, 구조는 발명의 설명(실시예)에 기재하지 않아도 되고, 다만 딥러닝 또는 머신러닝이 이용해야 할 필요는 없다. 다만 인공신경망에 입력 또는 출력되는 데이터를 다루는 것이므로 학습데이터의 형태나 종류, 분류가 무엇이라는 정도의 기술이 필요하고, 또한 학습에 의한 출력데이터의 종류와 형식 등도 간략히 기재하여도 된다.

다만, AI발명은 SW발명으로서의 프로그램 발명과 같이 심사기준에 의하여 특허요건이 판단되고 있으므로, 어떤 학습데이터를 이용하여 특정 과제를 해결하기 위한 최적의 목표값을 도출하기 위한 순수한 AI발명의 경우에는 학습데이터의 형태나 종류, 구조 등을 구체적으로 기재하고, 이를 근거로 AI가 학습하여 스스로 목푯값을 설정하고, 그러한 목푯값에 도달하기 위하여 반복학습을 수행하는 프로세스를 각 단계별로 구체적으로 특정하여 기술하여야 한다.

또 AI의 학습에 의하여 특정과제를 수행할 수 있는 장치(시스템) 발명에는 범용의 딥러닝 패키지 프로그램 또는 매트랩과 같은 상용 딥러닝 학습프로그램을 사용하여 특정과제를 해결하는 발명을 특허출원할 수 있는데, 이러한 경우에는 프로그램 소스의 일부만으로도 딥러닝의 구조를 잘 표현할 수 있고 이 경우 학습된 딥러닝의 노드값 등을 발명의 설명(실시예)에 제시하는 것이 가능하기 때문에 인공신경망의 딥러닝 또는 머신러닝 소프트웨어 패키지 툴을 사용하여 개발하였다는 내용을 간략히 언급할 필요성이 있다.

이와 같이 【발명을 실시하기 위한 구체적인 내용】의 기재요건은 통상의 기술자가 실시예로부터 청구항에 기재된 발명을 쉽게 실시할 수 있을 정도로 기재하여야 한다. 실시예의 기재를 어느 정도로 구체적으로 기재하여야 통상의 기술자가 쉽게 실시할 수 있는 것인지의 여부가 중요하다. 다만, 당해 특허출원이 공개되는 것을 우려하여 지나치게 압축된 개략적인 기술구성만으로 기재하여서는 아니 된다. 통상의 기술자가 쉽게 실시할 수 있도록 딥러닝 또는 머신러닝의 범용프로그램을 이용하는 경우에는 범용프로그램을 이용한다는 공지의 구성요소를 간략히 언급하고, 이러한 범용프로그램을 이용하여 실제 구현되는 반복학습의 프로세스를 구체적으로 아래와 같이 기재할 필요성이 있다.

첫째, 범용의 딥러닝 패키지 프로그램 또는 매트랩과 같은 상용 딥러닝 학습프로그램을 이용하는 것이 아니라, 인공신경망의 기본원리를 개선하는 순수 발명인 경우에도 인공신경망의 일반적 구조, 학습방법 및 학습데이터를 구체적으로 실시예에 기재할 필요는 없지만, 기본원리를 개량발명한 딥러닝기술을 특허출원하고자 하는 경우에는 (i) 비선형 변환기법의 조합, (ii) 대용량의 데이터 분석

방법, (iii) 빠른 컴퓨팅을 이용해서 방대한 데이터 속에 숨겨진 핵심적인 내용이나 기능을 도출해 내는 구체적인 프로세스를 실시예에 기재하고, 또 당해 프로세스가 인간의 인위적인 행위가 아니라 컴퓨터 등의 하드웨어에 의하여 구현된다는 수단도 함께 구체적으로 기재하여야 한다.

둘째, 딥러닝 또는 머신러닝와 같은 인공신경망의 학습방법을 개선하는 발명들은 인공신경망 자체의 개선에 관한 것이므로, 학습방법을 개선하기 위한 방법으로 학습방법과 관련된 인공신경망의 구조 및 학습방법 설명을 위한 학습데이터의 예시 등을 실시예에 기재하여야 한다. 즉 인공신경망 자체의 기능을 향상시킨다는 개선 내용을 설명하기 위하여 인공신경망의 구조 및 학습데이터, 학습방법수단을 실시예에 기재할 필요가 있다.

셋째, 인공신경망의 딥러닝 또는 머신러닝을 중간에 제어기로써 사용하고, 인공신경망 전단과 후단의 데이터 처리방법을 개선하는 발명은 AI발명이라기 보다는 일반 프로그램발명이라고 할 수 있다. 이러한 경우에는 딥러닝 또는 머신러닝을 중간에 제어기로 이용한다는 정도만 실시예에 기재하여도 좋지만, 당해 프로그램이 구현하기 위한 구성요소로써 제어기로 연결되는 딥러닝 또는 머신러닝의 구조나 학습된 노드값 또는 학습데이터와 학습방법 등을 통상의 기술자가 쉽게 실시할 수 있도록 실시예에 기재할 필요성이 있다.

넷째, 학습된 인공신경망 제어기를 발명의 대상으로 하는 경우에는 통상의 기술자가 쉽게 실시할 수 있도록 학습데이터와 인공신경망 구조 및 노드값 등의 모든 내용을 실시예에 기재하여 특허출원하여야 한다.

(4) 학습데이터 구조 및 파라미터 알고리즘 기재

원천데이터로부터 작성되는 학습데이터 구조 등을 기재한다. 즉 유형별 또는 목적별로 구축된 학습데이터 구조 중에서 AI가 학습할 수 있는 학습데이터를 선정하고, 그 학습데이터 구조, 학습데이터 구조에서 학습을 수행하기 위한 학습 전 파라미터(하이퍼 파라미터) 알고리즘, 학습데이터로부터 반복학습을 수행하기 위해 필요한 경우 모든 처리방법 등에 대하여, 각 단계별로 구체적으로 기재하여야 한다.

AI학습에 사용된 학습데이터 구조를 파라미터 알고리즘과 함께 구체적으로 제시하여야 한다. 그 제시에는 여러 가지 방법이 있으나, 특별히 사용한 프로그램패키지가 있거나, 작성한 프로그램 소스가 있는 경우 이를 이용한 설명을 한다. 만약 일반적인 학습의 경우 입력값과 출력값을 설정해 주는 파라미터 알고리즘을 제시하는 것만으로 가능하다. 예를 들면, 학습프로그램이 학습할 수 있도록 [(온도, 습도, 일사량)→(온도제어 출력값)]과 같은 데이터 세트를 사용하여 설명한다.

학습데이터 구조는 몇 개의 예시만으로도 충분하지만, 학습프로그램에 의하여 학습될 수 있도록 파라미터 알고리즘이 제시되어야 한다. 원시데이터가 음성데이터인 경우, 그 구조값은 정규화된 음성 값을 가변형 길이의 1차원 어레이에 담고, 그 후단에 구조값을 코드로 넣을 수 있다. 또 원시데이터가 이미지 형태로 되어 있는 경우의 이미지 학습데이터 구조는 당해 이미지에서 보이는 것과 같이 하나의 이미지에 포함된 모든 사물의 정보와 위치를 알려 줄 수 있는 구조로 가공한다.

(5) 학습완료모델

학습프로그램에 의하여 반복학습을 하여 AI를 구성하고 있는 신경망 구조의 각 뉴런값 및 연결 가중치가 정해지면, 그 값들을 실시예로서 실험데이터 표시 형식(테이블)으로 발명의 설명에 기재하여야 한다. 이때 몇 개의 학습데이터 구조를 사용하여 AI를 학습시켰으며, 학습에 있어서 몇 개 이상의 데이터로부터 각 뉴런값 및 연결 가중치의 변화가 어느 정도 있었고, 또 각 뉴런값 및 연결 가중치의 변화가 몇 % 미만이어서 더 이상 학습시키지 않고 중단하여 최적의 학습완료모델을 도출한다는 내용과 같은 형식으로 기재한다.

예를 들면, 전체 학습데이터와 학습에 사용된 소스코드(파라미터 알고리즘)를 제공하는 방법에 관한 경우, 동일한 학습결과를 찾아낼 수 있는 방법으로 학습데이터 구조를 이용하여 딥러닝 학습한 결과 plt.xlabel("특성 0") 및 plt.ylabel("특성 1")로 나타나고, 이렇게 학습데이터와 학습방법의 소스코드를 제공하여 학습결과물의 제시를 대신할 수 있다. 범용 학습프로그램으로 Matlab 등 다른 SW패키지를 사용하는 경우에도 유사한 학습방법으로 기재한다.

또 다른 예로, 청구항에 기재된 발명에 포함된 AI가 간단한 기능을 하는 제어기와 같은 것으로 간주하고, 실시예에 간단히 학습데이터 구조의 일부와 학습방법을 예시하여도 통상의 기술자가 명세서에 기재된 발명을 충분히 실시할 수 있는 것으로 판단되는 경우에는 실시예에 학습완료된 AI의 학습값을 구체적으로 제시하여 기재하지 않아도 된다. 다만, 실시예에 학습완료된 AI의 학습값에 대하여 구체적 제시가 없는 경우, 통상의 기술자가 쉽게 실시할 수 있는 것으로 판단할 수 없다거나, 발명이 완성되어 쉽게 실시할 수 있는 것으로 볼 수 없어서 미완성발명으로 간주되어 특허를 받을 수 없는 경우도 있으므로, 가능한 한 학습데이터 구조 및 파라미터 알고리즘을 기재하고 이를 통한 학습의 단계별 진행 결과를 예측하여 구체적으로 기재할 필요성이 있다.

3. 청구범위의 기재

1) 기재원칙

청구범위에는 보호받으려는 사항을 적은 항(이하 "청구항"이라 한다)이 하나 이상 있어야 하며, 그 청구항은 (i) 발명의 설명에 의하여 뒷받침되어야 하며, (ii) 발명이 명확하고 간결하게 적혀 있어야 한다(특허법 제42조 제4항). 그리고 청구범위에는 보호받으려는 사항을 명확히 할 수 있도록 발명을 특정하는 데 필요하다고 인정되는 구조·방법·기능·물질 또는 이들의 결합관계 등을 적어야 한다(특허법 제42조 제6항). 그리고 청구항을 기재할 때에는 독립항을 기재하여야 하며, 그 독립항을 한정하거나 부가하여 구체화하는 종속항을 기재할 수 있다(특허법시행령 제5조).

청구범위의 기재는 특허권의 보호범위가 그에 근거하여 결정된다는 점에서 중요한 의미를 갖는다. 청구범위가 기재요건을 충족시키지 못하는 경우, 그 특허권에 의해 제3자의 권리가 부당하게 제약을 받을 수 있으며, 권리자 스스로도 특허권이 무효로 되거나 특허권의 보호범위가 불필요하게 제한되는 등 불이익을 받을 수 있어, 청구범위의 기재요건을 심사할 때에는 이런 점에 충분한 주의를 기울여야 한다.

청구범위에 청구항으로 기재된 사항은 특허법 제42조 제4항 및 제8항의 청구범위 기재방법에 따라 발명의 설명에 개시한 발명 중 출원인이 스스로의 의사로 특허권으로 보호를 받고자 하는 사항으로 선택하여 기재한 사항이다. 따라서 특허를 받고자 하는 발명의 인정은 출원인이 자신의 의사에 의하여 선택한 청구범위의 기재내용을 존중하여 각 청구항에 기재된 사항에 근거하여 이루어져야 하고, 청구항의 기재가 불명료하거나 기술용어의 의미, 내용이 불명확한 경우에 한해 발명의 설명 또는 도면의 기재를 참작하여야 하며, 청구범위의 기재를 벗어나 발명의 설명에 개시된 발명의 내용으로부터 청구항에 기재된 발명을 인정해서는 안 된다.

청구범위가 발명의 설명에 의하여 뒷받침되고 있는지 여부는 통상의 기술자의 입장에서 청구항에 기재된 발명과 대응되는 사항이 발명의 설명에 기재되어 있는가에 의하여 판단한다. 통상의 기술자가 출원 시 해당 기술분야의 기술상식에 비추어 보아 발명의 설명으로부터 파악할 수 있는 범위 이내라고 판단할 경우에는 발명

의 설명에 의하여 뒷받침되는 것으로 인정할 수 있다.[20]

2) 제4차 산업혁명 관련발명의 기재원칙

AI, 빅데이터, IoT, 블록체인 등 제4차 산업혁명 관련기술의 특허출원도 SW발명으로서 위의 청구범위 기재요건을 충족하여야 한다. 즉 청구범위에는 다항제의 형태로 상위개념과 그 상위개념을 구체적으로 한정하거나 부가하는 하위개념으로 기재해야 하고, 특히 작용효과 위주로 기재하거나 범용의 컴퓨터기술을 단순히 범용 AI 기반 기술과 결합하여 문제를 해결한다는 일반론적인 기술사상의 구성요소들로만 청구범위를 기재하는 경우에는 발명에 해당하지 않아서 특허를 받을 수 없다.

따라서 AI발명에서는 데이터의 수집방법 및 가공방법, 가공된 학습데이터 구조 및 파라미터 알고리즘, 학습프로그램에 의한 학습 단계별의 과정 또는 수단이 하드웨어와 결합되어 수행되는 것을 특정해야 하고,[21] 빅데이터발명에 있어서는 빅데이터의 대상 및

---

20) 특허청, 앞의 심사기준(2019. 3. 18. 특허청예규 제108호), 2402-2403면 참조.
21) AI발명의 청구범위에 기재할 수 있는 구성요소는 다음과 같다.
  (1) 범용 AI 프로그램
  (2) 학습용 데이터(데이터의 집합률)의 구축 및 구조
  · 수집 데이터의 유형, 종류, 특징
  · 서비스로부터 취득한 데이터의 구조
  · 대상제품의 물질 및 재료 · 원료 · 특성 등에 관한 데이터
  · 인터넷 및 SNS 데이터 등의 클라우드 데이터
  · 컴퓨터에 의하여 수집(크래핑)한 정보, 광고데이터
  · 데이터를 컴퓨터에 의하여 학습할 수 있도록 하는 분류 및 분석 방법
  · 컴퓨터가 인식할 수 있도록 하는 데이터의 배열이나 선택 · 선별 및 그 방법
  (3) 범용 AI 프로그램에 의한 반복학습 알고리즘
  (4) 신규한 AI 프로그램에 의한 반복학습 알고리즘
  · 기계적 학습의 수행방법
  · 학습에 의하여 도출된 데이터의 해석 및 규칙성

범위, 수집방법 및 수집시스템, 빅데이터의 학습용 데이터(데이터의 집합률)의 구축 및 구조, AI 프로그램에 의한 빅데이터의 반복학습 알고리즘 및 학습프로그램에 의한 학습 단계별의 과정 또는 수단이 하드웨어와 결합되어 수행되는 것을 특정해야 하고,[22] IoT발명에 있어서는 사물 및 센서, 네트워크, 정보처리방법 및 시스템, 초연결 융합의 IoT를 통한 빅데이터의 수집방법 및 수집시스템, IoT와 빅데이터및 AI 기반기술의 학습프로그램에 의한 학습 단계별의 과정 또는 수단이 하드웨어와 결합되어 수행되는 것을 특정하여 기재한다.[23]

· 기계적 학습에 의한 파생모델의 도출방법
· 파생모델을 근거로 반복학습에 의한 최적모델의 도출방법
· 학습완료의 최적모델(결과물)
22) 빅데이터발명의 청구범위에 기재할 수 있는 구성요소는 다음과 같다.
　　(1) 빅테이터의 대상 및 범위, 수집 방법 및 수집시스템
　　(2) 빅테이터의 구조
　　(3) 범용 AI 프로그램에 의한 빅데이터의 분류 및 분석, 구조
　　(4) 빅데이터의 학습용 데이터(데이터의 집합률)의 구축 및 구조
　　· 수집 데이터의 유형, 종류, 특징
　　· 서비스로부터 취득한 데이터의 구조
　　· 대상제품의 물질 및 재료 · 원료 · 특성 등에 관한 데이터
　　· 인터넷 및 SNS 데이터 등의 클라우드 데이터
　　· 컴퓨터에 의하여 수집(크래핑)한 정보, 광고데이터
　　· 데이터를 컴퓨터에 의하여 학습할 수 있도록 하는 분류 및 분석 방법
　　· 컴퓨터가 인식할 수 있도록 하는 데이터의 배열이나 선택 · 선별 및 그 방법
　　(5) 범용 AI 프로그램에 의한 빅데이터의 반복학습 알고리즘
　　(6) 신규한 AI 프로그램에 의한 빅데이터의 반복학습 알고리즘
　　· 빅데이터의 기계적 학습 및 수행방법
　　· 빅데이터의 해석 및 규칙성
　　· 빅데이터의 기계적 학습에 의한 파생모델의 도출방법
　　· 파생모델을 근거로 빅데이터의 반복학습에 의한 최적모델의 도출방법
　　· AI에 의한 빅데이터의 학습완료의 최적모델(결과물)
23) IoT발명의 청구범위에 기재할 수 있는 구성요소는 다음과 같다.

예를 들면, 물류의 잔고 확인과 배송에 관한 거래처별, 지역별, 시간별의 각종 원천 데이터가 있고, 이 원천데이터를 특성별로 분류하고 이를 근거로 데이터를 분석하고, 통상의 AI 알고리즘(딥러닝 프로

---

(1) 사물, 센서(sensors), 프로세서(processor), 통신 및 네트워크, 정보 처리의 방법 및 시스템
　· 저전력 네트워킹 기술
　· 통신반경, 데이터 전송률, 단말 가격, 소모전력의 대응 기술구성
　· 센서데이터 최적화 및 관리기술구성
　· 데이터 전송 효율화 기술구성
　· 저전력 임베디드 OS 기술구성
　· 새로운 전력공급 및 저장기술구성
　· 저가격 저전력 프로세서 기술구성
(2) 초지능 및 초연결, 융합의 IoT를 통한 빅데이터의 대상 및 범위
(3) 초지능 및 초연결, 융합의 IoT를 통한 빅데이터의 수집 방법 및 수집시스템
(4) IoT에 의한 제품 생산과 서비스 제공 방법 및 시스템
(5) 정보통신기술(ICT)에 기반한 IoT와 빅데이터의 연계 방법 및 시스템
(6) 사물과 사물, 사물과 인간, 인간과 인간의 연결성과 자동화의 IoT 연계기술
(7) IoT의 처리 범위나 속도, 용량
(8) 범용 AI 프로그램에 의한 빅데이터의 분류 및 분석, 구조
(9) IoT 서비스 기반조성 디바이스 및 플랫폼, 네트워크 시스템
(10) AI와 빅데이터가 결합되는 통신 및 보안, 센서, 플랫폼 방법 및 시스템
(11) 빅데이터 및 AI의 적용에 의한 IoT 관련 기술구성
　· 수집 데이터의 유형, 종류, 특징
　· 서비스로부터 취득한 데이터의 구조
　· 대상제품의 물질 및 재료 · 원료 · 특성 등에 관한 데이터
　· 인터넷 및 SNS 데이터 등의 클라우드 데이터
　· 컴퓨터에 의하여 수집(크래핑)한 정보, 광고데이터
　· 데이터를 컴퓨터에 의하여 학습할 수 있도록 하는 분류 및 분석 방법
　· 컴퓨터가 인식할 수 있도록 하는 데이터의 배열이나 선택 · 선별 및 그 방법
　· 빅데이터의 기계적 학습 및 수행방법
　· 빅데이터의 해석 및 규칙성
　· 빅데이터의 기계적 학습에 의한 파생모델의 도출방법
　· 파생모델을 근거로 빅데이터의 반복학습에 의한 최적모델의 도출방법
　· AI에 의한 빅데이터의 학습완료의 최적모델(결과물)

그램 A)의 적용에 의한 물류 유형별 잔고예측(파라미터 B) 및 배송예측(파라미터 C)하여 학습데이터(D)를 도출하는 방법, 그 학습데이터의 구조(E, e)를 근거로 유저(F, G)에게 가장 적정시기에 배송할 수 있는 최적의 배송시간(H, h)과 배송수량(I, i)을 산출하는 방법을 특허출원하고자 하는 경우, 우선 독립항에는 [ABCD + E + FHI]로 특정하고 또 다른 독립항에는 [ABCD + G + FHI]로 특정하고, 그 각각의

[표 4] 범용AI를 적용한 AI발명의 청구항 기재방법

구분	넓은 청구항과 좁은 청구항		
실시예 ↕ 청구항 ↕ 한정 · 추가	종래기술 ↓ 발명구상 ↓ 상위개념용어→ ↓ 하위개념용어 → → → → → → =좁은 청구항 a+b+c]	실시예[A+b+C]= 실시예[a+B+C]= 실시예[a+b+C]= 실시예[A+B+c]=넓은 청구항 [A+B+C]	
종래기술 개량발명	1) 종래 AI(범용·SW)가 A+B이고, 2) 종래 AI(범용·SW) A+B를 이용하여 수집된 원천데이터를 가공, 분석하여 학습데이터 구축(구조C, c)을 생성하고, 학습데이터를 이용하여 반복학습을 구현(D, d)수행하여, 스스로 판단한 최적의 목푯값(학습완료 결과물 E)을 도출하는 방법발명을 특허출원하고자 하는 경우 3) 청구항의 유형 (1) A+B+C+D 및 A+B+C+D+E (2) C=c (3) D=d (4) A+B+c+D (5) E		

종속항으로는 [E는 e], [H는 h], [I는 i]로 한정하거나 부가하는 형태로 특정하여 청구범위를 기재할 수 있다. 즉 제4차 산업혁명 관련발명의 청구범위는 [표 4]와 같이 상위개념의 구성요소(만약 범용이나 통상의 딥러닝프로그램을 사용하는 경우에는 하나의 구성요소로 상위개념에 포함)로 특정되는 넓은 청구항에서 하위개념의 구성요소로 특정되는 종속항, 그리고 특정 구성요소를 한정하는 SW발명으로서의 파라미터를 한정하거나 부가하는 종속항을 추가하는 형태로 기재한다.

3) 제4차 산업혁명 관련발명의 청구범위 기재사례

AI, 빅데이터, IoT, 블록체인 등 제4차 산업혁명 관련발명의 청구범위 기재요건은 컴퓨터 관련발명(SW발명)의 청구범위 기재요건과 동일하다. 앞에서 설명한 것과 같이 제4차 산업혁명 관련발명도 결국 SW발명의 범주에 속하기 때문에 방법발명이 대부분이고, 그러한 방법이 적용된 장치(로봇, AI청소기 등) 또는 시스템(AI기반 환경오염측정시스템, AI기반 물류배송시스템 등)의 물건발명이 있다.

따라서 특허를 받고자 하는 제4차 산업혁명 관련기술은 반드시 발명의 카테고리를 방법발명 또는 물건발명으로 정확히 청구범위를 특정하여야 한다.

(1) 방법발명으로 기재하는 경우

AI, 빅데이터, IoT, 블록체인 관련 발명은 SW관련 발명으로서 시계열적으로 연결된 일련의 처리 또는 조작, 즉 단계로서 표현할 수 있을 때 그 단계를 특정하는 것에 의해 방법의 발명으로서 청구항에 기재할 수 있다. 예로서 AI발명인 경우의 카테고리는 'AI의…수단(단계)에 의한 …방법'으로 기재하여야 한다.

[예 1] AI발명(방법발명)의 청구항 기재예

본 발명은 AI기반의 광고방법에 관한 것으로 AI기반 광고기술을 활용할 수 있는 광고 플랫폼에 관한 것이다. 즉 사용자가 다양한 플랫폼을 통해 AI 기반 광고를 원할 경우, 보다 편리하고 정확하게 광고를 생성하고, 광고 대상을 타깃팅하여 광고를 수행하기 위한 방법에 대한 개발 및 연구가 필요하다. AI기반의 광고방법은 AI 광고서버가 광고주 광고정보를 수신하는 단계, AI 광고서버가 광고주 광고정보를 기반으로 복수의 플랫폼 광고정보를 생성하는 단계와 AI 광고서버가 복수의 플랫폼 광고정보 각각을 멀티 채널 광고 인터페이스를 통해 복수의 광고 플랫폼 각각으로 전송하는 단계를 포함할 수 있다. 특히 광고를 한다는 것은 일종의 추천 엔진을 가동하는 것인데 딥러닝은 추천에 탁월한 능력을 가지고 있다. 프로그래밍된 광고를 타게팅 시 머신러닝은 사용자의 광고 클릭률을 높이며 리타게팅(retargeting) 시 최적의 제품 조합과 광고 카피를 선택하여 AI기반 광고기술을 활용하여 사용자가 보다 편리하게 하는 광고 방법에 관한 발명이다.

[AI를 이용한 과제매칭 방법]

컴퓨터에 의하여 수행되는 과제매칭 방법으로서, 다수의 과제수행데이터를 포함하는 <u>학습데이터를 획득하는 단계</u>(S101); 상기 <u>학습데이터를 이용하여 인공지능 모델을 학습시키는 단계</u>(S102); 다수의 과제정보를 수집하는 단계(S104) 및 상기 <u>인공지능 모델을 이용하여 적어도 하나의 지원자와 적어도 하나의 과제를 매칭하는 단계</u>(S105)를 포함하고, 상기 단계(S105)는, 상기 <u>다수의 지원자정보를 클러스터링하는 단계</u>(S115); 상기 <u>다수의 과제정보를 클러스터링하는 단계</u>(S116); 상기 단계(S115) 및 단계(S116)의 클러스터링 결과로 생성된 클러스터들 간의 거리를 산출하는 단계(S117), 적어도 하나의 과제를 서로 매칭하는 단계(S120)를 포함하고, 상기 단계(S104)는 복수의 과제를 포함하는 MICE 과제정보를 획득하는 단계(S121);를 포함하고, 상기 중점으로부터의 연관도가 상기 기준값을 초과하는 제3 지원자 클러스터를 결정하는 단계(S125)를 더 포함하고, 상기 단계(S120)는, <u>상기 복수의 제2 지원자 클러스터 및 상기 제3 지원자 클러스터에 포함된 복수의 지원자와, 상기 복수의 과</u>

제를 각각 서로 매칭하는 단계(S126)를 포함하는 인공지능 과제매칭 방법.

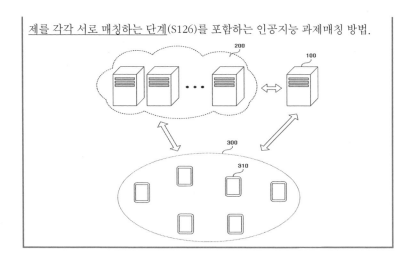

[예 2] 빅데이터(방법발명)의 청구항 기재예

본 발명은 빅데이터 및 AI 기계학습을 통한 AI통합관리 시스템에 관한 것이다. 본 발명은 히트 펌프, 빌딩양식장, 열택배장치, 스마트 양식장 통합 자동화관리서버, 통합관제센터, 작업자단말 및 모바일 디바이스로 이루어져서, 빌딩양식장(20)에 대한 각종 센서 데이터를 지속적으로 관리하기 위한 AI를 이용하는 빅데이터 및 AI 기계학습을 통한 AI 통합관리 시스템에 관한 것이다. 특히 히트 펌프 및 스마트 양식장 통합 자동화관리 서버로 온도, pH, 산소량, 유량 센서 데이터를 전송하는 빌딩양식장 및 스마트 양식장 통합 자동화 관리 서버로 온도, 유량, 압력 센서 데이터를 전송하는 열택배장치를 포함하며, 스마트 양식장 통합 자동화 관리 서버의 데이터 수집 모듈은 AI S/W를 구동하여 각 수집된 센서 데이터를 통합관제 모듈로 제공하여, 히트 펌프, 빌딩양식장, 열택배장치에 대한 종합적인 관제를 원격의 통합관제센터, 각 사육수조의 수질정보의 변화추이를 통계화할 수 있으며, 통계화된 정보를 다시 피드백 정보로 활용함으로써, 자동화된 성장(사육) 관리를 가능하게 하는 효과가 있고, 특히 생육환경 최적화 제어, 유속제어(산소소비율 측정),

광조절이 가능하며, 고형물질 제거 자동화, 수질 및 수온제어(온도, 산소, DO, TGP, 탁도 등)가 가능한 최적화 환경을 만드는 자동화관리 시스템에 관한 발명이다.

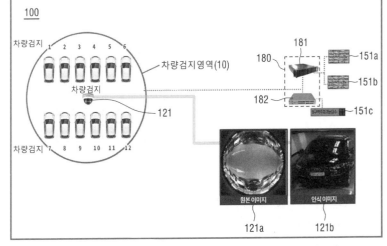

[빅데이터를 이용한 주차유도 방법]

카메라가 적어도 하나의 영상을 입력 받는 <u>제1단계</u>; 하나의 영상 내에서 복수의 주차면을 설정하는 제2단계; … <u>제3단계</u>; 상기 제1영상에 포함된 객체에 대한 특징을 추출하는 <u>제4단계</u>; 및 복수의 차량의 특징과 관련된 빅데이터를 기<u>반</u>으로, 상기 특징을 이용하여 상기 객체가 차량인지 여부 및 상기 제1주차면에 주차된 것인지 여부를 판단하는 <u>제5단계</u>를 포함하되, … 상기 <u>제5단계에</u><u>서</u>, 상기 비극대적 억제가 적용된 캐스케이드 신경망을 기초로 상기 객체가 차량인지 여부 및 상기 제1주차면에 주차된 것인지 여부를 판단하는 것을 특징으로 하는 주차유도방법.

[예 3] IoT발명(방법발명)의 청구항 기재예

본 발명은 IoT네트워크 관리방법 및 이를 적용한 IoT네트워크 서버 및 단말에 관한 것으로, LoRaWAN 기반 대규모 시설물 관리를 위한 IoT네트워크 관리방법 및 이를 적용한 IoT네트워크 서버 및 단말에 관한 것이다. 특히 IoT네트워크 관리방법 및 이를 적용한 IoT네트워크 서버 및 단말이 제공된다. 본 IoT네트워크 관리방법에 따르면, 단말로부터 네트워크 참여요청이 수신되면, 해당 단말의 참여 가능 여부를 결정하고, 단말로부터 환경설정 요청이 수신되면, 해당 단말의 통신 환경에 대한 정보인 환경설정정보를 전송할 수 있게 되어, LoRaWAN 표준을 준수하면서 효율적인 네트워크 관리를 가능하도록 하고, 주변의 네트워크 환경 변화 및 게이트웨이의 고장 등의 상황이 발생 시 효율적인 네트워크 경로 변경이 가능해지며, 일정 거리 내에 대규모의 시설물 간의 충돌을 최소화하여 안정적인 데이터 전송이 가능한 발명이다.

[IoT 네트워크 관리방법]

사물인터넷 네트워크 서버에 의한 사물인터넷 네트워크 관리방법에 있어서, 단말로부터 네트워크 참여요청이 수신되면, 해당 단말의 참여가능 여부를 결정하는 단계; 단말로부터 환경설정 요청이 수신되면, 해당 단말의 통신 환경에 대한 정보인 환경설정정보를 전송하는 단계; 환경설정정보는, 해당 단말에 대응되는 게이트웨이정보, 통신주기정보, 통신 순서정보 및 오프셋정보를 포함하며, …통신순서 및 주기정보에 의해 정해진 시점부터 통신 주기동안 해당 단말과 통신을 수행하는 단계; 해당 단말과의 통신에 대한 신호수신 성공률 정보를 이용하여 데이터 수신의 성공 여부를 판단하는 단계;를 더 포함하는 것을 특징으로 하는 사물인터넷 네트워크 관리방법

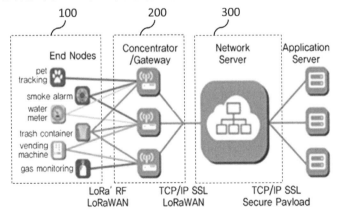

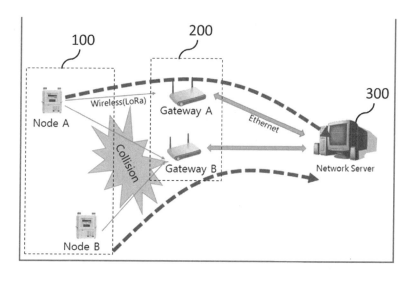

[예 4] 블록체인(방법발명)의 청구항 기재예

본 발명은 블록체인 기반의 탈중앙화 방식을 통해 수요자 중심의 건강관리 서비스를 제공하고, 빅데이터 및 AI 기술을 통해 개인 맞춤형 건강관리 서비스를 제공하는 맞춤형 건강관리서비스 제공방법에 관한 것으로, 특히 사용자의 긴강 관련 데이터를 암호화하고, 상기 암호화된 건강 관련 데이터가 체인을 형성하도록 블록화해 블록체인에 저장하는 단계, 건강 예측 인공지능 서버가, 상기 건강 관련 데이터의 빅데이터 분석을 통해 상기 사용자의 상기 건강상태 변화를 분석하여 추적하고, 상기 사용자의 예상 질병을 예측하는 단계, 그리고 상기 건강 예측 인공지능 서버가, 상기 분석 및 예측 결과로부터 상기 예상 질병을 방지하기 위한 예방 방안을 도출하는 단계로 이루어진 개인 맞춤형 건강관리서비스 제공방법에 관한 발명이다.

[블록체인 및 AI 기반의 개인 맞춤형 건강관리 시스템]

AI 기반의 개인 맞춤형 건강관리서비스를 제공하는 방법에 관한 것으로, 건강

예측 AI 서버가 사용자의 건강 관련 데이터가 암호화되어 블록체인에 저장되면, 자동으로 데이터 거래를 위한 데이터 거래 트랜잭션(transaction)을 실행하는 프로그래밍에 의한 자동화된 계약 실행 방식을 통해서 상기 건강 관련 데이터를 제공받는 단계, 상기 건강 예측 인공지능 서버가, 빅데이터 기반의 AI 분석을 통해 상기 건강 관련 데이터로부터 상기 사용자의 건강상태 변화를 분석하여 추적하고, 상기 사용자의 예상 질병을 예측하는 단계, 상기 건강예측 AI서버가, 상기 분석 및 예측 결과로부터 사용자의 건강 상태 변화와 생활 패턴 및 활동량 변화 사이의 상관관계를 분석하여 상기 예상 질병을 방지하기 위한 예방 방안을 도출하는 단계, 상기 예상 질병 및 질병 예방 방안을 상기 프로그래밍에 의한 자동화된 계약 실행 방식을 통해서 사용자 디바이스에 제공하는 단계를 포함하는 블록체인 및 AI 기반의 개인 맞춤형 건강관리서비스 제공방법.

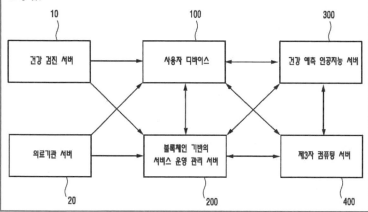

(2) 물건발명(시스템, 장치, 기기)으로 기재하는 경우

AI, 빅데이터, IoT, 블록체인 관련 발명은 SW관련 발명은 그 발명을 구현하는 복수의 기능으로 표현할 수 있을 때 그 기능으로 특정된 물건발명으로서 청구항에 기재할 수 있다. 현행 특허법에는 명문의 규정이 없지만 특허청 심사기준에 의하여 청구항의 말미에 프로그램을 카테고리로 특정하고, 당해 프로그램이 특정 과제를 해결하기 위하여 반드시 하드웨어에 의하여 구동 또는 구현되는 형태로 기재한 경우에는 물건발명으로 간주하여 특허를 허여하고 있다.

 따라서 물건발명으로서의 SW발명은 아래와 같이 프로그램 기록
매체 청구항, 데이터 기록매체 청구항, 매체에 저장된 프로그램 청
구항의 형식으로 기재하여 특허출원하여야 한다.[24) 다만, 프로그
램이란 용어를 사용하지 않고 …단계(수단)를 구현하는 장치 또는
시스템, 기기(로봇, 청소기, 드론 등)를 특정하여 청구항에 기재하는
경우에는 당연히 물건발명에 해당하여 특허를 받을 수 있다. 그러
나 발명의 대상이 명확하지 않은 경우, 예를 들면 청구항 말미가
"프로그램 제품", "프로그램 프로덕트", "프로그램 산출물", "AI에
의한 산출모델", "IoT 기반에 의하여 측정한 최적값" 등을 기재하는
경우에는 특허를 받을 수 없다.
 (ⅰ) 프로그램 기록매체 형태의 청구항
 AI, 빅데이터, IoT, 블록체인 관련발명에서 프로그램 기록매체의
의미는 프로그램을 설치하고 실행하거나 유통하기 위해 사용되는
프로그램을 기록한 컴퓨터로 읽을 수 있는 매체를 말하고,[25) 이러
한 형태로 청구항을 기재하면 물건발명으로 특허를 받을 수 있다.
 (ⅱ) 데이터 기록매체 형태의 청구항
 데이터 기록매체, 즉 기록된 데이터 구조로 말미암아 컴퓨터가
수행하는 처리 내용이 특정되는 '구조를 가진 데이터를 기록한 컴퓨
터로 읽을 수 있는 매체'는 물건의 발명으로서 청구항에 기재할 수

---

24) 특허청, 앞의 심사기준(2019. 3. 18. 특허청예규 제108호), 2402-2403면 참
 조.
25) 프로그램을 매체에 내장된 것으로 간주하여 물건발명으로 취급하는 경우
 는 다음과 같다.
  (예1) 컴퓨터에 단계 A, 단계 B, 단계 C, …를 실행시키기 위한 프로그램을
  기록한 컴퓨터로 읽을 수 있는 매체
  (예2) 컴퓨터를 수단 A, 수단 B, 수단 C, …로 기능시키기 위한 프로그램을
  기록한 컴퓨터로 읽을 수 있는 매체
  (예3) 컴퓨터에 기능 A, 기능 B, 기능 C, …를 실현시키기 위한 프로그램을
  기록한 컴퓨터로 읽을 수 있는 매체

있다. 예를 들면, "A 구조, B 구조, C 구조, …를 가진 데이터를 기록한 컴퓨터로 읽을 수 있는 매체"로 기재하면 특허를 받을 수 있다.

(iii) AI, 빅데이터, IoT, 블록체인 관련 프로그램이 하드웨어와 결합되어 특정과제를 해결하기 위한 수단으로 청구항을 기재한 프로그램발명은 특허를 받을 수 있다. 예를 들면, "컴퓨터에 단계 A, 단계 B, 단계 C, …(을)를 실행시키기 위하여 매체에 저장된 프로그램"으로 기재하는 경우 및 "컴퓨터에 단계 A, 단계 B, 단계 C, …(을)를 실행시키는 컴퓨터로 읽을 수 있는 저장매체에 저장된 애플리케이션"으로 기재하는 경우, "컴퓨터에 단계 A, 단계 B, 단계 C, …(을)를 실행시키는 프로그램"으로 기재하는 경우 등은 특허를 받을 수 있다.

[예 1] AI발명(물건발명)의 청구항 기재예
본 발명은 혈관 구간을 분류하는 솔루션에 관한 것으로, 보다 상세하게는, [0001] 자기공명영상 또는 컴퓨터단층촬영영상을 활용하여 동맥(Arterial phase), 모세혈관(Capillary phase) 및 정맥(Venous phase) 구간을 자동 분류하는 방법 및 시스템에 관한 것이다. 인공지능 기반 혈류구간 분류시스템은 뇌질환 환자의 의료 영상에서 혈류 구간을 분류하는 시스템으로서, 시간에 따라 획득한 각 복셀(voxel)의 의료 영상 신호의 특성에 따라 정상적인 신호 형태를 나타내는 제1 영역과 상기 제1 영역 이외의 제2영역을 추출하는 영역추출부; 및 상기 제1 영역의 전체적인 의료 영상 신호의 특징을 추출하고 상기 특징을 토대로 인공신경망이나 머신러닝 기법을 활용하여 동맥 관류의 시기, 모세혈관 관류의 시기 및 정맥 관류의 시기의 구간들을 분류하는 혈류 구간 분류부를 포함하고, 여기서 상기 혈류 구간 분류부에서 분류된 동맥 관류, 모세혈관 관류 및 정맥 관류 구간들에 대한 정보는 시각화를 위한 영상 데이터로 이용되는 것이 발명의 요지이다.

[AI 기반 혈류구간 분류 시스템]

뇌질환 환자의 의료 영상에서 <u>혈류구간을 분류하는 시스템</u>으로서, 시간에 따라 획득한 각 복셀(voxel)의 의료 영상 신호의 특성에 따라 정상적인 신호 형태를 나타내는 제1 영역과 상기 제1 영역 이외의 제2 영역을 추출하는 <u>영역 추출부</u>; 및 상기 제1 영역의 전체적인 의료 영상 신호의 특징을 추출하고 상기 특징을 토대로 인공신경망이나 머신러닝 기법을 활용하여 동맥 관류의 시기, 모세혈관 관류의 시기 및 정맥 관류의 시기의 구간들을 분류하는 <u>혈류구간 분류부</u>;를 포함하고, 상기 <u>혈류구간 분류부</u>는 상기 의료 영상 신호의 특징으로서 6개의 축 레벨들에서의 선형회귀의 결정계수(R2) 값의 총합의 최대값을 기준으로 상기 동맥 관류의 시기, 상기 모세혈관 관류의 시기 및 상기 정맥 관류의 시기의 구간들을 분류하며, 상기 <u>혈류구간 분류부</u>에서 분류된 동맥 관류, 모세혈관 관류 및 정맥 관류 구간들에 대한 정보는 <u>시각화를 위한 영상 데이터</u>로 이용되는 인공지능 기반 혈류구간 분류 시스템.

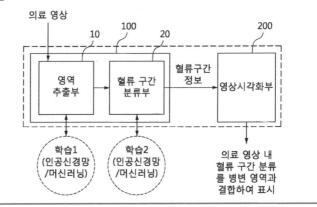

[예 2] 빅데이터(물건발명)의 청구항 기재예

　본 발명은 빅데이터로 양식장의 히트 펌프, 빌딩양식장, 열택배장치, 스마트 양식장 통합 자동화 관리 서버, 통합관제센터, 작업자 단말 및 모바일 디바이스로 수집하고, 또 양식장에 대한 각종 센서 데이터를 지속적으로 관리하기 위한 AI기술을 이용하는 빅데이터 및 AI 기계학습을 통한 인공지능 통합관리 시스템이다. 스마트 양식장 통합 자동화관리 서버는 온도, 유량, 압력 센서 데이터를 전송하는 히트 펌프, 스마트 양식장 통합 자동화관리 서버로는 온도, pH, 산소량, 유량센서 데이터를 수집하여 전송하는 빌딩양식장, 또 스마트 양식장 통합 자동화 관리 서버로 온도, 유량, 압력 센서 데이터를 전송하는 열택배장치 등의 데이터 수집 모듈은 AI 성장관리 SW를 구동하여 각 수집된 센서 데이터를 통합관제 모듈로 제공하여 히트 펌프, 빌딩양식장, 열택배장치에 대한 종합적인 관제를 원격의 통합관제센터, 작업자 단말, 모바일 디바이스로 제공하여, 센서 데이터 및 통합관제 내역, 성장관리 내역, 성장 표준정보, 성장통계를 데이터베이스로 실시간으로 저장하고 양식어의 생육상태 및 출하상태 등을 기계학습 프로그램함으로써 생육환경 및 양육환경시스템이 스스로 최적화 환경을 만드는 인공지능 통합 자동화 관리시스템에 관한 발명이다.

[빅데이터 및 인공지능 기계학습을 이용한 양식장 통합관리 시스템]

빌딩양식장에 대한 각종 센서 데이터를 통한 인공지능 통합관리 시스템에 있어서, 자동화관리서버로 온도, 유량, 압력 센서 데이터를 전송하는 히트 펌프; … 스마트 양식장 통합 자동화 관리 서버의 데이터 수집 모듈은 인공지능 소프트웨어인 성장관리 S/W를 구동하여 각 수집된 센서 데이터를 통합관제모듈로 제공하여, …인공지능 학습 알고리즘에 의하여 최종 최적값을 도출하는 형태로 스마트 양식장의 인공지능 알고리즘을 구현하는 통계분석 모듈은 센서 데이터, 통합관제 내역, 성장관리 내역, 성장 표준정보, 성장통계를 데이터베이스(41i)로 저장하고, 양식어의 생육상태 및 출하상태를 기계학습 프로그램함으로써 생육환경 및 양육환경시스템이 스스로 최적화 환경을 만들고, 수집데이터에 대한 중간 최적값, 최종 최적값을 도출하는 인공지능 S/W; 를 더 포함할 수 있으며, 상기 수집 데이터는 … 육질(식감), 질병, 수온도, 용존산소, pH, 암모니아 및 조도이고, 상기 데이터 수집 모듈은, 센서 컨트롤 파트 및 데이터 수집 엔진 & 모니터링 파트를 포함하고, …센서 데이터 수집 엔진은, 상기 아두이노를 통해 수집된 센서 데이터를 상기 데이터 수집 엔진 & 모니터링 파트로 전달하는 것을 특징으로 하는 빅데이터 및 인공지능 기계학습을 이용한 양식장 통합관리 시스템.

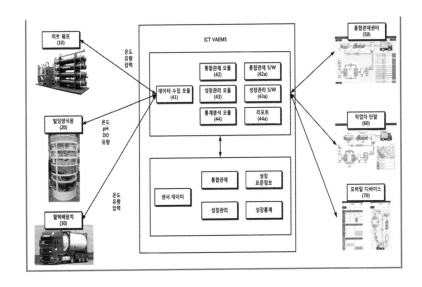

[예 3] IoT발명(물건발명)의 청구항 기재예

본 발명은 배전반의 전압정보와 온도정보를 토대로 고장과 함께 화재나 과열과 같은 사고를 판단함은 물론, 사고에 따라 자동으로 현장에서 신속하게 진압할 수 있도록 구현하여 대형 사고를 예방할 수 있고, 잠재사고를 예측해 줌으로써 배전반을 상시 최적의 상태로 유지할 수 있는 IoT 기반 배전반용 지능형 사고 예방시스템에 관한 발명이다.

[IoT 기반 지능형 사고 예방시스템]

배전반의 고장이나 화재를 예방하는 시스템에 있어서: 배전반과 대지 사이에 흐르는 전압정보를 측정하는 대지전압감지기와 배전반의 온도정보를 측정하는 온도감지기로 구성되는 검출모듈; 위 검출모듈에 의해 측정된 정보를 입력받아 기설정된 정보와 비교분석하여 사고유형을 판단하는 평가모듈; 위 평가모듈에 의해 판단된 사고유형에 따라 소화기와 냉각기를 선택적으로 작동시키는 관리모듈; 위 평가모듈의 정보를 인터넷망으로 실시간 전송하여 관리자의 단말기로 출력하는 감시모듈을 포함하여 이루어지고, 위 평가모듈은 측정된 전압정보를 토대로 기설정된 주파수 대역별 전계 강도를 산출하여 아크

방전 또는 코로나방전을 분석하여 화재유무를 판단하고, <u>측정된 배전반의 온</u>
<u>도를 토대로 기설정된 기준온도와 비교하여 화재 또는 과열유무를 판단하는</u>
<u>것</u>을 특징으로 하는 사물인터넷 기반 지능형 사고 예방시스템

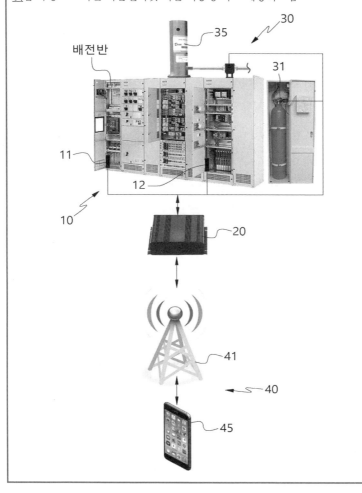

4. 도면의 기재

1) 【도면의 간단한 설명】의 기재

기재 방법	1) 도면의 하나 하나에 대하여 그것이 무슨 도면인가를 간단히 기재(블록도, 흐름도, 예시도)
	2) 독립항의 특징적인 부분(신규한 부분)에 기재된 주요 구성에 대한 도면의 부호 및 그 명칭을 기재
	5) 도면이 종래 것인지, 본 발명의 실시예에 관한 것인지를 간명히 기재

(i) AI 기술이 적용된 AI발명의 특허출원에서 【도면의 간단한 설명】의 기재예는 다음과 같다.

도 1은 … 시스템을 도시한 블록도

도 2는 … 인공지능 수행방법을 도시한 흐름도

도 3은 … 학습방법 데이터 생성방법을 도시한 흐름도

도 4는 … 반복학습에 의한 최적의 … 방법을 도시한 흐름도

도 5는 … 인공지능 기반에 의한 적합도 판단방법을 도시한 흐름도

도 6은 종래의 … 시스템을 도시한 블록도

도 7은 종래의 … 인공지능 수행방법을 도시한 흐름도

(ii) 빅데이터 기술이 적용된 AI발명의 특허출원에서 【도면의 간단한 설명】의 기재예는 다음과 같다.

도 1은 … 빅데이터 기반 AI 기술을 이용한 … 블록도

도 2는 본 발명의 일 실시예에 따른 … 흐름도

도 3은 … 빅데이터 기반 AI 기술을 이용한 … 흐름도

도 4는 … 빅데이터 기반 AI 기술을 이용한 … 예시도

(iii) IoT 기술이 적용된 AI발명의 특허출원에서 【도면의 간단한 설명】의 기재예는 다음과 같다.

도 1은 … 블록체인 시스템을 도시한 도면

도 2는 … 블록체인 시스템의 동작을 도시한 흐름도

도 3은 일 실시예에 따른 시스템을 도시한 도면

(ⅳ) 블록체인이 적용된 AI발명의 특허출원에서【도면의 간단한 설명】의 기재예는 다음과 같다.

도 1은 일 실시 예에 따른 블록체인 시스템을 도시한 도면

도 2는 일 실시 예에 따른 블록체인 시스템의 동작을 도시한 흐름도

도 3은 일 실시 예에 따른 시스템을 도시한 도면

2)【도면】의 기재

기재 방법	1) AI, 빅데이터, IoT, 블록체인 관련 특허출원의 물건(장치, 시스템)발명에는 반드시 도면이 첨부되어야 한다. 2) AI, 빅데이터+AI, IoT+AI, 블록체인+AI 관련 특허출원에는 시스템에 관한 개략도 또는 블록도, 각 블록에 따른 구체적인 흐름도를 첨부한다. 3) 복수의 실시예를 근거로「발명의 설명」을 기재하고자 하는 경우에는 각 실시예에 따른 예시도 및 개략도, 블록도, 흐름도를 추가하여 첨부한다. 5) 도면이 종래 것인지, 본 발명의 실시예에 관한 것인지를 구분한 도면을 첨부하여야 한다. 6) 도면의 수는 제한 없음

특허출원서에 첨부되는 도면은「발명의 설명」의 실시예와 밀접한 관계에 있다. 즉「발명의 설명」의 실시예는 도면을 근거로 AI 기술의 적용에 따른 각 단계별 프로세스를 통상의 기술자가 쉽게 알 수 있도록 기재하여야 한다. 그러므로 전체를 나타낼 수 있는 개략도가 필요하고, 그 개략도의 각 구성 단위를 특정할 수 있게 블록도를 도시하고, 그 블록에 따라서 구체적인 흐름도를 도시하여야 한다.

일반 물건(물질포함) 또는 방법발명의 특허출원에 있어서는 사시도, 투시도, 구성도, 정면도, 평면도, 단면도, 배치도, 확대도, 설명도, 공정도, 블록도, 흐름도 등을 필요에 따라 첨부하여야 한다. 이

러한 도면은 그 발명이 속하는 기술분야에서 통상의 기술자가 쉽게 실시할 수 있을 정도로 도시된 도면이면 충분하다. 다만, 도면은 통상의 기술자가 쉽게 이해할 수 있도록 정투상도법의 제3각법에 의해 그리는 도면보다 구체적이고 또한 직감적으로 도시하는 것이 좋다. 이러한 일반론적인 도면의 도시기법은 당연히 제4차 산업혁명 관련기술의 특허출원에도 적용되는 것이다.

따라서 AI, 빅데이터+AI, IoT+AI, 블록체인+AI 관련 특허출원이 방법발명이 아니라 장치 또는 시스템발명(예로서, 지능로봇, 자율주행차, 인공청소기, AI기반 강수량측정시스템, AI기반 고객관리시스템 등)인 경우에는 장치 또는 시스템의 개략도, 블록도, 흐름도, 작동상태도, 특정구성의 설명도 등에 대한 도면을 첨부하여야 한다. 다만, 이러한 도면 모두를 도시하는 것이 아니라, 「발명의 설명」의 실시예에서 통상의 기술자가 쉽게 실시할 수 있도록 기재하여야 한다는 명세서 기재요건(특허법 제42조 제3항)을 충족시킬 수 있도록 발명을 설명하는 데 필요한 도면을 취사 선택하여 첨부할 수 있다.

제 5 장

제4차 산업혁명
관련발명의
진보성 판단

제1절 진보성 판단의 일반

1. 신규성과 진보성의 관계

1) 신규성의 동일성 판단

AI, 빅데이터, IoT, 블록체인 등 제4차 산업혁명 관련기술의 특허출원의 신규성은 (i) 기본적으로 특허법 제29조 제1항 제1호 및 제2호의 규정을 근거로 판단하고, (ii) 위 법규를 근거로 특허청의 특허 · 실용신안심사기준 "제3부 제2장 신규성" 및 "제10장 컴퓨터 관련 발명 심사기준 2.2.1"에 의하여 판단하고 있다.

특히 "제10장 컴퓨터 관련 발명 심사기준 2.2.1"에 의하면, 신규성 판단의 대상이 되는 발명은 청구항에 기재된 발명이다. 이때, 발명을 파악함에 있어서, 인위적인 결정사항과 시스템화 방법을 분해할 것이 아니라 유기적으로 결합된 전체로서의 발명으로 파악하는 것이 중요하다. 즉 청구항에 기재된 발명이 인용발명(출원전의 공지기술, 공연실시, 반포된 간행물, 인터넷에 기재된 발명)과 동일한 경우에는 신규성이 없는 것으로 판단한다.

따라서 제4차 산업혁명 관련기술의 특허출원의 신규성은 당해 특허출원한 날 전에 청구항에 기재된 발명과 동일한 선행발명이 있으면 신규성이 없으므로 특허를 받을 수 없다. 예를 들면, AI발명의 특허출원에 있어서 발명의 동일성은 (i) 수집 또는 편집된 데이터, (ii) 학습데이터 구조, (iii) 인공신경망 구조(딥러닝, 머신러닝), (iv) 학습방법(학습프로그램), (v) 학습전 파라미터(알고리즘), (vi) 학습완료모델(학습후 파라미터 알고리즘, 추론프로그램), (vii) 입력데이터 등이 선행발명에 개시된 것과 동일한 것인지의 여부를 판단하는 것이다.

2) 양자의 차이점이 있는 경우

청구항에 기재된 발명이 인용발명(출원전의 공지기술, 공연실시, 반포된 간행물, 인터넷에 기재된 발명)과 동일하지 않고, 양자의 목적 및 구성, 효과의 차이가 있는 경우, 청구항에 기재된 발명은 신규성이 있는 것으로 간주하고 다음 단계인 진보성을 판단한다.

2. AI 등의 발명의 진보성 판단기준과 절차

진보성 판단은 다음과 같은 절차로 진행되고 있다.

(i) 청구항에 기재된 발명을 특정하고, (ii) 청구항에 기재된 발명과 공통되는 기술분야 및 기술적 과제를 전제로 통상의 기술자의 시각에서 인용발명을 특정하고, (iii) 청구항에 기재된 발명과 "가장 가까운 인용발명"을 선택하고 양자를 대비하여 일치점과 차이점을 명확히 한 다음, (iv) 이러한 차이점에도 불구하고 가장 가까운 인용발명으로부터 청구항에 기재된 발명에 이르는 것이 통상의 기술자가 쉽게 발명할 수 있는 것인지 여부를 다른 인용발명과 출원 시의 기술상식 및 경험칙에 비추어 판단한다.

여기서 진보성의 판단주체는 특허청 심사관 및 법원 판사의 전문지식이 아니라, 가상의 통상의 기술자의 평균적 기술수준에 의하여 판단한다는 의미이다. 즉 제4차 산업혁명 관련기술 분야에 관한 AI 및 빅데이터, IoT, 블록체인관련 발명에서 통상의 기술자는 그 특정 분야 및 컴퓨터·SW 기술 분야의 기술 상식(예를 들면 AI 기술, 데이터 수집 및 구축, 가공기술)을 보유하고 있고, 출원발명의 과제와 관련되는 출원전의 기술수준에 있는 모든 것을 입수하여 자신의 지식으로 할 수 있는 자로서, 실험, 분석, 제조 등을 포함하는 연구 또는 개발을 위하여 통상의 수단을 이용할 수 있으며, 설계변경을 포함한 통상의 창작능력을 발휘할 수 있는 특허법상 상상의 인물이다.

또 AI가 데이터를 학습하여 소정의 목적을 달성하기 위한 학습데이터, 학습방법(학습프로그램) 등을 조합하거나 특정 분야에 적용하는 것은 컴퓨터·SW 기술 분야에서 일반적으로 시도되고 있는 범용수준의 기술을 조합하거나 특정 분야에 적용하는 것은 통상의 기술자의 통상의 창작활동 범위 내의 것이므로, 조합과 적용에 기술적인 곤란성(기술적인 저해요인)이 없는 경우는 특단의 사정(현저한 기술적 효과)이 없는 한 진보성을 인정하고 있지 않다.

AI 및 빅데이터, IoT, 블록체인 관련발명의 과제는 컴퓨터·SW 기술에 공통으로 적용되는 일반적인 것이 많다. 예를 들면, AI 또는 퍼지 이론에 의해 판단을 고도화하는 것, GUI(Graphical User Interface)에 의해 입력을 용이하게 하는 것은 공통적으로 적용되는 범용기술이므로, 이러한 범용기술이 적용되는 것을 염두에 두고 진보성을 판단한다. 그리고 AI 및 빅데이터, IoT, 블록체인 관련발명에는 컴퓨터에 의해 시스템화함으로써 얻을 수 있는 "신속하게 처리할 수 있다" 또는 "대량의 데이터를 처리할 수 있다", "잘못을 줄일 수 있다", "균일한 결과를 얻을 수 있다" 등의 일반적인 작용 효과는 시스템에 구현함으로써 당연히 발생하는 효과에 불과한 것이라고 판단되는 경우에는 컴퓨터·SW 기술분야에서 이미 알려져 있는 일반적인 작용 효과라는 점을 염두에 두고, 청구항에 기재된 발명의 진보성을 판단한다.[1]

---

1) 특허청, 앞의 심사기준(2019. 3. 18. 특허청예규 제108호), 9A24-9A25면 참조.

제2절 청구항에 기재된 발명과 인용발명의 특정

1. 청구항에 기재된 발명의 특정

진보성 판단의 대상이 되는 발명은 청구항에 기재된 발명이다. 청구범위의 청구항이 두 개 이상인 경우에는 청구항마다 진보성 유무를 판단한다.[2] AI 및 빅데이터, IoT, 블록체인 관련발명은 일반적으로 블록도와 흐름도에 의하여 발명의 설명에 실시예가 기재되며, 이를 근거로 청구범위가 작성된다. 이와 같이 기재된 청구범위가 진보성의 판단대상이 되며, 선행하는 인용발명과 대비하여 진보성이 판단된다.

청구범위로부터 AI 및 빅데이터, IoT, 블록체인 관련발명을 특정하기 위해서는 발명의 설명의 실시예를 충분히 이해해야 하고, 이를 위해서는 도면의 블록도 및 흐름도를 바탕으로 발명이 해결하려는 과제가 무엇이고, 이러한 과제를 해결하기 위한 구체적인 수단 또는 기능, 방법 등에 대하여 정확히 파악하고 난 후에 청구범위를 근거로 심사대상의 발명을 특정해야 한다.

진보성의 판단 대상이 단순히 청구범위에 기재된 발명이라고 하지만, AI 및 빅데이터, IoT, 블록체인 관련발명은 실시예에 기재된 각 단계, 수단, 기능, 절차 등을 근거로 이해하고 청구항을 특정해서 진보성을 판단하여야 한다. 특허심사에서 진보성 판단을 위하여 청구항의 "발명의 요지" 또는 침해판단 또는 권리범위확인에 있어서의 청구범위에 기재된 "발명의 요지"를 파악하고,[3] 이를 근거

---

2) 특허청, 앞의 심사기준(2019. 3. 18. 특허청예규 제108호), 3303면.
3) 발명의 요지란 용어는 과거부터 대법원 판례에 의하여 사용되어 온 것으로, 강학상으로도 많이 사용하고 있는 용어이다. 다만, 대법원은 발명의 요지 이외에도 "발명의 기술내용", "발명의 기술구성"이란 표현을 사용하기도

로 청구범위에 기재된 발명과 선행 인용발명과를 비교하여 진보성
요건을 판단하여야 한다.

여기서 청구범위에 기재된 발명의 요지는 우선 블록도 및 흐름
도를 근거로 발명의 설명에 기재된 각 실시예에 따라 특정되어야
한다. 이러한 청구범위에 기재된 AI 및 빅데이터, IoT, 블록체인 관
련발명의 요지를 근거로 인용발명과 대비하여 진보성을 판단하기
때문에 청구범위에 기재된 발명의 요지를 특정하기 위한 명확한
기준이 정립되어야 한다.

특허심사 또는 침해판단 또는 권리범위확인에 있어서 무효주장
과 관련한 발명의 요지인정은 청구범위에 기재된 사항을 근거로
특정되는 것으로서 기본적으로 같은 것이다. 특허심사의 진보성
판단에서 특허로 보호를 받고자하는 발명의 요지인정은 출원인이
자신의 의사에 의하여 선택한 청구범위의 기재내용을 존중해서 각
청구항에 기재된 사항에 근거하여 이루어져야 한다. 청구항에 기
재된 용어는 용어의 의미가 발명의 설명에 명시적으로 정의되어
특정한 의미를 가지는 경우를 제외하고는 그 용어에 대해 당해 기
술분야에서 통상적으로 받아들여지는 의미 및 범위를 가지는 것으
로 해석한다. 문언의 일반적인 의미를 기초로 출원 시의 기술상식
을 고려하여 그 문언에 의해 표현하고자 하는 기술적 의의를 고찰
함으로써 객관적 · 합리적으로 해석하여야 한다.[4] 만약 청구항의
기재가 불명료하거나 기술용어의 의미내용이 불명확하여 발명의
요지를 명확히 특정할 수 없는 경우에는 발명의 설명에 기재된 각
실시예, 그리고 그 각 실시예에 나타나 있는 각 단계 또는 각 수단,
각 기능 등을 참작하고, 더불어 도면에 기재된 블록도 및 흐름도를

한다. 그리고 특허청의 심사기준에는 "발명의 인정"이란 용어를 사용하고
있다[특허청, 앞의 심사기준(2019. 3. 18. 특허청예규 제108호), 2402면].
[4] 특허청, 앞의 심사기준(2019. 3. 18. 특허청예규 제108호), 3214면.

참작하여 발명의 요지를 특정하여야 한다.[5]

이 경우에도 청구범위의 기재를 벗어나 발명의 설명에 개시된 발명의 내용으로부터 청구항에 기재된 발명을 인정해서는 안 된다. 여기서 청구범위에 기재된 사항은 특허법 제42조 제4항 및 제8항의 청구범위 기재방법에 따라 발명의 설명에 개시한 발명 중에서 출원인 본인의 판단으로 특허권으로 보호받고자 하는 사항을 특정하여 기재한 발명을 말하며, 그 발명이 특허요건의 심사대상이 되는 발명의 실체에 해당한다. 발명의 설명 또는 도면에 기재되어 있으나 청구항에 기재되어 있지 않은 사항은 청구항에 기재되지 않은 것으로 하여 발명을 특정하고, 반대로 청구항에 기재되어 있는 사항에 대해서는 반드시 고려하여 발명을 특정하여야 한다. 비록 발명의 설명 또는 도면에 의하여 청구항에 기재된 사항을 이해하는 데 참작은 하더라도 청구항의 일부가 아닌 한정 사항을 청구항으로 가져와 특정하지 않는 것이 중요하다. 예를 들어 청구항에 기재된 사항이 실시예보다 포괄적인 경우 발명의 설명에 기재된 특정 실시예로 제한 해석하여 진보성 등을 판단해서는 안 된다.[6]

그러나 청구범위 해석을 통하여 AI 및 빅데이터, IoT, 블록체인 관련발명의 요지인정을 하기 위해서는 청구범위의 기재사항만으로 정확하게 발명이 해결하려는 단계 및 수단, 기능을 특정할 수 있는 경우가 많지만, 기능적 청구범위 및 추상적이고 포괄적이고 또 압축 · 함축된 청구범위에 기재된 용어의 의미가 기술사상적으로

---

5) 청구항에 기재된 프로그램의 각 단계 또는 수단, 기능에 대한 용어의 의미가 불명확한 경우에는 발명의 설명 또는 도면 및 출원 시의 기술상식을 참작하여 발명이 파악 가능한지 살펴보고, 발명의 설명 또는 도면 및 출원 시의 기술상식을 참작하여 발명의 파악이 가능한 경우에는 명세서 등 기재불비와 신규성에 대한 거절이유를 일괄하여 통지할 수 있다[특허청, 앞의 심사기준(2019. 3. 18. 특허청예규 제108호), 9A4면].
6) 특허청, 앞의 심사기준(2019. 3. 18. 특허청예규 제108호), 3215면.

정확히 특정할 수 없는 경우에는 발명의 요지인정을 정확히 할 수 없기 때문에 진보성의 판단이 정확하지 않을 수 있는 문제점이 있다. 최근 기술의 다양화·복잡화에 의하여 기술구성 그 자체만을 청구범위에 기재하는 것이 아니라 프로그램의 각 단계 또는 각 수단, 각 기능을 추상적 표현의 용어를 사용하여 기재하다 보니, 발명의 요지인정을 정확히 특정하기가 어렵다는 문제점이 있다. 이러한 문제점은 결국 청구항에 기재된 발명과 선행 인용발명 간의 진보성 판단에 영향을 미치게 되고 이는 부실특허의 양산에 의한 특허분쟁이 발생하게 된다. 따라서 발명의 진보성의 판단에 있어서 전제조건이 되는 AI 및 빅데이터, IoT, 블록체인의 구현을 위한 프로그램을 특정함에 있어서는 청구범위에 기재된 사항을 원칙으로 하지만, 프로그램 특성상 발명의 설명에 기재된 실시예의 각 단계 또는 각 수단, 각 기능을 근거로 참작해야 하며, 또한 발명의 설명의 실시예를 명확히 이해하기 위해서는 AI 및 빅데이터, IoT, 블록체인이 구현하려는 아이디어를 명확히 표현하고 있는 도면의 블록도 및 흐름도(플로차트)를 참작하여 종합적으로 청구항에 기재된 발명의 요지를 특정하여야 한다.

2. 인용발명의 특정

청구항에 기재된 프로그램발명이 진보성이 있는 것인가를 판단하기 위해서는 특허출원 전의 인용발명이 특정되어야 한다. 우선 인용발명은 특허법 제29조 제1항 및 제2항에서 규정한 (i) 공지기술, (ii) 공연실시, (iii) 반포된 간행물, (iv) 전기통신회선 게재발명을 말한다.

1) 선행 SW(프로그램)의 공지기술 특정

청구항에 기재된 AI, 빅데이터, IoT, 블록체인 관련발명 등의 진보성 판단을 위해서는 우선 선행 실시되고 있는 AI 기술 등의 관련 문헌 또는 실시기술이 특허법상 공지기술로서 특정될 수 있어야 한다. 여기서 공지기술이란 특허출원 전에 국내 또는 국외에서 그 내용이 비밀상태로 유지되어 있지 않고 불특정인에게 알려지거나 알려질 수 있는 상태에 있는 발명을 의미한다. 여기에서 '공지되었다'고 함은 반드시 불특정다수인에게 인식되었을 필요는 없다 하더라도 적어도 불특정다수인이 인식할 수 있는 상태에 놓여 있음을 의미하며, '공연히 실시된 발명'이라 함은 발명의 내용이 공연히 알려진 또는 불특정 다수인이 알 수 있는 상태에서 실시된 발명을 말한다.[7]

선행 AI 기술 등의 관련 문헌은 국내 또는 국외에서 누구나 인지했거나 인지할 수 있는 상태에 놓여 있어야 한다. 실무적으로는 누구나 알 수 있고 자유롭게 사용할 수 있는 넓은 의미의 범용 AI 프로그램을 지칭하는 것으로 볼 수 있다. 다만 진보성을 판단함에 있어서 누구나 알 수 있는 범용 AI 프로그램 또는 AI 기술 등의 관련 문헌 등으로 인한 공지기술인가의 판단은 당해 AI 등이 속하는 기술분야에 종사하는 자가 자유롭게 사용 또는 이용할 수 있는 상태에 있는 것으로 한정하여 해석하여야 할 것이다. 그렇지 않고 지나치게 넓은 의미의 범용 프로그램을 공지기술로 간주하는 경우에는 AI 기술 등 관련발명의 진보성이 부정될 확률이 높아지는 문제점이 있으므로 범용의 범위를 보다 높게 해석할 필요성이 있다.

2) 선행 프로그램의 공연실시 특정

청구항에 기재된 AI, 빅데이터, IoT, 블록체인 관련발명의 진보

---

7) 대법원 2000. 12. 22. 선고 2000후3012 판결,

성을 판단하기 위해서는 공연히 실시되고 있는 AI 기술 등의 SW가
특허법상 공연실시발명으로서 특정될 수 있어야 한다. 여기서 공
연실시란 국내나 국외에서 그 발명이 공연히 알려진 상태 또는 공
연히 알려질 수 있는 상태에서 실시되고 있는 것을 의미한다.[8] 여
기서 공연은 바꾸어 말하면 「전면적으로 비밀상태가 아닌 것」을
의미하므로 그 발명의 실시에 있어서 발명의 주요부에 대하여 일
부라도 비밀부분이 있을 때에는 그 실시는 공연한 것이라고 할 수
없다.[9]

3) 선행 프로그램의 반포된 간행물 특정

청구항에 기재된 AI, 빅데이터, IoT, 블록체인 관련발명이 진보
성이 있는 것인가를 판단하기 위해서는 선행 실시되고 있는 AI 기
술 등이 특허법상 반포된 간행물로서 특정될 수 있어야 한다. 여기
서 간행물이란 일반 공중에게 공개할 목적으로 인쇄, 기타의 기계
적, 화학적 방법에 의하여 복제된 문서, 도면, 기타 이와 유사한 정
보전달 매체를 말한다. 또한 일반 공중에게 반포에 의하여 공개할
목적으로 복제된 것이란 반드시 공중의 열람을 위하여 미리 공중
의 요구를 만족할 수 있을 정도의 부수가 원본에서 복제되어 일반
공중에게 제공되어야 하는 것은 아니며, 원본이 공개되어 그 복사
물이 공중의 요구에 의하여 즉시 교부될 수 있으면 간행물로 인정
될 수 있다.[10]

---

8) 불특정 다수인이 인식할 수 있는 상태에서 실시되었다고 하여 반드시 그
   기술의 내용까지 정확히 인식할 수 있는 것은 아니므로, 공용에 의하여 신
   규성이 부인되기 위해서는 다시 "당해 기술분야에서 통상의 지식을 가진 자
   가 그 기술사상을 보충, 또는 부가하여 발전시킴 없이 그 실시된 바에 의하
   여 직접 쉽게 반복하여 실시할 수 있을 정도로 공개될 것"이 요구된다(대법
   원 1996. 1. 23. 선고 94후1688 판결 참고).
9) 특허청, 앞의 심사기준(2019. 3. 18. 특허청예규 제108호), 3203면.
10) 일반적으로 '반포된 간행물'이라 함은 불특정 다수의 일반 공중이 그 기재

SW(프로그램)발명과 관련한 간행물에서는 특허문헌과 비특허문헌이 있으며, 특허문헌은 등록특허공보 및 공개특허공보를 말하고 비특허문헌은 특허문헌 이외의 모든 간행물을 말한다. 일반적으로 AI 기술 등과 관련된 문헌을 SW문헌정보라고 정의하고 있고, 이러한 SW문헌정보는 특허법상 반포된 간행물의 법적 지위를 가지고 진보성의 판단에 적용되고 있다.[11] AI, 빅데이터, IoT, 블록체인 관련발명의 진보성을 판단하기 위한 선행기술로서는 선행 AI 기술 또는 학습프로그램뿐만 아니라 시스템 설계도, 블록도, 흐름도(flowchart), 매뉴얼(manual) 등도 포함된다.[12]

SW(문헌정보)란 프로그램과 이를 작성하기 위하여 사용된 설계서·기술서, 기타 관련 자료 등을 말하고 있고, 특히 소프트웨어산업진흥법 제2조 제1호에 의하면 "SW라 함은 컴퓨터, 통신, 자동화 등의 장비와 그 주변장치에 대하여 명령, 제어, 입력, 처리, 저장, 출력, 상호작용이 가능하게 하는 지시·명령(음성이나 영상정보 등을 포함한다)의 집합과 이를 작성하기 위하여 사용된 기술서 기타 관련 자료 등"을 총칭하는 것으로 정의를 내릴 수 있다.

AI, 빅데이터, IoT, 블록체인 관련발명과 관련한 SW의 특허문헌이란 특허공개공보 또는 특허공보를 말한다. 특허공개공보는 SW 관련발명을 특허출원하게 되면 우선 비밀상태로 유지되지만 출원일로부터 1년 6개월이 경과하면 그 특허명세서를 일반 공중에게

내용을 인식할 수 있는 상태에 있는 간행물을 말하고(대법원 1996. 6. 14. 선고 95후19 판결), 또한 발명의 내용이 계약상 또는 상관습상 비밀유지의 무를 부담하는 특정인에게 배포된 자료(예, 기술이전 교육용 자료)에 게재된 사실만으로는 공지된 것이라 할 수 없다(대법원 2005. 2. 18. 선고 2003후2218 판결).

11) 권태복, "소프트웨어 문헌정보의 DB구축과 활용방안", 산업재산권 제29호, 2009, 224면.

12) 박준석, "영업방법 발명 등 컴퓨터프로그램 관련 발명의 특허법적 보호에 관한 비교법적 고찰", 비교사법 1(3)호, 2009, 454면.

공개하는 것을 말하며, 특허공보는 특허청 심사관의 심사에 의하여 특허등록이 결정된 후에 그 사실을 공포하는 것을 말하다.

SW의 비특허문헌은 SW관련발명의 특허출원에 관한 특허공개공보 및 특허공보를 제외한 모든 SW문헌정보를 말한다. 일반적으로 SW는 프로그램을 포함하는 넓은 의미13)로 하드웨어와 대비되는 개념이다.14) 컴퓨터 시스템에서 작업을 수행하기 위하여 인간의 지적 활동을 통하여 생산된 것들을 통칭하는 용어로서 AI, 빅데이터, IoT, 블록체인 관련발명에 모두 적용되는 것이다. 따라서 AI 기술을 적용한 SW와 관련한 학습프로그램,15) 학습프로그램 설계서 및 기술서,16) AI 및 학습완료모델(SW)의 이용자 매뉴얼·시스템설명서·사양서 등의 보조자료17)를 비특허문헌 및 정보라고 정

---

13) 컴퓨터 프로그램과 SW를 동의어로 사용하고 있지만, 엄밀히 말하면 SW는 컴퓨터 프로그램을 포함하는 상위개념이라고 할 수 있다(권태복, 소프트웨어의 특허보호방안, 한국소프트웨어저작권협회 연구보고서, 2005, 6면).

14) 컴퓨터프로그램이란 컴퓨터 등이 읽을 수 있는 매체에 고정되어 정보처리능력이 있는 컴퓨터 등으로 하여금 특정한 기능, 작업 또는 결과를 지시, 이행 또는 달성하게 하는 일련의 지시명령을 말한다.

15) WIPO의 「컴퓨터소프트웨어의 보호에 관한 모델규정(Model Provision On The Protection of Computer Software)」의 제1조에는 컴퓨터프로그램이란 "기계가 읽을 수 있는 매체에 고정되어 정보처리능력을 가진 기계로 하여금 특정한 기능, 임무 또는 결과를 지시, 이행 또는 달성하게 하는 일련의 명령을 말한다"라고 정의하고 있다.

16) WIPO의 모델규정 제1조 (ⅱ)에서는 프로그램 기술서(Program Description)란 "언어, 도표 그 밖의 형식에 의한 전체 절차의 표시로 대응하는 컴퓨터프로그램을 구성하는 일련의 명령을 결정하는 데 충분한 만큼 상세한 것을 말한다"라고 정의하고 있고, SW 시스템설계서 및 흐름도(Flow Chart)를 말한다.

17) WIPO의 모델규정 제1조 (ⅲ)에서는 보조자료(Supporting materials)란 "컴퓨터프로그램의 이해 또는 적용을 돕기 위해 창작된 문제 기술(problem description), 사용자용설명서(user's instructions) 등의 자료(컴퓨터프로그램 또는 프로그램 기술 이외의 것)를 말한다"라고 정의하고 있고, 일반적으로 이용자 매뉴얼, 온라인 매뉴얼, 시스템설명서, 사양서 등을 들 수 있다.

의할 수 있다.[18] 즉 AI, 빅데이터, IoT, 블록체인의 관련기술이 기재된 단행본, 학회 논문지 등에 게재된 문헌과 정보, 과학잡지 등의 일반 잡지에 게재된 문헌과 정보, 기업기술정보지 등에 게재된 문헌과 정보, 신문, 저널 등에 게재된 기사 내용, 매뉴얼, 사용설명서 등에 게재된 문헌과 정보, 학회, 세미나 등에서 발표된 문헌과 정보 등이 있다.[19]

이와 같이 AI, 빅데이터, IoT, 블록체인의 관련발명의 진보성 판단에 있어서 가장 중요한 것 중 하나가 반포된 간행물에 해당하는 선행 SW비특허문헌의 확보문제이다.[20] SW비특허문헌의 확보가 진보성의 판단 증거자료로서 중요한 역할을 하고 있으므로 시중에 나와 있는 다양한 AI, 빅데이터, IoT, 블록체인 관련 문헌과 인터넷을 통하여 자료를 수집하여 DB구축하고, 이것을 진보성 판단에 적용하여야 AI 등의 부실특허가 양산되지 않기 때문이다.

---

18) 박준석, 앞의 논문, 454면.
19) 예를 들면, 다음과 같은 문헌을 비특허문헌이라고 할 수 있다.
　① 단행본에 게재된 SW문헌과 정보
　② 학회 논문지 등에 게재된 SW문헌과 정보
　③ 과학잡지 등의 일반 잡지에 게재된 SW문헌과 정보
　④ 기업기술정보지 등에 게재된 SW문헌과 정보
　⑤ 신문, 저널 등에 게재된 기사 내용
　⑥ 매뉴얼, 사용설명서 등에 게재된 SW문헌과 정보
　⑦ 실제 제품에 사용되고 있는 SW
　⑧ 학회, 세미나 등에서 발표한 SW문헌과 정보
　⑨ CD 등의 매체에 기재된 SW문헌과 정보
　⑩ 인터넷상의 SW문헌과 정보
　⑪ 그 외 SW 관련 자료
20) 일본은 프로그램발령의 진보성을 심사하기 위하여 비특허문헌을 DB구축하여 심사에 활용하고 있다(財團法人 SW情報センター(SOFTIC), "ソフトウェア特許情報センターの業務概要", 2016, 4頁).

4) 전기통신회선 게재발명의 특정

청구항에 기재된 AI, 빅데이터, IoT, 블록체인 관련발명의 진보성 판단에서는 인터넷에 게재되어 있는 AI 기술 등의 문헌정보(소스코드에 관련한 기술사상, 알고리즘)를 인용발명으로 특정할 수 있다. 여기서 전기통신회선[21]이라고 하여 반드시 물리적인 회선(line)을 필요로 하는 것은 아니고, 무선, 광선 및 기타의 전기 · 자기적 방식에 의하여 부호 · 문언 · 음향 또는 영상을 송신하거나 수신할 수 있는 것이면 여기에서의 전기통신회선에 포함된다.[22]

다만 진보성 판단에는 특허출원 전에 인터넷에서 게재된 AI 기술 또는 그 학습프로그램관련 문헌정보(소스코드에 관련한 기술사상)만이 인용발명으로서의 법적 지위를 가진다. 인터넷상에 게재되어 있다는 것만으로는 불충분하고 인터넷 웹사이트 등에 게재된 정보가 일반적으로 업데이트가 용이하고 내용 · 일자의 추후 변경이 이론상 가능하다는 점에서, 웹사이트 등을 검색하였을 때의 게재 내용으로 그 표시된 게재 일자에 공개되었음을 특정하여야 한다.

---

21) 전기통신기본법 제2조 제1호에서는 "유선 · 무선 · 광선 및 기타의 전자적 방식에 의하여 부호 · 문언 · 음향 또는 영상을 송신하거나 수신하는 것"을 전기통신회선이라고 정의하고 있다.

22) 전기통신회선에는 인터넷은 물론 전기통신회선을 통한 공중게시판(public bulletin board), 이메일 그룹 등이 포함되며, 앞으로 기술의 발달에 따라 새로이 나타날 수 있는 전기 · 자기적인 통신방법도 포함될 수 있을 것이다[특허청, 앞의 심사기준(2019. 3. 18. 특허청예규 제108호), 3207-3208면].

제3절 AI발명 등의 진보성 판단

1. 진보성의 용이성 판단기준

진보성의 용이성 판단은 청구항에 기재된 발명과 인용발명과의 목적, 구성, 효과를 대비하여 판단한다.

첫째, 발명의 목적에 대한 용이성의 유무는 「발명에 이를 수 있는 동기가 있는 것」의 여부에 의하여 판단된다. 즉 (ⅰ) 인용발명의 내용 중에 청구항에 기재된 발명에 대한 시사(示唆)가 있는 경우, (ⅱ) 인용발명과 청구항에 기재된 발명의 과제가 공통되는 경우, (ⅲ) 기능·작용이 공통되는 경우, (ⅳ) 기술분야의 관련성이 있는 경우 등 4가지 요건의 통상의 기술자가 인용발명에 의하여 청구항에 기재된 발명을 쉽게 발명할 수 있다는 유력한 근거가 된다.

둘째, 발명의 구성에 대한 용이성의 유무는 「통상의 기술자의 통상의 창작능력의 발휘에 해당하는 것」의 여부에 의하여 판단된다. 즉 공지기술의 일반적인 응용, 알려진 물리적 성질로부터의 추론, 알려진 과제의 해결을 위한 다른 기술분야 참조 등으로 일상적인 개선을 이루는 것은 통상의 기술자가 가지는 통상의 창작능력의 발휘에 해당한다. 「통상의 창작능력의 발휘」에 해당하는 구체적인 유형으로, (ⅰ) 일정한 목적 달성을 위한 공지 의 재료 중에서 가장 적합한 재료의 선택, 수치범위의 최적화 또는 호적화(好適化), 균등물에 의한 치환, (ⅱ) 기술의 구체적 적용에 따른 단순한 설계변경, (ⅲ) 일부 구성요소의 생략, (ⅳ) 단순한 용도의 변경, (ⅴ) 공지 기술의 일반적인 적용 등이 있다.

셋째, 발명의 효과에 대한 용이성의 유무는 「더 나은 효과의 고려」의 여부에 의하여 판단된다. 즉 청구항에 기재된 발명의 기술적 구성에 의하여 발생되는 효과가 인용발명의 효과에 비하여 더 나

은 효과를 갖는 경우에 그 효과는 진보성 인정에 긍정적으로 참작
할 수 있다.[23]

2. 「발명에 이를 수 있는 동기」의 판단

인용발명의 내용 중에 청구항에 기재된 발명에 대한 시사가 있
으면 통상의 기술자가 인용발명에 의하여 청구항에 기재된 발명을
쉽게 발명할 수 있다는 유력한 근거가 된다.

인용발명과 청구항에 기재된 발명의 과제가 공통된 경우에 그것
은 통상의 기술자가 인용발명에 의하여 청구항에 기재된 발명을
쉽게 발명할 수 있다는 유력한 근거가 된다. 만약 인용발명이 청구
항에 기재된 발명과 기술적 과제가 공통되지 않는 경우에는 출원
발명의 과제가 해당 기술분야에서 자명한 과제인지, 기술상식에 비
추어 쉽게 생각할 수 있는 과제인지에 대해서 좀 더 면밀하게 검토
하여 진보성을 부정할 수 있는 근거로 할 수는 없는지 판단한다. 인
용발명이 청구항에 기재된 발명과 그 과제가 서로 상이한 경우에
도 통상의 기술자가 인용발명으로부터 통상의 창작능력을 발휘하
여 청구항에 기재된 발명과 동일한 구성을 도출할 수 있었다는 사
실이 자명한 경우에는 진보성을 부정할 수 있다.

인용발명과 청구항에 기재된 발명의 기능 또는 작용이 공통되는
경우에 그것은 통상의 기술자가 인용발명에 의하여 청구항에 기재
된 발명을 쉽게 발명할 수 있다는 유력한 근거가 된다.

출원발명과 관련되는 기술분야의 공지기술 중에 기술적 과제 해
결과 관계되는 기술수단이 존재한다는 사실은 통상의 기술자가 인
용발명에 의하여 청구항에 기재된 발명을 쉽게 발명할 수 있다는
유력한 근거가 된다.[24]

---

23) 특허청, 앞의 심사기준(2019. 3. 18. 특허청예규 제108호), 3307-3316면 참조.

3. 「통상의 기술자의 통상의 창작능력의 발휘」의 판단

1) 통상 또는 범용의 SW기술이 결합된 경우

AI, 빅데이터, IoT, 블록체인 관련발명에 있어서 컴퓨터 및 SW, AI 기반에 사용되고 있는 단계 또는 수단은 적용 분야에 관계없이 기능 또는 작용이 공통인 것이 많다. 이러한 기능 또는 작용이 공통이나 범용의 SW기술을 만약 AI, 빅데이터, IoT, 블록체인 관련발명에 적용하고, 이러한 기능 또는 작용이 출원발명의 요지가 되는 경우에는 통상의 기술자의 통상의 창작 능력 발휘에 해당하여 진보성이 없는 것으로 판단한다.[25] 즉 의료정보 검색 시스템의 인용발명이 존재하는 경우, 그것과 기능 또는 작용이 공통인 수단을 상품정보 검색시스템에 적용하는 것은 통상의 기술자의 통상의 창작 능력 발휘에 해당하는 것으로 본다.

다만, 여기서 주의할 점은 청구항에 기재된 출원발명에 적용된 기능 또는 작용이 선행기술과 공통이거나 범용인 SW기술(예로 범용 AI 기술)이라고 하여 모두 통상의 창작 능력 발휘에 해당하는 것으로 간주하지는 않는다. 왜냐하면, 선행기술과 공통이거나 범용인 SW기술이 특정 과제를 해결하기 위하여 신규한 파라미터 알고리즘에 의하여 수행 또는 작동하는 다른 구성요소와 결합되어 있는 경우에는 발명 전체로서 통상의 창작능력 발휘에 해당하는 것인지의 여부를 판단해야 하기 때문이다.

---

24) 특허청, 앞의 심사기준(2019. 3. 18. 특허청예규 제108호), 3307-3316면 참조.
25) 예를 들면, 인력정보 데이터파일의 검색시스템의 인용발명이 존재하는 경우, 그 데이터검색을 위한 구체적인 기능 또는 작용이 공통인 수단을 환자정보 시스템에 적용해 "AI 기반 환자정보 검색시스템"을 특허출원하였다면, 그 출원발명은 통상의 기술자의 통상의 창작능력 발휘에 해당하여 진보성이 없다.

2) 주지 또는 관용수단(범용 AI)을 부가 또는 치환한 경우

AI, 빅데이터, IoT, 블록체인 관련발명의 시스템의 구성요소로서 통상 사용되는 주지 또는 관용 수단(예로서 범용 AI)을 부가하거나 시스템의 구성 요소의 일부를 균등 수단으로 치환한 경우, 이러한 기술만으로는 통상의 기술자의 통상의 창작능력 발휘에 해당하여 진보성이 없다.[26]

다만, 주지 또는 관용 수단을 이용하여 데이터로부터 학습데이터 구조의 가공방법 및 그 파라미터 알고리즘, 이를 이용하여 반복학습을 통하여 최적의 목푯값을 도출하여 특정 문제를 가장 효율적으로 해결하기 위한 단계 및 그 단계별 수단으로 하드웨어에서 이루어지는 학습모델은 통상의 기술자의 통상의 창작능력 발휘에 해당하지 않아서 진보성이 있는 것으로 본다.

3) 인간의 인위적인 행위가 포함된 경우

청구범위에는 인간의 인위적인 행위를 기재하는 경우에는 발명의 성립성이 없어서 특허를 받을 수 없다. 여기서 인용문헌에 인간의 인위적인 행위가 기재되어 있는 경우, 이를 인용발명으로 하여 통상의 기술자의 통상의 창작능력 발휘에 해당하는 것인지의 여부를 판단할 수 있는지가 쟁점이 될 수 있지만, 발명자가 그러한 인간

---

26) 다음과 같은 경우를 말한다[특허청, 앞의 심사기준(2019. 3. 18. 특허청예 규 제108호), 9A26면].

(ⅰ) 시스템의 입력 수단으로서 키보드 외에 숫자 코드의 입력을 위해 화면 상의 항목 표시를 마우스로 선택해 입력하는 수단과 바코드로 입력하는 수단을 부가하는 것은 통상의 기술자의 통상의 창작능력 발휘에 해당한다.

(ⅱ) 하드웨어로 실행하고 있는 기능을 소프트웨어로 구현하는 것으로, 하드웨어인 회로로 실행하고 있는 기능을 소프트웨어로 구현하는 것은 통상의 기술자의 통상의 창작능력 발휘에 해당한다.

(ⅲ) 하드웨어인 코드 비교 회로로 실행하고 있는 코드 비교를 소프트웨어로 실행하는 것은 통상의 기술자의 통상의 창작능력 발휘에 해당한다.

의 인위적인 행위를 이용하여 SW발명으로 구현할 수 있기 때문에 진보성 판단의 유력한 증거가 된다.[27]

즉 인용발명에는 특정 분야에서 사람이 수행하고 있는 업무 또는 비즈니스 방법을 개시하고 있지만, 그 업무 또는 비즈니스 방법을 어떻게 시스템화할 것인지에 대해 개시하지 않은 경우가 있다. 이와 같은 경우라도 특정 분야에서 사람이 수행하고 있는 업무 또는 비즈니스 방법을 시스템화하여 컴퓨터에 의해 실현하는 것은 통상의 시스템 분석방법 및 시스템 설계방법을 이용한 일상적 작업으로 가능한 정도의 것이면 통상의 기술자의 통상의 창작능력 발휘에 해당하여 진보성이 없는 것으로 판단한다.[28]

4) 공지의 호환성 기술을 적용한 경우

발명의 구성 일부를 동일 기능을 수행하고 호환성이 있는 공지의 구성, 예를 들면 범용 학습프로그램, 딥러닝 등으로 치환하는 것은 더 나은 효과를 갖는 등의 특별한 사정이 없는 한 통상의 기술자의 통상의 창작능력의 발휘에 해당하여 진보성이 인정되지 않는다. 다만, 범용 학습프로그램, 딥러닝이 치환이 가능하다는 균등물이라는 사실만으로는 충분하지 않으며 그 치환이 출원 시에 통상의 기술자에게 자명한 경우에 통상의 기술자의 통상의 창작능력의 발휘에 해당한다. 이때 치환된 범용 학습프로그램, 딥러닝이 균등물로서 기능한다는 사실이 출원전에 알려져 있는 등 그 균등성이 해당 기술분야에서 이미 알려져 있는 경우는 그 치환이 통상의 기술자에게 자명한 것이므로 통상의 기술자의 통상의 창작능력의 발휘에 해당한다.[29]

---

27) 예를 들면, 전화나 FAX로 주문받던 것에 대한 고객 데이터의 수집방법을 단순히 인터넷 홈페이지 또는 SNS로 주문받도록 시스템화하여 고객데이터의 수집방법은 통상의 기술자의 통상의 창작능력 발휘에 해당하는 것이다.

28) 특허청, 앞의 심사기준(2019. 3. 18. 특허청예규 제108호), 9A27면.

5) 데이터의 내용(콘텐츠)에만 특징이 있는 경우

청구항에 기재된 발명과 인용발명이 다른 구성요소는 동일하고 데이터의 내용(콘텐츠)에만 차이점이 있는 경우, 이 차이점으로 말미암아 청구항에 기재된 발명의 진보성이 모두 인정되는 것은 아니다.[30] 원시데이터를 가공한 학습데이터 구조 A가 있고, 그 학습데이터 구조 A에 의하여 학습하여 처리하는 성적관리시스템이라는 특허출원이 있는 경우, 그 학습데이터 구조 A에 의하여 학습하여 처리하는 방법(파라미터 알고리즘)을 변경하는 것 없이 학습데이터 구조 A에 의하여 학습하여 처리하는 성적관리 데이터를 저장하는 것으로 하여 "학습데이터 구조 A를 갖는 성적관리시스템"은 같은 방법으로 경주마의 성적관리 데이터를 저장하는 것으로 하여 "학습데이터 구조 A를 갖는 경주마 성적관리시스템"과 전혀 다르지 않기 때문에 통상의 기술자의 통상의 창작능력의 발휘에 해당하여 진보성이 인정되지 않는다.

다만, 원시데이터의 가공방법의 차이에서 오는 학습데이터 구조가 다르다거나 학습전 파마미터(하이퍼 파라미터) 알고리즘이 다른 경우에는 학습방법도 달라질 수 있고 그로 인한 최적의 목푯값이 달라질 수 있으므로, 이러한 경우에는 통상의 기술자의 통상의 창작능력의 발휘에 해당하지 않아서 진보성이 인정된다.

---

29) 특허청, 앞의 심사기준(2019. 3. 18. 특허청예규 제108호), 3307-3316면 참조.

30) 데이터 구조 B를 가진 음악 C를 기록한 컴퓨터로 읽을 수 있는 매체가 저장된 정보처리 장치가 존재하는 경우, 동일한 데이터 구조B를 갖는 음악 D를 기록한 컴퓨터 판독 가능한 매체가 저장된 정보처리 장치로 하여도, 데이터 구조 B를 갖는 음악을 기록한 컴퓨터판독 가능한 매체가 저장된 정보처리 장치라는 점에서 전혀 다르지 않기 때문에 통상의 기술자의 통상의 창작능력의 발휘에 해당하여 진보성이 인정되지 않는다.

4. 「더 나은 효과」의 판단

청구항에 기재된 발명의 기술적 구성에 의하여 발생되는 효과가 인용발명의 효과에 비하여 더 나은 효과를 갖는 경우에 그 효과는 진보성 인정에 긍정적으로 참작할 수 있다. 특허법 제29조 제2항의 규정은 특허출원된 발명이 선행의 공지기술로부터 용이하게 도출될 수 있는 창작일 때에는 진보성을 결여한 것으로 보고 특허를 받을 수 없도록 하려는 취지인바, 출원된 기술에 공지된 선행기술로부터 예측되는 효과 이상의 더욱 나은 새로운 작용효과가 있는 것으로 인정되어 출원된 기술이 선행기술보다 현저하게 향상·진보된 것으로 판단되는 때에는 기술의 진보발전을 도모하는 특허제도의 목적에 비추어 통상의 기술자가 용이하게 발명할 수 없는 것으로서 진보성이 있는 것으로 보아야 할 것이다.31)

또 특허발명이 공지공용의 기존 기술을 수집, 종합하고 이를 개량하여 이루어진 경우에 있어서, 이를 종합하는 데 각별한 곤란성이 있다거나 이로 인한 작용효과가 공지된 선행기술로부터 예측되는 효과 이상의 새로운 상승효과가 있다고 인정되고, 통상의 기술자가 선행기술에 의하여 용이하게 발명할 수 없다고 보여지는 경우 또는 새로운 기술적 방법을 추가하는 경우가 아니면 그 발명의 진보성은 인정될 수 없다.

인용발명의 특정 사항과 청구항에 기재된 발명의 특정 사항이 유사하거나, 복수의 인용발명의 결합에 의하여 일견(一見), 통상의 기술자가 용이하게 생각해 낼 수 있는 경우에도 청구항에 기재된 발명이 인용발명이 가진 것과는 다른 효과를 갖거나 같더라도 현저한 효과를 가지며, 이러한 효과가 당해 기술수준으로부터 통상의 기술자가 예측할 수 없는 경우에는 진보성이 인정될 수 있다. 특히

---

31) 특허청, 앞의 심사기준(2019. 3. 18. 특허청예규 제108호), 3315면.

선택발명이나 화학분야의 발명 등과 같이 물건의 구성에 의한 효과의 예측이 쉽지 않은 기술분야의 경우에는 인용발명과 비교되는 더 나은 효과이다.

발명의 설명에 인용발명과 비교되는 더 나은 효과가 기재되어 있거나, 인용 발명과 비교되는 더 나은 효과가 발명의 설명에 직접 기재되어 있지 않더라도 통상의 기술자가 발명의 설명이나 도면에 기재된 발명의 객관적 구성으로부터 쉽게 인식할 수 있는 경우에는 의견서 등에서 주장·입증(예를 들면, 실험 결과)하는 더 나은 효과를 참작하여 진보성을 판단한다. 그러나 발명의 설명에 기재되어 있지 않고 발명의 설명 또는 도면의 기재로부터 통상의 기술자가 미루어 짐작할 수 없는 경우에는 의견서 등에서 주장·입증하는 효과는 참작해서는 안 된다.

발명의 효과 판단에 있어서, 2차적 고려요소는 진보성의 객관적인 증거를 제공하는 요인으로 작용할 수 있다. 상업적으로 성공한 프로그램은, 그 상업적 성공이 마케팅 등의 방법에 의한 것이 아니라 프로그램 자체의 성능 또는 효과에 의한 것임이 분명한 경우에는 프로그램과 관련된 발명의 진보성을 판단할 때 상업적 성공이 긍정적인 요인으로 고려될 수 있을 것이다. 오랫동안 필요성이 인정된 프로그램이나, 타인이 어떠한 문제를 해결하기 위하여 시도하였으나 실패한 문제를 프로그램 발명을 이용하여 해결하였다면, 문제를 해결한 프로그램과 관련된 발명은 진보성이 있는 것으로 인정될 수 있다.

상업적 성공을 인정한 판례를 보면, 출원발명이 인용발명의 문제점을 해결하여 상업적 성공을 하였다는 이유로 진보성을 인정한 판례,[32] 발명이 종전보다 현저하게 향상된 새로운 작용효과가 있어서 상업적 성공을 거두었다는 이유로 진보성을 인정한 판례[33]가

---

32) 대법원 1995. 11. 28. 선고 94후1817 판결.

있다. 반면에 상업적 성공을 부정한 판례를 보면, 특허발명의 제품
이 상업적으로 성공하였다거나 특허출원 전에 오랫동안 실시했던
사람이 없었던 점 등의 사정이 있다는 이유만으로 그 발명의 진보
성을 인정할 수 없다고 판시한 판례,[34] 특허발명이 상업적으로 성
공을 거두었다는 사실만으로 특허발명의 진보성을 인정할 수 없다
는 판례,[35] 특허발명의 실시에 의하여 상업적으로 성공을 거두었
다는 사실만으로 특허발명의 진보성을 인정할 수 없다는 판례[36]가
있다. 이와 같이 최근에는 2차적 고려요소를 입증할 객관적 증거가
제출되더라도 비기술적 사항에 의해 진보성 판단에 큰 영향을 미
치지 않는 태도의 판례가 주류를 이루는 것으로 보인다.[37]

　이러한 판례에 대하여, 상업적 성공이라는 객관적 자료 이외에
장기간 미결과제 및 타인의 실패에 따른 문제해결 등 기술적 내용
을 담고 있는 객관적 판단자료를 함께 검토해야 한다는 견해,[38] 심
사관 측이 일응의 자명성을 주장 및 입증하면 출원인 등이 반증을
통해 진보성이 있음을 주장할 수 있을 것이고, 상업적 성공은 진보
성 부정을 번복할 수 있는 유력한 간접증거가 되며, 상업적 성공을
이유로 진보성을 부정하기 위해서는 상업적 성공과 해당 발명과의
관련성이 있어야 한다는 견해,[39] 당업자의 기술수준은 요건사실, 2

---

33) 대법원 1996. 10. 11. 선고 96후559 판결.
34) 대법원 2008. 5. 29. 선고 2006후3052 판결, 특허법원 2009. 10. 16. 선고
　　2009허351 판결.
35) 대법원 2004. 11. 12. 선고 2003후1512 판결, 대법원 2005. 11. 10. 선고
　　2004후3546 판결.
36) 특허법원 2004. 11. 5. 선고 2004허11 판결.
37) 같은 취지의 판례로는 대법원 2001. 6. 12. 선고 98후2726 판결; 대법원
　　2004. 11. 26. 선고 2002후1775 판결 등이 있다.
38) 배대헌, "진보성 요건 판단을 위한 2차적 기준에 관한 연구", 비교사법 제
　　37호, 2007, 131면.
39) 신혜은, "최근 진보성관련 판례동향 및 객관적 판단기준을 위한 제안", 법
　　학논총 제30권 제3호, 2010, 192면.

차적 고려사항을 간접사실로 파악해야 한다는 견해[40] 등이 있다.

한국에서의 판례와 견해를 고려하는 경우, 상업적 성공을 입증하는 데 있어서 발명과의 관련성을 요구하는 점은 시장적 요소에 의한 상업적 성공을 배제하는 측면에서 타당한 면이 있다. 특히 법규에서 정한 요건사실을 고려할 때 당업자의 기술수준을 요건사실로 보며 2차적 고려사항을 간접사실로 파악하는 것에는 의의가 있다고 판단된다. 기술적 사항인 1차적 고려사항들에 기초한 일응의 추정을 2차적 고려사항에 의해 번복할 수 있는 것인가에 대하여 논쟁의 소지를 가지고 있지만, 2차적 고려사항을 간접사실로 파악한다면 2차적 고려사항에 대한 입증은 당업자의 기술수준 등에 대한 일응의 추정을 반증하는 시도로 보는 것이 타당하다고 생각된다.

프로그램 발명에 대한 사용자들의 반응 또한 중요하다. 가령 프로그램의 사용자들인 전문가 그룹에서 그 발명에 관한 호평을 하거나 전문가 그룹에서 프로그램의 문제 해결 방식에 관하여 놀라움을 표시한 경우 이는 프로그램 발명의 진보성을 인정하기 위한 유력한 증거로 작용할 수 있다. 또한 프로그램에서 예상치 못한 효과가 발생하거나 프로그램 개발자들이 프로그램 발명과 관련된 프로그램을 많이 모방하는 경우에도 프로그램 발명의 진보성을 인정하기 위한 객관적인 자료가 될 수 있을 것이다.

선행기술에 기초한 기본적 고려요소는 발명 그 자체에 초점을 둔 것이지만, 2차적 고려요소는 발명을 둘러싼 상황에 초점을 두기 때문에 논리적인 추론(inference)을 통하여 그 요인들을 진보성과 연관시켜야 한다. 따라서 프로그램 발명의 진보성 판단 시 2차적 고려요소가 프로그램 발명의 진보성 판단에 이용되기 위해서는 2차적 고려요소와 프로그램 발명 사이에 사실적 및 법적으로 충분한

---

40) 조영선, "특허쟁송과 당업자의 기술수준: 두 가지의 새로운 시도", 저스티스 제86호, 2005, 86면.

관련성이 인정되어 2차적 고려요소가 프로그램 발명의 진보성을 인정하는 데 충분한 증거가 될 수 있다고 인정된 경우에만 2차적 고려요소를 프로그램 발명의 진보성 판단에 증거로 고려해야 할 것이다. 따라서 2차적 고려요소를 프로그램 발명의 진보성을 인정하기 위한 증거로 이용하기 위해서는 2차적 고려요소와 프로그램 발명 사이에 사실적 및 법적으로 관련성을 인정하기 위한 기준의 마련이 선행되어야 할 것이다.

5. 진보성 판단사례

1) 진보성 판단사례(통상의 창작능력의 발휘의 여부)

(1) 본원발명과 인용발명의 대비

본원발명(제1항)	인용발명
[발명의 명칭] 건강관리시스템	[기술요지] 건강관리시스템
웨어러블센서, 건강관리서버로 구성되는 건강관리시스템으로서, 상기 웨어러블 센서는, 인체의 피부에 붙이는 첩부형이며, 장착자의 체온, 심박수, 혈압, 당수치를 포함한 생체데이터를 측정하는 수단과, 상기 생체데이터를 단말장치에 송신하는 수단을 가지고, 상기 단말장치는, 상기 수신한 생체 데이터를 정기적으로 집약해 상기 건강관리 서버에 송신하는 수단과, 상기 건강관리서버는, 상기 단말장치로부터 수신한 상기 생체데이터를 가공하여 학습데이터를 생성하는 수단과, 상기 학습데이터를 AI 기반의 분석방법 X에 의해서 분석함으로써 상기 장착자의 건강지표치 모델 A를 산출하는 수	웨어러블센서, 건강관리서버로 구성되는 건강관리시스템으로서, 상기 웨어러블 센서는, 장착자가 착용하는 의료형이며, 장착자의 체온과 심박수를 포함한 생체 데이터를 측정하는 수단과, 상기 생체데이터를 단말장치에 송신하는 수단을 가지고, 상기 단말장치는 상기 수신한 생체 데이터를 정기적으로 집약해 상기 건강관리 서버에 송신하는 수단과, 상기 건강관리서버는, 상기 단말장치로부터 수신한 상기 생체데이터를 가공하여 학습데이터를 생성하는 수단과, 상기 학습데이터를 AI 기반의 분석방법 Y에 의해서 분석함으로써 상기 장착자의 건강지표치 모델 B를 산출하는 수단을 가지는 건

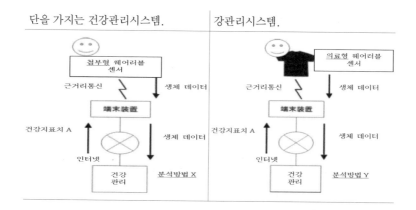

(2) 진보성 판단

(i) 양자 모두 웨어러블 센서에 의한 인체의 생체데이터를 수집하고 이를 근거로 AI 기반에 의한 건강지표치 모델을 생성하는 시스템에 관한 것이므로. 인용발명과 본원발명은 그 발명의 과제가 공통이다.

(ii) 양자의 구성의 차이점을 검토하여 보면, ① 본원발명은 웨어러블 센서에 있어 인체의 피부에 붙이는 첩부형이지만, 인용발명은 장착자가 착용하는 의료형이고, ② 본원발명은 생체데이터의 대상에 있어 체온, 심박수, 혈압, 당수치를 대상으로 하고 있지만, 인용발명은 체온과 심박수를 대상으로 하고 있고, ③ 본원발명은 AI의 학습방법에 있어서 AI 기반의 분석방법 X이고, 인용발명은 AI 기반의 분석방법 Y인 점이 차이가 있다.

(iii) 양자의 구성을 비교하여 보면, 위 ①의 차이에 의한 특별한 과제의 특이성이 없고, 위 ②의 생체데이터의 대상이 인용발명에 비해서 혈압 및 당수치가 포함되어 있어 건강지표치 모델을 도출하기 위한 분석방법 X의 파라미터 알고리즘에 차이가 있으므로 창작성이 있는 것으로 볼 수 있지만, 청구범위에 파라미터 알고리즘에 대한 구체적인 특정이 없고 그 분석방법만 다르다고 기재하고 있으며, 또 위 ③과 같이 분석방법이 다르지만, 이는 범용 AI 기술을 적용하여 수행되는 학습프로그램의 차이에 있는 것에 불과하다,

따라서 본원발명은 인용발명으로부터 「통상의 기술자의 통상의 창작능력의 발휘」에 해당한다.

(iv) 따라서 본원발명(청구항 1)은 발명의 과제가 공통이고, 인용발명으로부터 통상의 기술자의 통상의 창작능력의 발휘에 의하여 발명된 것으로 진보성이 없다.

2) 진보성 판단사례(통상의 창작능력의 발휘의 여부)

(1) 본원발명과 인용발명의 대비

본원발명(제1항)	인용발명
[발명의 명칭] AI 기반 자동차 비정상신호를 감지하는 방법	[기술요지] 클러스터링 기법을 이용한 차량 이상상태 모니터링 방법
자동차의 하나 이상의 부품으로부터 시계열적인 전기신호를 수집하는 신호수집 단계; 클러스터링 알고리즘을 이용하여 수집된 전기신호를 정상신호와 비정상신호로 클러스터링하는 클러스터링 단계; 및 딥러닝 알고리즘을 이용하여 클러스터링 결과를 반복적으로 학습하는 딥러닝 단계를 포함하는 AI 시스템을 이용하여 자동차 비정상신호를 감지하는 방법.	[인용발명 1] 운행 중인 차량에 전자제어장치로부터 수집된 데이터를 클러스터링 기법을 이용하여 정상상태 군집과 이상상태 군집을 생성하여 차량의 상태를 분석하고, 딥러닝 알고리즘을 이용하여 해당 군집의 상태 특성을 결정하여 현재 차량의 데이터와 복수개의 군집 각각의 상태 특성을 토대로 반복학습하여 현재 차량의 상태를 모니터링하는 방법이다.
청구항 2 청구항 1에 있어서, 상기 클러스터링 단계는 수집된 전기신호의 분포 데이터를 PCA 알고리즘을 이용하여 3차원의 아이겐 벡터공간에 프로젝션하는 단계와, k-means 알고리즘을 이용하여 프로젝션된 데이터를 정상신호와 비정상신호로 클러스터링하는 단계를	[인용발명 2] 장치의 고장여부를 예측하기 위하여, 장치로부터 수집된 데이터를 정상가동 데이터와 고장발생 데이터로 분류하고, 분류데이터를 기계학습데이터로 이용하여 고장 판단기준을 생성하여 고장예측을 위한 수집데이터를 정상상태의 데이터와 이상상태의 데이

포함하는 AI 시스템을 이용하여 자동차비정상신호를 감지하는 방법.	터로 구분한 다음 기계학습을 통하여 고장판단 내지 예측수행하는 방법

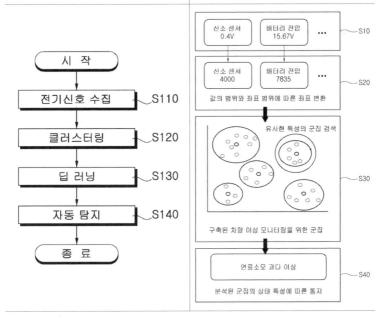

(2) 진보성 판단

(i) 양자는 클러스터링 알고리즘을 이용하여 정상상태 군집과 이상상태 군집을 생성(정상신호와 비정상신호로 클러스터링)하여 AI 기반을 적용해서 자동차 비정상신호를 감지하는 방법에 관한 것이므로. 인용발명과 본원발명은 그 발명의 과제가 공통이다.

(ii) 양자의 구성의 차이점을 검토해 보면, AI 학습방법은 딥러닝 알고리즘을 통해 클러스터링 결과(전기신호에 대한 정상 및 비정상신호로의 분류 결과)를 반복적으로 학습하여 신경망 가중치 프로그램을 도출하는 것을 특징으로 하고 있지만, 기계학습을 수행하기 위한 알고리즘 내지 기계학습 모델과 관련하여 AI 기반이 통상의 기술자에게 일반적으로 알려진 기술에 해당하고, DNN이나 RNN의 딥러닝 모델 또한 신경망 모델의 일종으로 통상의 기술자에게 널

리 알려져 있어서, 기계학습 구성에 단순히 DNN이나 RNN의 신경
망 모델을 적용하는 것은 통상의 기술자에게 별다른 어려움이 없
는 주지기술의 단순 부가에 불과하다.

(iii) 특히 AI 기반 모델의 적용 시에 가중치를 이용하는 것은 통
상의 기술자에게 자명한 구성수단이라는 것을 고려할 때, 신경망
가중치 학습프로그램이라는 것은 AI 기반 모델을 단순히 달리 표
현한 것에 불과하고, 반복적인 학습 수행 또한 학습을 통한 모델의
정확도 향상을 도모하는 기계학습의 목적 상 통상의 기술자에게
자명한 구성 내지 기술상식에 해당한다.

(iv) 따라서 본원발명은 인용발명 1 및 2와 공통의 과제를 가지
고 있고, 통상의 기술자라면 별다른 어려움 없이 인용발명 1 및 2의
결합에 의하여 도출할 수 있는 통상의 창작능력의 발휘에 해당하
는 발명이므로 진보성이 없다.

3) 진보성 판단사례(통상의 창작능력의 발휘의 여부)

(1) 본원발명과 인용발명의 대비

본원발명(제1항)	인용발명
[발명의 명칭] 머신러닝을 위한 학습 이미지를 자동생성하는 AI시스템	[기술요지] 머신러닝을 위한 분석기반시스템
저장된 복수의 신경망 후보 모델 중 머신러닝을 수행할 적어도 하나의 신경망모델을 선택하는 신경망 후보 모델 선택부; 원본 이미지데이터를 복수의 영상변환방식 중 적어도 하나의 방식을 이용하여 복수의 후보 이미지데이터를 생성하는 이미지데이터 증강부; 상기 적어도 하나의 신경망 모델 및 상기 복수의 후보 이미지데이터에 대한 연산효율을 계산하는 연산효율 평가	·각 머신러닝 모델을 훈련시키고, 머신러닝 모델을 훈련 및 평가하여, 성능비교 통계를 산출하고 배치가능 머신러닝 모델을 구축하는 구성 ·머신러닝 시스템은 머신러닝 알고리즘 라이브러리부터 유래된 머신러닝 모델의 선택 및 데이터셋을 수신하기 위한 데이터 입력 모듈 ·실험 모듈은 머신러닝 모델을 위한 성능 결과를 생성하도록 각 머신러닝

부; 상기 연산 효율에 근거하여, 상기 적어도 하나의 신경망모델 중 어느 하나의 신경망모델 및 상기 복수의 후보 이미지데이터 중 적어도 하나의 이미지데이터를 결정하는 학습이미지 데이터 선택부; 및 상기 결정된 어느 하나의 신경망모델을 이용하여, 상기 결정된 적어도 하나의 이미지데이터를 학습하는 머신러닝 프로세스부를 포함하는 AI장치.

모델을 훈련시키고 평가하도록 구성 ·종합 모듈은 성능비교 통계를 형성하도록 모든 머신러닝 모델을 위한 성능결과를 종합하도록 구성 ·컴퓨터화된 방법은 데이터셋을 수신하는 단계와 머신러닝 모델의 선택을 수신하는 단계, 각 머신러닝 모델을 위한 성능 결과를 생성하도록 각 머신러닝 모델을 훈련시키고 평가하는 단계, 성능 비교 통계를 형성하도록 성능결과를 종합하는 단계, 성능비교 통계를 제공하는 단계에 의하여 구현되는 시스템

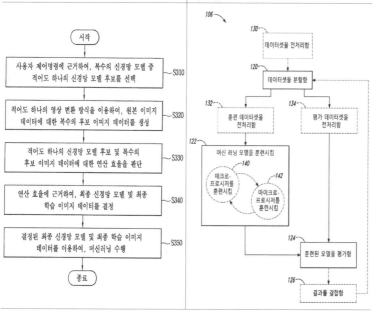

(2) 진보성 판단

(i) 양자 모두 머신러닝을 위한 학습모델을 자동생성하는 AI시스템에 관한 것으로, 특히 인용발명에는 입력 데이터의 서브셋인

훈련 데이터셋으로 각 머신러닝 모델을 훈련시키는 단계와, 입력 데이터의 서브셋인 평가 데이터셋으로 각 훈련된 모델을 평가하는 단계를 구체적으로 적시하고 있고, 또 훈련시키고 평가하는 단계와 관련하여 입력 데이터셋을 훈련 데이터셋 및 평가 데이터셋으로 분할하고, 훈련된 모델을 생성하도록 훈련 데이터셋으로 머신러닝 모델을 훈련시키며, 평가 결과를 생성하도록 평가 데이터셋으로 머신 러닝모델을 평가하는 구성 및 입력데이터셋을 여러 훈련 데이터셋 및 여러 평가 데이터셋으로 분할하는 것에 의해 분할하고, 훈련시키고, 평가하는 단계를 반복하는 구성을 교시하고 있으므로, 이러한 내용은 본원발명과 학습의 평가, 생성, 재평가를 위한 반복 훈련 알고리즘이 실질적으로 동일하므로 학습완료모델의 생성을 위한 AI 시스템은 동일한 아이디어로 볼 수 있다.

(ii) 일반적으로 머신러닝 모델에 대한 성능 결과로 상관계수, 평균 제곱 오차, 신뢰 구간, 다수의 TP(true positives), 다수의 TN(true negatives), 다수의 FP(false positives), 다수의 FN(false negatives), 정확도, 민감도, 양성 예측치, 특이성, 음성 예측치, 허위 양성률, FDR(false discovery rate), 허위 음성률 및 FOR(false omission rate) 중 적어도 하나와 관련된 인디케이터, 값 및/또는 결과를 포함하는 것이 일반적이고, 또 머신러닝 모델을 구축하는 것과 관련하여 머신러닝 모델 성능을 비교하고, 머신러닝 모델 중 하나 이상을 선택하여 배치 및 구축하는 구성을 통해 훈련된 모델의 평가 결과에 기반하여 최종적인 머신러닝 모델을 구축하는 것으로, 이러한 머신러닝 모델의 구축방법은 인용발명으로부터 통상의 기술자라면 쉽게 도출할 수 있는 것이다.

(iii) 따라서 본원발명(청구항 1)은 발명의 과제가 공통이고, 인용발명으로부터 통상의 기술자의 통상의 창작능력의 발휘에 의하여 발명된 것이므로 진보성이 없다.

4) 진보성 판단사례(통상의 창착능력의 발휘의 여부)

(1) 본원발명과 인용발명의 대비

본원발명(제1항)	인용발명
[발명의 명칭] 차재장치 및 서버를 가지는 AI학습 시스템	[기술요지] 차재장치 및 서버를 가지는 AI학습 시스템
본원발명은 복수 차량에 각각 탑재된 복수의 차재 장치와, 상기 복수의 차재 장치와 네트워크를 통해서 통신을 행하는 서버를 가지는 학습시스템으로서, 상기 복수의 차재 장치가, 상기 서버에 학습데이터를 제공하는 제공부와, 상기 서버로부터 제공된 파라미터를 갱신하기 위한 데이터를 취득하는 취득부를 구비하고, 상기 서버가, 상기 복수의 차재 장치에서 제공된 학습용 데이터를 취득하는 취득부와, 상기 학습데이터에 근거해 기계학습을 실시하고, 파라미터를 갱신하기 위한 데이터를 생성하는 학습부와, 상기 갱신하기 위한 데이터를 상기 복수의 차재 장치에 제공하는 제공부를 구비하는 AI 학습 시스템	[인용발명] 차재 장치를 가지는 학습시스템으로서, 상기 차재 장치가 상기 학습용 데이터에 근거해 기계학습을 실시하고, 파라미터를 갱신하기 위한 데이터를 생성하는 학습부를 구비한 것 [주지기술] 이동형 프로그램의 기능개선을 포함한 여러 가지 단말장치의 출하 후에 실시에 있어서, 복수 단말장치로부터 네트워크를 통해서 서버에 제공된, 상기 프로그램 처리에 이용된 데이터에 근거하는 분석에 의해, 서버가 상기 프로그램이나 상기 프로그램의 설정치를 갱신하기 위한 데이터를 일괄해서 생성하고, 이를 상기 복수의 단말장치에 제공하는 기술

(2) 진보성 판단

(ⅰ) 본원발명은 인용발명에 없는 차재장치가 복수의 차량에 각각 탑재된 복수의 차재장치가 아니고, 또한 상기 차재 장치 및 서버가 서로 데이터 제공 및 취득을 실시하는 제공부 및 취득부를 구비하고 있는 점에 차이가 있다.

(ⅱ) 인용발명과 주지기술은 SW의 처리성능 향상이나 기능개선을 해당 SW에 실장되는 이동형 장치가 출하 후에 실시한다는 점에서 과제가 공통된다. 즉 인용발명과 주지기술은 기능의 공통성을 가지고 있다.

(ⅲ) 인용발명과 주지기술은 SW의 처리에 이용된 데이터에 근거해, 해당 SW와 관련된 갱신을 행하기 위한 데이터를 생성하고, 상기 생성된 데이터에 근거해 갱신을 실시한다는 점에서 기능이 공통된다. 따라서 인용발명에 주지기술을 적용하고, 복수의 차량에 각각 탑재된 복수의 차재 장치와 복수의 차재장치와 네트워크를 통해서 통신을 실시하는 서버를 가지는 학습시스템으로 하여, 복수의 차재 장치가 서버에 학습데이터를 제공하는 제공부와, 상기 서버로부터 제공된 파라미터를 갱신하기 위한 데이터를 취득하는 취득부를 구비하고, 상기 서버가 복수의 차재 장치로부터 제공된 학습데이터를 취득하는 취득부와, 상기 학습데이터에 근거해 기계학습을 실시하고, 파라미터를 갱신하기 위한 데이터를 생성하는 학습부와, 상기 갱신하기 위한 데이터를 복수의 차재장치에 제공하는 제공부를 구비한 구성으로 하는 것은, 통상의 기술자가 쉽게 생각해 낼 수 있는 것이다. 또한 화상인식 성능향상을 출하 후에 실시할 수 있다는 청구항 발명의 효과에 대해서도 통상의 기술자가 예측할 수 있는 정도의 것이다.

(ⅳ) 따라서 본원발명은 인용발명에 없는 차재장치가 복수의 차량에 각각 탑재된 복수의 차재장치가 아니고, 또한, 상기 차재 장치 및 서버가 서로 데이터 제공 및 취득을 실시하는 제공부 및 취득부

를 구비하고 있지만, 이러한 구성은 통상의 기술자라면 인용발명과 주기기술의 결합에 의하여 쉽게 도출할 수 있으므로, 통상의 창작 능력의 발휘에 해당하는 발명이므로 진보성이 없다.[41]

제4절 SW발명의 진보성관련 쟁점

1. 성립성과 진보성 판단의 조화

AI, 빅데이터, IoT, 블록체인 관련발명은 SW로서 프로그램발명 에 해당한다. SW발명은 우선 특허요건으로 발명의 성립성을 만족 하여야 한다. SW발명이 발명의 성립성요건을 충족한다고 하더라 도 진보성을 충족하기 위해서는 AI 기술을 이용한 학습완료모델 SW에는 특정과제의 해결 수단과 프로세스가 구체적으로 특정되어 야 한다. 여기서 주요한 것은 발명의 성립성 판단이란 당해 프로그 램발명으로써 AI발명이 자연법칙을 이용하였는가에 대한 것으로 결국 프로그램의 프로세스에 관한 블록도 및 흐름도를 근거로 각 단계 또는 수단, 기능 등을 통하여 특정과제를 해결한다는 취지의

---

41) 다만, 차재 장치의 제공부가 서버에 학습용 데이터로서의 화상 데이터와 함께 주행상태 데이터를 제공하고, 서버의 학습부가 상기 주행상태 데이터 에 근거해 학습용 데이터를 복수의 그룹으로 분류해 주행상태마다 기계학 습 및 파라미터를 갱신하기 위한 데이터의 생성을 실시하는 점이 추가되었 다면, 진보성을 인정받을 수 있을 것으로 판단된다. 왜냐 하면, 차량에 의해 서는 빈도가 높게 일어나지 않는 주행상태, 예를 들면, 고속도로를 보통은 주행하지 않는 차량이 실제로 고속도로를 주행한 경우의 차선 변경 시라도, 고정밀의 화상인식을 실현할 수 있다는 효과를 주장함으로써 진보성 결함 을 해소할 수 있을 것으로 판단된다(일본특허청, IoT関連技術の審査基準等 について-ＩｏＴ `ＡＩ `３Ｄプリンティング技術等に対する審査基準・審 査ハンドブックの適用について-, 2018. 6, 76면).

기술적 사상이 발명의 설명 및 청구범위에 구체적으로 기재되어
있어야 한다.

　일반적으로 컴퓨터 관련 발명을 발명의 실시에 컴퓨터 · 소프트
웨어를 필요로 하는 발명으로 정의하고 있지만, SW는 하드웨어와
대칭되는 개념이므로, SW발명은 그 자체로도 성립성 또는 진보성
등이 판단되기도 하지만, 대부분의 경우에는 하드웨어와 같이 존재
하며 하드웨어와의 관계가 성립성, 진보성 등의 판단에 있어서 중
요한 판단기준이 된다. 이런 관점에서 보면, AI 등의 SW발명은 다
른 물건발명 또는 방법발명과 달리 발명의 성립성과 진보성의 판
단기준이 유사한 관점에서 접근하는 것으로 볼 수 있다.

　즉 AI, 빅데이터, IoT, 블록체인의 방법발명이 학습용 구조 및 파
라미터 알고리즘이 학습프로그램에 의하여 구현되고 그 학습프로
그램이 하드웨어에 의하여 수행되는 경우, 도면에 블록도와 흐름도
에 의하여 각 단계 또는 수단, 기능 등을 도시하고 이를 근거로 발
명의 설명에 실시예를 기재하고, 그 실시예의 기재범위 내에서 청
구범위를 특정하고 있다면 성립성 요건을 판단하지 않고 진보성
요건만 판단해도 충분한 것으로 판단된다.

　통상 SW발명은 발명의 성립성이 있는 것인가 없는 것인가를 선
행하여 판단되고 있는 경향이 있지만, 결국 양자의 판단은 자연법
칙을 이용하고 있는 것인가라는 관점보다는 SW발명이 진보성이
있는 것인가의 관점에서 접근하여 특허 허여를 결정하여야 한다.
SW발명은 먼저 성립성 인정 여부가 중요한 쟁점이 되지만, 청구범
위에 기재된 학습데이터 구조 및 파라미터 알고리즘, 학습프로그램
의 기술사상이 SW 아이디어로서 단순히 비기술적 요소만을 포함
하는 경우에는 그 아이디어는 성립성을 결여한 것으로 간주하여
특허를 인정하고 있지 않다. 그러나 SW발명에는 구현 또는 실현의
구체성이 없는 청구항이라고 하더라고 명세서에 특정과제를 해결
하기 위하여 학습데이터 구조 및 파라미터 알고리즘, 학습프로그램

의 각 단계 또는 수단, 기능 등을 기술적 요소로서 표현하고 있는 경우에는 성립성을 별도로 판단하지 않고, 성립성을 만족하는 것을 전제로 진보성을 판단하고 있다.

즉, SW발명의 진보성 판단은 AI 기술을 이용하여 특정과제를 학습에 의하여 해결한다는 아이디어를 대상으로 하고 있으므로, 그러한 아이디어는 성립성을 구비한 발명이라는 점을 전제로 보고 학습 프로그램의 구현 또는 실현의 구체성이 없는 비기술적 요소 위주로 기술되어 있는 AI 등의 발명에 대하여 엄격한 성립성 요건을 적용하는 것은 진보성의 요건과 충돌할 수 있기 때문이다. 즉 AI의 범용기술(범용의 딥러닝, 머신러닝, 학습프로그램)에 의한 구현 또는 실현은 구체성이 없는 비기술적 요소에 해당한다는 이유만으로 성립성을 부정하는 것보다는 AI학습의 목적과 기술적 사상이 전제되는 것이므로 먼저 성립성을 인정하고 그 다음으로 진보성 요건을 적용하는 것이 동일분야의 발명 진보 정도를 판단할 수 있고, 이러한 판단 프로세스는 프로그램개발 의욕을 촉진시킬 수 있기 때문이다.

2. 기술적 요소와 비기술적 요소

AI, 빅데이터, IoT, 블록체인의 발명은 범용의 컴퓨터기술을 적용하는 경우도 있고, 또 물리적 변화와 관련이 없는 비기술적 요소가 포함되어 있는 경우가 많다. 이러한 비기술적 구성요소를 기술적 구성요소에 포함시켜서 전체로서 진보성을 판단하여야 하는지, 아니면 제외하여 진보성을 판단해야 하는지가 중요하다.

AI 등의 발명은 SW발명으로서 도면에 블록도와 흐름도를 기재하고, 이를 바탕으로 발명의 설명에 실시예가 기재되며, 그 실시예에 표현된 기술사상의 범위 내에서 청구범위가 기재된다. 그리고 진보성의 판단은 청구범위에 기재된 사항에 의하여 판단되지만, 만약 청구범위에 기재된 발명이 기술적 요소만으로 특정되어 있는 경우에는 별문제가 없지만, 비기술적 요소만으로 기재되어 있다거나 기술적 요소에 비기술적 요소가 함께 기재되어 있는 경우, 그 비기술적 요소의 진보성을 어떻게 판단하여야 하는지가 쟁점이 되고 있다.

AI 기술 등의 발명은 범용의 컴퓨터기술을 적용하는 경우도 있고, 또 물리적 변화와 관련이 없는 비기술적 요소가 포함되어 있는 경우, 그 비기술적 구성요소를 기술적 구성요소에 포함시켜 또는 제외하여 진보성을 판단해야 하는지가 중요하다.

현행 특허법만으로는 판단기준을 명확히 특정할 수 없지만, 심사기준에는 청구항에 기재된 기술적 요소 및 비기술적 요소로 구성된 결합발명 전체를 고려하여야 한다고 설명한다.[42] 여기서 결합발명이란 발명의 기술적 과제를 달성하기 위하여 선행기술들에 기재된 기술적 특징을 종합하여 새로운 해결수단으로 구성한 발명을 말한다. 청구항에 기재된 발명은 전체로 고려되어야 하는바, 결합발명의 진보성을 판단함에 있어서 청구항에 기재된 발명의 구성요소 각각이 공지 또는 인용발명으로부터 자명하다고 하여 청구항에 기재된 발명의 진보성을 부정해서는 안 된다.

이와 같이 청구항에 기재된 SW발명에서는 비기술적 요소를 배제하고 진보성을 판단하게 되면 특정과제를 수행하는 단계 또는 수단, 기능이 각각 별개로 간주될 수 있으므로 구분하여 판단할 수 없는 것으로 보인다. 다만, SW발명이 하드웨어와 결합된 것을 전제로 하기 때문에 하드웨어와 프로그램을 구분하여 판단하는 것은 SW발명의 기술사상을 잘못 이해할 수 있기 때문에 주의하여야 한다.

1) 복수의 기술적 요소로 구성된 SW 결합발명의 진보성 판단

통상 SW발명은 기술적 요소와 기술적 요소로 결합된 경우가 많

---

42) 특허청, 앞의 심사기준(2019. 3. 18. 특허청예규 제108호), 3323-3327면 참조.

다. 만약 청구항이 각 단계 또는 수단, 기능에 대하여 복수의 기술
적 요소와 기술적 요소로 결합하여 기재되어 있는 경우에는 각 구
성요소가 유기적으로 결합한 전체로서의 기술사상이 진보성 판단
의 대상이 되는 것이지 각 구성요소가 독립하여 진보성 판단의 대
상이 되는 것은 아니므로,43) 그 결합발명의 진보성 여부를 판단함
에 있어서 청구항에 기재된 복수의 구성을 분해한 후에 기술적 요
소와 비기술적 요소로 구별하여 각 구성요소들이 공지된 것인지
여부만을 따져서는 안 되고, 특유의 과제 해결원리에 기초하여 유
기적으로 결합된 전체로서의 구성의 곤란성을 따져 보아야 할 것
이며, 이때 결합된 전체 구성으로서의 발명이 갖는 특유한 효과도
함께 고려하여야 한다.44)

SW발명에 대한 진보성 판단에 있어서, 출원발명에 이르기 위해
가장 가까운 인용발명과 하나 이상의 다른 인용발명을 결합하지
않으면 안 된다는 사실은 진보성의 존재를 시사하고 있는 것이 될
수 있으므로 진보성 판단에 주의하여야 한다. 또한 AI 기술이 적용
된 SW발명의 구성요소와 결합된 인용발명의 수가 많을수록 사후
적 고찰 또는 합당한 거절이유가 결여되어 있는 경우에 해당할 가
능성이 높아진다는 점에도 유의하여야 한다. 두 개 이상의 다른 선

---

43) 청구항이 복수의 구성요소로 되어 있는 경우에는 각 구성요소가 유기적으
로 결합한 전체로서의 기술사상이 진보성 판단의 대상이 되는 것이지 각 구
성요소가 독립하여 진보성 판단의 대상이 되는 것은 아니므로, 그 결합발명
의 진보성 여부를 판단함에 있어서 청구항에 기재된 복수의 구성을 분해한
후 분해된 개별 구성요소들이 공지된 것인지 여부만을 따져서는 안 되고,
특유의 과제 해결원리에 기초하여 유기적으로 결합된 전체로서의 구성의
곤란성을 따져 보아야 할 것이며, 이때 결합된 전체 구성으로서의 발명이
갖는 특유한 효과도 함께 고려하여야 한다(대법원 2007. 11. 29. 선고 2006
후2097 판결, 대법원 2007. 9. 6. 선고 2005후3284 판결, 대법원 2007. 9.
6. 선고 2005후3277 판결).
44) 특허청, 앞의 심사기준(2019. 3. 18. 특허청예규 제108호), 3324면.

행 SW기술을 결합하는 것이 용이한지를 결정하는 경우 통상의 기술자가 특정 단계 또는 수단, 기능을 결합할 가능성이 있는지 여부, 선행 프로그램기술의 출처가 동일하거나 인접 SW기술 분야인지 여부, SW구성의 결합을 위해 서로 관련지을 만한 합리적인 근거가 있는지 여부를 고려하여야 한다.

청구항에 기재된 SW발명에 기술적 요소와 기술적 요소로 기재되어 있는 경우, 그 각각의 기술적 요소를 분리하고 이를 근거로 선행 SW 관련 인용발명을 각각 적용하여 진보성을 판단하여서는 안된다. SW는 각 단계 또는 수단, 기능마다 특유의 독창성이 있을 수 있으므로, 이를 구분하여 별개의 기술사상으로 간주하여 진보성을 판단하는 경우에는 SW발명의 진보성 판단이 엄격하게 이루어지는 것으로 결국 선의의 SW발명이 특허로 보호받을 수 없기 때문이다.

다만, SW발명이 기술적 요소로 공지의 하드웨어가 적용되는 경우에 진보성을 어떻게 판단하는 것인지 쟁점이 될 수 있다. 컴퓨터, 인터넷 기술에서 범용적으로 사용하고 있는 기술을 청구범위에 포함시킬 경우, 그러한 범용기술에 대하여는 진보성을 인정하기 어렵겠지만,[45] 그러한 컴퓨터의 범용기술이 특정한 발명을 수행하기 위한 파라미터와 결합하여 작동, 구현함으로써 특이한 효과를 얻는다는 구체적인 알고리즘이 제시되어 있다면, 진보성을 인정할 필요가 있다.

하드웨어에의 구체적 적용이 일반적인 범용 컴퓨터 기술에의 적

---

45) 소프트웨어화, 컴퓨터화 등에 따른 과제는 컴퓨터 기술에 공통으로 적용되는 일반적인 것이 많다. '인공 지능 또는 퍼지 이론에 의해 판단을 고도화하는 것', 'GUI(Graphical User Interface)에 의해 입력을 쉽게 하는 것' 등이 그 예이다. 이들은 컴퓨터 기술 분야에서 이미 알려져 있는 일반적인 과제라는 점을 염두에 두고, 청구항에 관련된 발명의 진보성을 판단한다(김동준, 디지털 환경에서의 특허요건 및 침해에 대한 연구, 특허청 연구보고서, 2018, 223면).

용이라면 진보성을 인정받기 어려울 것이다.[46][47] 즉 컴퓨터에 의해 시스템화함으로써 얻을 수 있는 '신속하게 처리할 수 있다', '대량의 데이터를 처리할 수 있다', '잘못을 줄일 수 있다', '균일한 결과를 얻을 수 있다' 등의 일반적인 효과는 시스템화함에 따른 당연한 효과인 것에 해당하고, 이러한 기술은 컴퓨터기술 분야에서 이미 알려져 있는 일반적인 효과라는 점을 염두에 두고 청구항에 기재된 SW발명의 진보성을 판단하고 있으므로,[48][49] 이러한 점을 고려하여 명세서를 작성하여야 한다.

따라서 AI가 특정과제를 해결하기 위하여 범용의 학습프로그램과 컴퓨터가 결합된 SW발명으로서의 AI발명은 우선 컴퓨터 기술분야에 대한 기술상식도 가지면서 나아가 AI개발을 위한 약간의 창작능력을 가진 자를 통상의 기술자로 특정하여야 하고,[50] 특정

---

46) 특허청, 앞의 심사기준(2019. 3. 18. 특허청예규 제108호), 9A14-9A15면에는 "특정 분야에 관한 컴퓨터 관련 발명에 사용되고 있는 단계 또는 수단은 적용 분야에 관계없이 기능 또는 작용이 공통인 것이 많다. 이러한 경우 어느 특정 분야의 컴퓨터 관련 발명의 단계 또는 수단을 다른 특정 분야에 적용하려고 하는 것은 통상의 기술자의 통상의 창작능력 발휘에 해당한다."고 기재하고 있다.

47) 특허청, 앞의 심사기준(2019. 3. 18. 특허청예규 제108호), 9A15면에는 "'파일 검색 시스템'의 인용발명이 존재하는 경우 그 기능 또는 작용이 공통인 수단(검색을 위한 구체적인 구성)을 의료 정보 시스템에 적용해 '의료 정보 검색 시스템'을 창작하는 것은 통상의 기술자의 통상의 창작능력 발휘에 해당한다."고 기재하고 있다.

48) 특허청, 앞의 심사기준(2019. 3. 18. 특허청예규 제108호), 9A17면.

49) 컴퓨터의 범용 기능의 도움으로 인하여 자료처리의 속도가 높아지는 경우, 대량자료를 처리할 수 있는 경우 등은 컴퓨터를 이용함으로써 일반적으로 예상되는 효과이며, 그러한 이용에 대한 발명에 진보성을 인정하기 어렵다는 견해도 있다(김동준, 앞의 연구보고서, 223면).

50) 특허청, 앞의 심사기준(2019. 3. 18. 특허청예규 제108호), 9A14면에는 "특정 분야에 관한 컴퓨터 관련 발명에서 통상의 기술자는 '그 특정 분야에 관한 기술 상식과 일반상식(현저한 사실을 포함한다)' 및 '컴퓨터 기술 분야의 기술 상식(예를 들면 시스템화 기술)'을 가지고 있고, 연구 및 개발을 위한

된 통상의 기술자는 특허출원시점의 AI관련 컴퓨터 기술수준을 이 해해야 하고, 그 기술수준을 근거로 선행하는 SW 또는 그 SW관련 문헌정보(소스코드에 관련한 기술사상)를 근거하여 각 단계 또는 수 단, 기능으로 특정되는 프로세서와 하드웨어의 결합을 고려하여 진 보성을 판단하여야 한다. 다만 AI, 빅데이터, IoT, 블록체인의 발명 의 기술사상이 비기술적 요소(데이터의 형태 및 배열, 범용 학습프로그 램, 구체적인 파라미터 알고리즘이 아닌 통상의 알고리즘, 구체적인 반복학 습의 단계가 기술적으로 구체성이 없고, AI가 학습한다는 통상의 표현으로 기재된 경우) 위주로 청구범위가 작성되어 있는 경우, 즉 청구범위에 비기술적 요소분야의 개선, 변화, 진보 등의 지식을 주 요지로 하는 SW발명은 통상의 기술자 관점에서 진보성 판단의 영역이 아니고 범용의 기술이라는 이유로 진보성을 부정한다.

2) 기술적 요소와 비기술적 요소의 진보성 판단

결합발명의 진보성은 2 이상의 선행기술(주지관용기술주51) 포함) 을 상호 결합시켜서 판단할 수 있으나, 그 결합은 당해 발명의 출원 시에 통상의 기술자가 용이하게 할 수 있다고 인정되는 경우에 한 한다. 이때 결합할 수 있는 선행기술의 개수에 특별한 제한은 없 다. 여러 선행기술문헌을 인용하여 결합발명의 진보성을 판단함에 있어서는 그 인용되는 기술을 결합하면 당해 출원발명에 이를 수 있다는 암시, 동기 등이 선행기술문헌에 제시되어 있는지 여부를

통상의 기술적 수단을 이용할 수 있고, 설계 변경을 포함한 통상의 창작 능 력을 발휘할 수 있으며, 그 발명이 속한 기술 분야(특정 분야와 컴퓨터 기술 분야)의 출원 시 기술수준에 있는 것 모두를 자신의 지식으로 할 수 있는 자 를 상정한 것이다."고 기재하고 있다.

51) 주지기술이란 그 기술에 관해 상당히 다수의 문헌이 존재하거나, 또는 업 계에 알려져 있거나, 혹은 예시할 필요가 없을 정도로 잘 알려진 기술과 같 이 그 기술분야에서 일반적으로 알려진 기술을 말하며, 관용기술은 주지기 술 중 자주 사용되고 있는 기술을 말한다.

주로 참작하여 판단한다. 다만, 그렇지 않더라도 당해 출원발명의
출원 당시의 기술수준, 기술상식, 해당 기술분야의 기본적 과제, 발
전 경향, 해당 업계의 요구 등에 비추어 보아 그 기술분야에 통상의
지식을 가진 자가용이하게 그와 같은 결합에 이를 수 있다고 인정
할 수 있는 경우에는 당해결합발명의 진보성을 부정할 수 있다.[52]

예를 들면, 프로그램 출원발명은 웹을 통해 게임을 다운받아 실
행하는 웹 게임서버에 관한 것으로서, 인용발명과의 구성상 차이는
게임 프로그램과 게임 데이터를 분리하여 다운로드한다는 점에만
있는 경우, 출원 당시의 기술 수준을 감안할 때 프로그램 코드와 데
이터를 분리하여 다운받는 기술적 특징은 단순한 주지관용 기술에
불과하다면, 이를 인용발명에 단순 결합하는 것에 각별한 어려움은
없는 것이므로 진보성이 부정되는 것이다.[53]

또 프로그램의 복수 기술적 요소의 결합에 대한 암시, 동기 등이
선행 프로그램 기술문헌에 제시되어 있는지 여부는 선행 프로그램
기술에 그대로 교시되어 있는 경우뿐만 아니라 발명이 이루고자
하는 기술적 과제의 성질 그 자체에 내재되어 있는지 또는 통상의
기술자가 가지는 기술상식이나 경험칙 내에 포함되어 있는지를 종
합적으로 판단하여 결정하도록 한다.

청구범위에는 통상 여러 요소(elements)로 구성되며, 진보성을 판

---

52) 대법원 2007. 9. 6 선고 2005후3284 판결.
53) 대법원 2008. 5. 15. 선고 2007후5024 판결에 의하면, "이미지 센서를 이용
하여 일련번호를 추출하는 유가증권 계수 방법에 대하여 인용발명 1과는
광학식 센서로 권종을 인식한다는 점에만 차이가 있고 인용발명 2에는 이
미지 센서를 이용한 지폐분류 단계가 개시된 경우, 인용발명들의 기술분야
가 상호 일치하고, 출원 당시의 기술수준을 감안할 때 차이가 나는 사항은
인용발명 1의 광학식 센서를 인용발명 2의 이미지 센서로 치환함으로써 용
이하게 생각해 낼 수 있는 사항이라고 인정되므로, 출원발명은 통상의 기술
자가 인용발명들을 결합함으로써 용이하게 생각해 낼 수 있는 것이다."라
고 판시하고 있다.

단하기 위해서는 각 구성요소의 유기적 결합을 전제로 여러 요소를 개별적으로 판단하는 것이 아니라 전체로서(as a whole) 볼 필요가 있다. 이와 관련 대법원은 성립성 판단을 위해 청구항을 전체로서 판단하여야 한다고 판시한 바 있고,[54] 또 청구항에 기재된 발명의 일부에 자연법칙을 이용하고 있는 부분이 있더라도 청구항 전체로서 자연법칙을 이용하고 있지 않다면 그것은 발명이 아니라고 판시하였다.[55] 그리고 특허법원도 프로그램발명의 성립성은 컴퓨터상에서 소프트웨어에 의한 정보처리가 하드웨어를 이용하여 구체적으로 실현되고 있어야 하고, 특허발명이 자연법칙을 이용한 것인지 여부는 청구항 전체로서 판단하여야 한다.[56] 이러한 판례는 청구항이 기술적 요소와 비기술적 요소를 모두 가지는 경우, 두 사항을 전체로서 고려하여 전체로서 자연법칙을 이용하는 것인지를 판단하여야 한다는 취지로 해석된다. 즉 하드웨어가 개입된다는 사실만으로 성립성이 인정되는 것은 아니며 정보처리라는 비기술적 사항과 하드웨어의 연동을 전체적으로 감안하여 성립성을 판단하여야 하는 것이다. 같은 취지로 프로그램발명의 진보성을 판단함에 있어서도 각 단계 또는 수단, 기능과 하드웨어를 개별적으로 구분하여 판단할 것이 아니라 전체로서(as a whole) 판단할 필요가 있다.[57] 미국

---

54) 대법원 2010. 12. 23. 선고 2009후436 판결, 2008. 12. 11. 선고 2007후494 판결.
55) 대법원 2008. 12. 24. 선고 2007후265 판결.
56) 특허법원 2016. 11. 17. 선고 2015허4880 판결.
57) 대법원 2007. 9. 6. 선고 2005후3284판결에서는 "어느 특허발명의 특허청구범위에 기재된 청구항이 복수의 구성요소로 되어 있는 경우에는 각 구성요소가 유기적으로 결합한 전체로서의 기술사상이 진보성 판단의 대상이 되는 것이지 각 구성요소가 독립하여 진보성 판단의 대상이 되는 것은 아니므로, 그 특허발명의 진보성 여부를 판단함에 있어서는 청구항에 기재된 복수의 구성을 분해한 후 각각 분해된 개별 구성요소들이 공지된 것인지 여부만을 따져서는 안 되고, 특유의 과제 해결원리에 기초하여 유기적으로 결합된 전체로서의 구성의 곤란성을 따져 보아야 할 것이며, 이때 결합된 전체

특허법은 진보성을 규정하는 제103조가 이러한 전체로서의 판단법리을 명시적으로 규정하고 있으며,58) 우리나라의 진보성 판단법리도 미국특허법과 다르지 않게 볼 수 있을 것이다.59)

일반적으로 어느 선행기술문헌이 다른 문헌을 인용하고 있을 때에는 결합의 암시 또는 동기가 선행기술문헌에 제시되었다고 할 수 있으므로 양자의 결합은 용이한 것으로 보고 진보성을 부정한다. 또한 동일문헌 내에 존재하는 복수의 기술적 특징의 결합은 통상의 기술자가 이를 서로 관련짓는 데에 각별한 어려움은 없는 것으로 보아 용이한 것으로 취급한다. 주지관용기술을 다른 선행기술 문헌과 결합하는 것은 통상 용이하다고 본다. 다만, 결합되는 기술적 특징이 당해 기술분야에서 주지관용기술이라고 하더라도 다른 기술적 특징과의 유기적인 결합에 의해 더 나은 효과를 주는 경우에는 그 결합은 자명하다고 할 수 없다.

프로그램 결합발명은 기술적 특징 간의 기능적 상호 작용으로 인해 개개의 특징의 기술적 효과의 합과는 다른, 예를 들어 더 큰 복합적인 상승효과를 달성하는 프로그램의 경우, 기술적 특징의 집합을 기술적으로 의미 있는 조합으로 간주하여 진보성을 인정할 수 있다. 청구항에 기재된 프로그램 결합발명이 단순히 기술적 특징인 각 단계 또는 수단, 기능을 각각 별개로 나열하거나 또는 단순 결합한 것에 해당되는 것으로 인정되는 경우에는 프로그램발명의 진보성이 없는 것으로 판단하여야 한다.

구성으로서의 발명이 갖는 특유한 효과도 함께 고려하여야 할 것이다."고 판시하고 있다.
58) 35 U.S.C. § 103(a) ("the subject matter as a whole would have been obvious at the time the invention was made to a person having ordinary skill in the art."); Santarus, Inc. v. Par Pharmaceutical, Inc., 694 F.3d 1344, 1351 (Fed. Cir. 2012).
59) 김동준, 앞의 연구보고서, 222면.

3. 실시가능성 판단주체와 통상의 기술자

해당 기술분야의 평균적 기술자로 특정하고 있고, 발명의 설명을 쉽게 실시할 수 있도록 기재하였는지에 대한 통상의 기술자의 기술수준은 그 발명이 속하는 기술분야의 기술상식과 명세서 및 도면에 기재된 사항을 근거로 판단한다고 규정하고 있다.[60] 또한 대법원 판례에서는 발명의 설명의 실시가능성에 대한 특허법 제42조 제3항 제1호를 충족하는지 여부에 대한 심사에 있어서 그 발명이 속하는 기술분야에서 통상의 지식을 가진 자란 그 출원이 속하는 기술 분야에서 보통 정도의 기술적 이해력을 가진 평균적 기술자[61]를 의미하는 것으로 본다고 판시하였다.

따라서 발명의 설명의 실시가능성 심사에 있어 통상의 기술자는 그 발명이 속하는 기술분야에 있어서 평균적 기술자로서 그 발명이 속하는 기술분야에서의 기술상식에 의하여 발명의 설명에 기재된 사항을 보고 쉽게 실시할 수 있는가 없는가를 판단하는 자로 보고 있다. 반면, 진보성의 판단에서 통상의 기술자는 (i) 출원전의 해당 기술분야의 기술상식을 보유하고 있어야 하고, (ii) 출원발명의 과제와 관련되는 출원전의 기술수준에 있는 모든 것을 입수하여 자신의 지식으로 할 수 있는 자로서, (iii) 통상의 창작능력을 발휘할 수 있는 특허법상의 상상의 인물로 보고 있다.

통상의 기술자는 특허법상의 상상의 인물로 보고 있지만, 그 통상의 기술자를 특정하는 주체가 심사관이기 때문에 실제 심사관이 통상의 기술자로서의 역할을 하는 가상의 인물이 되어야 한다. 즉, 심사관은 특허법상의 상상의 인물로서 통상의 기술자가 되어 실제

---

60) 특허청, 앞의 심사기준(2019. 3. 18. 특허청예규 제108호), 2302면.
61) 대법원 2004. 10. 14. 선고 2002후2839판결 및 대법원 1999. 12. 10. 선고 97후2675판결, 대법원 2003. 8. 22. 선고 2002후2051 판결 등 참조.

진보성 유무를 판단하게 된다. 특허심사에 있어서 심사관, 특허심사 및 무효심판에서의 심판관, 그리고 침해소송 및 무효심결취소소송에서의 재판관은 본인 개개인의 전공 또는 전문지식을 기초로 진보성을 판단하는 것이 아니라, 본인 스스로 출원시점에서 출원전의 해당 기술분야의 기술상식을 보유하고 있어야 하고, 선행기술로부터 통상의 창작능력을 발휘할 수 있는 자로 인식한 후에 청구항에 기재된 발명의 진보성 유무를 판단하여야 한다.[62]

1) 통상의 기술자의 지식범위

특허법에서의 통상의 기술자는 일반적으로 심사관을 지칭한다. 심사관은 개개인에 따라 기술상식의 보유정도, 선행기술에 의한 자신의 지식화 능력이 다를 수 있다. 심사관은 그 발명이 속하는 기술분야에 있어서 논리적 사고 또는 창조력을 가지고 있어야 하는가, 만약 가지고 있는 경우에는 그 정도의 수준은 어떠한 기준에 의하여 특정되어야 하는 것인지가 중요하다. 현행 심사기준에 의하면, 통상의 기술자는 실험, 분석, 제조 등을 포함하는 연구 또는 개발을 위하여 통상의 수단을 이용할 수 있으며, 공지의 재료 중에서 적합한 재료를 선택하거나 수치범위를 최적화하거나 균등물로 치환하는 등 통상의 창작능력을 발휘할 수 있는 지식을 가지고 있어야 한다.

대법원 판례[63]는 진보성의 유무를 판단하기에 앞서 청구인들이 제시한 선행기술인 증거 등에 의하여 통상의 기술자의 기술수준을 특정하고, 이를 기초로 제1항이 진보성이 있는지를 판단하였고, 또 증거 중에서 진보성 부정의 근거가 되는 부분뿐만 아니라 그 전체를 근거로 통상의 기술자의 기술수준을 도출하고 있는 것에 의의

---

62) 권태복, "특허법상 '통상의 기술자'의 기준 -대법원 2016. 1. 14.선고 2013후2873, 2880판결-", 산업재산권 제50호, 147-148면.
63) 대법원 2016. 1. 14. 선고 2013후2873, 2880 판결.

가 있다. 다만, 선행기술 전체에 대해 통상의 기술자가 "합리적으로 인식할 수 있는 사항"을 기초로 판단하여야 한다고 설시하고 있지만, 여기서 선행기술의 인용문헌 전체로부터 "합리적으로 인식할 수 있는 사항"을 도출하기 위한 구체적인 판단기준이 제시되어 있지 않다.

따라서 "합리적으로 인식할 수 있는 사항"을 도출하기 위한 구체적인 판단기준으로서는, 출원시점에서 통상의 기술자의 지식이 통상의 기술자를 특정하는 심사관 개개인에 따라서 달라질 수 있기 때문에 가능한 한 통상의 창작능력을 가질 수 있게 그 발명이 속하는 기술 분야의 지식을 사전에 이해할 필요성이 있고, 또 통상의 기술자는 그 발명이 속하는 기술분야에 대한 단순한 지식 또는 정보만을 근거로 하는 것이 아니라 발명의 과제해결이 무엇이고 그 과제해결이 필요한 물건 또는 방법을 스스로의 사고능력에 따라서 도출해 낼 수 있을 정도의 지식을 가지고 있어야 한다.

그리고 지식의 성질 및 범위와 관련하여 중요한 것은 통상의 기술자가 가지는 자격 또는 기량이다. 자격에 대해서는 특별한 규정은 없지만, 그 분야에서의 박사학위 소지자 또는 변리사, 기술사 등의 자격을 요하는 전문가는 아니다.[64] 기량에 대해서는 통상의 기술자가 실험, 분석, 제조 등을 포함하는 연구 또는 개발을 위하여 통상의 수단을 이용할 수 있어야 하고, 공지의 재료 중에서 적합한 재료를 선택하거나 수치범위를 최적화하거나 균등물로 치환하는 등 통상의 창작능력을 발휘할 수 있는 기량을 가져야 한다.[65]

---

64) 통상의 기술자를 전문가(그 발명이 속하는 기술분야의 전문연구자)로 설정하면 통상의 기술자의 기술수준이 과도하게 높게 되고 기업은 추가적 투자에 따른 연구결과에 대하여 진보성 결여로 특허를 받을 수 없게 되어 연구개발 투자에 대한 의욕을 상실하게 되기 때문이다(구대환, "유인이론의 관점에서 본 '통상의 기술자'의 기술수준", 산업재산권 제45호, 2014, 18-9면).
65) 권태복, 앞의 논문(산업재산권 제50호), 148-149면.

2) 출원시점의 기술수준과 통상의 기술자의 기술수준

진보성의 유무를 판단하는 주체가 통상의 기술자이고, 그러한 통상의 기술자는 출원시점에서의 기술수준을 정확히 파악하여 본인의 기술수준을 출원시점에서의 평균적 기술수준으로 특정하고, 이를 근거로 청구항에 기재된 발명이 선행기술에 비해서 진보성을 가지고 있는지를 판단하여야 한다.[66]

이에 대하여, 대법원 판례에서는 "진보성 유무를 판단함에 있어서는 적어도 선행기술의 범위와 내용, 진보성 판단의 대상이 된 발명과 선행기술의 차이 및 통상의 기술자의 기술수준에 대하여 증거 등 기록에 나타난 자료에 기하여 파악한 다음, 이를 기초로 하여 통상의 기술자가 특허출원 당시의 기술수준에 비추어 진보성 판단의 대상이 된 발명이 선행기술과 차이가 있음에도 그러한 차이를 극복하고 선행기술로부터 그 발명을 용이하게 발명할 수 있는지를 살펴보아야 하는 것이다."라고 판시하고 있다.[67] 즉, 대법원 판례에서는 통상의 기술자의 기술수준에 대하여 증거 등 기록에 나타난 자료에 기하여 파악하고, 이를 기초로 하여 통상의 기술자가 특허출원 당시의 기술수준에 비추어 청구항에 기재된 발명이 선행기술의 범위와 내용으로부터 용이하게 발명할 수 있는 것인지를 판단하여야 한다.

대법원 판례[68]에서 제시된 기술수준에는 통상의 기술수준과 출원시점의 기술수준으로 달리 표현하고 있다. 즉, 통상의 기술수준은 선행기술의 범위와 내용, 진보성 판단의 대상이 된 발명과 선행기술의 차이에 관한 증거 등 기록에 나타난 자료에 기하여 파악되는 것이고, 출원시점의 기술수준은 이러한 통상의 기술수준을 기초

66) 김원준, "진보성 판단시 해당 기술분야에 관한 고찰", 법학연구 제53권 제1호(통권 71호), 2012, 366면.
67) 대법원 2015. 7. 23. 선고 2013후2620 판결.
68) 대법원 2016. 1. 14. 선고 2013후2873, 2880 판결.

로 파악되는 것으로 이해되지만, 결국 이들의 기술수준은 출원시점에서의 평균적 기술수준이라고 통칭될 수 있기 때문에 다른 의미가 아니라 동일의 관점에서 접근되는 것으로 이해하여야 한다.

이에 대하여 특허청의 심사기준에는 통상의 기술자란 (i) 출원전의 해당 기술분야의 기술상식을 보유하고 있고, (ii) 출원발명의 과제와 관련되는 출원전의 기술수준에 있는 모든 것을 입수하여, (iii) 자신의 지식으로 할 수 있는 자로, (iv) 연구 또는 개발을 위하여 공지의 재료 중에서 적합한 재료를 선택하거나 수치범위를 최적화하거나 균등물로 치환하는 등 통상의 창작능력을 발휘할 수 있는 자라고 규정하고 있다.69) 여기서 기술수준이란 특허법 제29조 제1항 각호의 1에 규정된 발명 이외에도 당해 발명이 속하는 기술분야의 기술상식을 포함하는 기술적 지식에 의하여 구성되는 기술수준을 말하고, 또한 일상적인 업무 및 실험을 위한 보통 수단 등, 청구항에 기재된 발명의 기술분야와 관련된 모든 종류의 정보에 관계되는 것을 의미하고 있다.70)

따라서 특허법과 심사기준, 대법원 판례 등을 고려하여 특정할 수 있는 통상의 기술자의 기술수준은, (i) 특허법 제29조 제1항 각호의 1에 규정된 선행기술, (ii) 출원전의 해당 기술분야71)의 기술상식 등을 포함하는 기술적 지식에 의하여 정하여지는 기술수준을

---

69) 특허청, 앞의 심사기준(2019. 3. 18. 특허청예규 제108호), 3302면.
70) 특허청, 앞의 심사기준(2019. 3. 18. 특허청예규 제108호), 3302면.
71) 여기서 기술분야란 원칙적으로 당해 발명이 이용되는 산업분야를 말하는 것이나, 청구항에 기재된 발명의 효과 혹은 발명의 구성의 전부 또는 일부가 가지는 기능으로부터 파악되는 기술분야도 포함된다. 인용발명이 청구항에 기재된 발명과 다른 기술분야에 속해 있다 하더라도, 인용발명 자체가 통상 다른 기술분야에서도 사용될 가능성이 있다거나, 통상의 기술자가 특정 기술적 과제를 해결하기 위해 참고할 가능성이 있는 것으로 인정되는 경우에는 인용발명으로 선정할 수 있다[특허청, 앞의 심사기준(2018. 8. 1. 특허청예규 제104호), 2310면].

말한다. 여기서 (ⅰ)의 특허법 제29조 제1항 각호의 1에 규정된 선행기술은 심사관의 검색에 의해서 또는 무효에 있어 청구인이 제시한 인용문헌에 의하여 기술수준이 특정되지만, (ⅱ)의 출원전의 해당 기술분야의 기술상식은 통상의 기술자의 실제 주체에 해당하는 심사관이 청구항에 기재된 발명뿐만 아니라 그 발명이 속하는 해당 기술분야의 주지관용 기술 등을 파악하여 정해지는 것이고, 그 기술상식의 특정에 전문가의 관점이 아니라 그 발명에 종사하는 자의 보편성과 일반성의 관점에 의하여 정해져야 할 것이다.72)

---

72) 권태복, 앞의 논문(산업재산권 제50호), 149-152면.

제 6 장

제4차 산업혁명시대의
특허경영전략

제1절 AI 기술개발 전략

1. AI 기술적용에 의한 산업발전의 특징

인간의 행동에서 얻은 지적 활동을 컴퓨터에서 수행하는 일련의 컴퓨터 관련기술에 해당하는 AI 기술(딥러닝, 머신러닝)을 이용하여 새로운 SW를 개발하고, 이를 활용하여 신사업 또는 신상품의 창출을 도모하여야 한다. 현재 주로 기계학습을 이용한 AI 기술이 실용화 단계이며, 국내외의 많은 기업들은 AI 기술을 이용한 SW개발 및 그 이용에 사운을 걸고 있다.

향후 다양한 AI 기술이 사회에 널리 보급됨으로써 중소기업, 벤처기업, 스타트업 기업, 1인 창조기업들에게 새로운 사업구상, 신상품의 출현을 유도할 수 있을 것이다. 또한 AI 기술은 편리성·생산성 향상과 지금까지 대응하지 못한 저출산, 고령화 등의 사회적·구조적 과제에 대한 대응도 보다 적극적으로 할 수 있을 것으로 기대되고 있다.

무엇보다 AI 기술의 기본기술 사상은 데이터로부터 결론을 추론하는 귀납적인 것이며, 기존의 연역적인 SW의 기본기술 사상과는 근본적으로 다르다. 즉 AI 기술적용의 SW개발이 기존의 SW개발과 비교하여 가질 수 있는 특징은 (ⅰ) 원시 데이터가 있어야 하고, (ⅱ) 원시 데이터의 가공으로부터 학습데이터 구조를 생성하고, (ⅲ) 학습완료모델의 내용·성능이 AI의 반복학습에 의하여 스스로 판단하여 생성되고, (ⅳ) 그것을 생성 시 특히 노하우의 중요성이 높고, (ⅴ) 학습완료모델에 입력데이터를 입력하여 각종 생성물에 대하여 한층 더 재이용의 수요가 존재한다는 것 등을 들 수 있다.

이와 같이 AI 기술을 이용한 SW개발은 전형적으로는 수집된 데이터를 활용하여 새로운 학습완료모델로서 SW를 생성하고, 이러

한 학습완료모델에 입력데이터를 입력함으로써 새로운 상품의 제
조 및 유통, 공장자동화, 로봇, 드론, 자율주행차, 자동청소기 등의
자동화기기, 의료 및 환경, 교통정보, 기상정보 등 모든 산업분야에
적용할 수 있는 새로운 또 다른 파생모델도 도출할 수 있는 특성을
가지고 있다.

따라서 이용자와 제공자의 AI 기술적용 SW개발계약에 있어서는
최우선적으로 연구결과물의 특허권 취득전략을 수립하여야 한다.
즉 AI의 반복학습이 이루어지는 프로세스의 단계를 구체적으로 특
정하는 경우에는 SW특허로서 특허를 받을 수 있으므로, 특허출원
시에는 실제로 AI 학습의 목적을 제시하고, 그 목적에 따라서 AI가
학습데이터 구조를 가공하고, 그 학습데이터 구조에 의하여 반복학
습하는 단계를 구체적으로 실시예에 특정하여 AI발명을 특허출원
하고, 그 후 실시에 있어서 발생할 수 있는 법률적 문제를 풀어가는
특허전략이 필요하다.

2. 이용자와 제작자의 협업과 쟁점

AI발명은 물론이고 AI를 이용한 빅데이터발명, IoT발명, 블록체
인발명은 결국 수집된 데이터를 근거로 학습하여 새로운 최적의
학습완료모델을 개발하고, 이러한 학습완료모델에 해결하려고 하
는 입력데이터를 입력함으로써 결과물을 도출할 수 있다. 이와 같
이 AI 기술을 적용한 SW개발에는 어떤 회사 단독으로 할 수 있고,
인력과 전문기술력이 부족한 회사는 SW개발전문회사와 협업에 의
하여 이루어지고 있다. 즉 아래의 [그림 12]와 같이 AI 기술을 적용
한 학습완료모델을 이용하여 새로운 사업을 구상하거나 추진하기
위하여 그 개발을 의뢰하는 자(이하 "이용자"라 한다)와 이용자로부터
AI 기술을 적용한 학습완료모델의 연구개발을 의뢰받아서 개발하
는 자(이하 "제공자"라 한다)가 협업에 의하여 이루어지고 있는 것이

[그림 12]

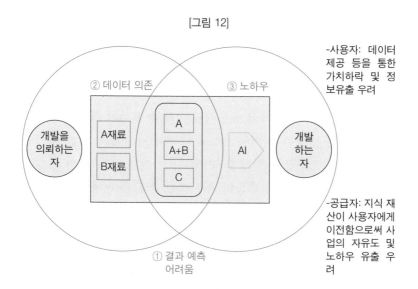

일반적이다. 물론 기술력과 연구인력이 수반되는 대기업 또는 중견기업, 기술력이 뛰어난 중소기업이나 벤처기업 등은 협업에 의하지 않고 이용자와 제작자(개발하는 자)의 역할을 동시에 수행할 수 있을 것이다.

이와 같이 이용자와 제공자의 협업에 의하여 이루어지는 경우에는 모두 좋은 점만 있는 것이 아니라 문제점도 있을 수 있다. 즉, 데이터가 필요한 경우가 많은 AI 기술을 이용한 SW 개발에 있어서 이용자는 데이터와 노하우를 제공하는 것에 의하여 그것들의 가치가 하락하거나 정보가 유출되는 것을 우려하고, 반면 AI 기술을 이용한 SW를 개발하는 제공자는 연구결과물인 SW의 특허권이 이용자에게 이전함으로써 자신의 사업이 위축되거나 노하우의 유출을 우려하는 문제점이 제기될 수 있다.

1) AI 기술의 특성이해와 학습완료모델(새로운 SW)

AI 기술을 이용한 학습완료모델 SW와 기존 SW 개발에 있어서 차이점은 예를 들어, 성과물(후술하는 학습된 모델)의 정도가 학습에 이용하는 데이터에 크게 의존하기 때문에, 개발의 초기 단계에 있어서는 어떠한 성과물이 완성될지 예측하는 것이 원리적으로 어렵다는 문제점이 있다. 이러한 문제점은 AI 기술이 어떠한 기술인지, 어떠한 특성을 가지고 있는지의 여부에 대하여 이용자와 제공자의 계약단계에 있어서는 아직 공통적인 이해와 인식이 형성되어 있지 않기 때문에 납품된 성과물(SW)에 대하여 당사자의 의견 차이와 오해가 생겨 트러블이 발생할 수 있다. 이러한 AI 기술의 특성을 이해하지 못한 결과, 성과물의 성능보증 등을 둘러싸고 이용자와 제공자 사이에 결말이 나지 않는 논의가 전개될 우려가 있다.

따라서 양 당사자는 AI 기술의 기본적 개념을 정확히 이해하고, 연구용역개발과 장래의 사업을 구상하여 특허경영전략을 수립하여야 한다. AI 기술을 이용하여 빅데이터 및 IoT 관련 SW에 대한 개발 초기단계에서 성과물을 예측하거나, 개발한 SW에 미지의 입력데이터를 입력하여 얻을 수 있는 것에 성능보증을 요구하는 것이 어렵다는 특성에 기인한 것이기 때문에, 이용자와 제공자는 공통의 인식을 전제로 AI 기술과 산출된 새로운 SW, 그리고 그 새로운 SW가 목적에 따라 입력데이터의 입력에 의하여 얻을 수 있는 성과물을 충분히 검토하고 협의하여 특정하여야 할 것이다.

다만, AI 기술의 특성은 계약에 의한 당사자 간의 위험 분배를 즉시 결정하는 것이 아니라, 어디까지나 사후의 분쟁을 미연에 방지하기 위한 위험 평가의 한 요소에 불과하다. AI 기술의 불확실성에 따른 위험을 포함시킨 후, 당사자 간의 연구개발비를 조정하는 것도 생각해 볼 수 있으며, 그러한 조정이 어렵다면 계약을 단념하고, 이용자가 스스로 AI 기술을 적용한 응용 학습완료모델(새로운 SW)을 개발하는 전략을 수립하여야 할 것이다.

2) AI 발명의 권리관계·책임관계 등의 법률관계 불명확

AI기술 적용에 의한 반복학습을 통하여 최적의 학습모델이라는 발명을 도출한 경우, 실제 발명한 주체는 AI인가 아니면 인간인가, 만약 발명한 주체가 AI라고 하면 AI는 현행 특허법에 의하여 특허를 받을 수 있는 자(자연인)에 해당하지 않는다. AI 기술의 급속한 발전과 보급에 법률이 따라가지 못하고 있기 때문에, AI 기술을 이용한 SW에 관한 권리관계 및 책임관계에 대하여 법적으로 명확하지 않은 부분이 많은 것도 현실이다.

예를 들면, 이용자가 데이터를 제공하고, 제공자가 개발한 AI 기술을 이용한 학습완료모델을 개발한 경우, 이용자 입장에서는 단순한 데이터가 아니라 데이터의 수집방법특허에 의하여 원시데이터를 제공하였기 때문에 개발된 새로운 SW에 대하여 특허출원할 수 있는 권리가 있다고 주장할 수 있고, 한편 제공자도 비록 데이터수집방법특허에 의하여 수집된 데이터를 제공받았다고 하더라도, 그 원시데이터를 가지고 학습데이터 구조를 가공하였고 그러한 학습데이터 구조를 통하여 반복학습에 의한 결과로서 도출된 새로운 SW에 대한 특허를 받을 수 있는 권리를 가지고 있다고 주장할 수 있다. 그리고 새로운 SW에 입력데이터를 입력하여 결과물을 도출한다거나 물건을 생산, 관리함에 있어서 당해 새로운 SW의 오동작에 의하여 손해가 발생한 경우 또는 제3자에게 손해를 입힌 경우, 그 손해가 데이터에 기인한 것인지, SW 프로그램에 기인한 것인지에 대한 판단은 쉽지 않고, 민법 등 법률의 규정에 따라 이용자와 제공자 간에 어떻게 손해배상 책임을 분담하게 될 것인지에 대해서도 명확하지 않다.

AI 기술의 적용에 의해 도출된 새로운 SW에 관한 권리관계에 대하여는 계약 중에 권리의 귀속에 대한 결정뿐만 아니라, 제공받은 원시데이터 혹은 자체 원시데이터의 이용조건, 학습완료모델의 이용조건에 대하여 구체적이고 섬세하게 설정해 두는 것이 좋고, 또 SW개발의 목적을 달성하기 위한 유연한 당사자 간의 협업 틀을 제시하여 연구개발계약에 특정하여야 한다.

3) 원시데이터의 경제적 가치 및 비밀성

AI 기술의 적용에 의한 SW 개발에 있어서는 원시데이터의 취득과 가공에 많은 시간과 노력이 필요하다. 일반적으로 AI 기술의 적용에 의한 학습완료데이터의 개발은 원시데이터와 세트로 생각해야 하며, 개발에 필요한 원시데이터는 이용자로부터 제공자에게 제공되고, 이에 제공자는 이용자의 원시데이터를 바탕으로 SW를 개발하게 된다.

장래의 새로운 먹거리 사업으로 경쟁력이 있고 성능이 좋은 학습완료모델 SW의 개발에는 일반적으로는 학습을 위한 고품질로 대량의 원시데이터가 필요하다.[1] 이용자로부터 제공자에게 제공되는 원시데이터는 이용자가 상당한 노력과 비용을 들여서 DB구축한 생산관리 데이터, 노하우가 화체(化体) 된 데이터, 고객관리데이터, 매입자와 매출금액 데이터, 제품 또는 기기 성능 및 하자 데이터, 환자관리 데이터, 기온 및 강수량 데이터 등 기업의 경쟁력의 원천이 되는 경제적 가치와 비밀성이 있는 데이터가 많다. 또 이러한 각종 원시데이터의 수집방법 또는 그 가공방법은 특허출원 또는 특허권이 있는 경우도 있다.[2]

---

1) 예를 들면, AI기술을 이용하여 사용자의 건강검진 데이터 및 라이프 로그 데이터, 또는 약품 처방 데이터 등으로부터 원시데이터를 수집하고, 수집된 빅데이터 분석을 통해 사용자의 건강상태 변화를 분석하여 사용자의 예상 질병의 예측을 수행하고, 건강예측 AI는 사용자의 건강검진 데이터와 사용자의 라이프 로그 데이터를 융합하고, 사용자의 건강 상태 변화와 생활패턴 및 활동량 변화 사이의 상관관계를 분석하여 사용자의 예상 질병을 방지하기 위한 질병 예방 방안을 도출하는 경우, 이러한 원시데이터의 수집과 DB는 AI가 반복학습을 위한 고품질 데이터로 비밀성이 유지되어야 하는 노하우로 볼 수 있다.

2) 예를 들면, 등록특허 10-1954813호(등록일자 2019. 2. 27; 발명의 명칭: 일하이브리드 크롤링을 통해 데이터를 수집하는 방법)는 하이브리드 크롤링을 통해 데이터를 수집하는 방법에 있어서, OS에 설치되어 데이터를 수집하는 SW 설치형 크롤러 및 SaaS(Software as a Service) 형태의 웹서비스에 해당

특히 AI 기술의 적용에 의한 SW개발을 의뢰하는 이용자의 입장
에서는 경제적 가치와 비밀성이 있는 데이터를 제공자에게 제공함
으로써 데이터와 노하우가 외부에 유출되는 경우, 기업의 경쟁력을
잃거나 비밀유지의무 위반과 개인정보보호 문제가 발생할 우려가
있다. 또한 이용자로서 제공한 원시데이터로부터 학습데이터 구조
를 가공하고, 그 가공된 학습데이터 구조로부터 생성된 학습완성모
델의 성과물은 자신이 제공한 원시데이터에 기초하고 있다고 주장

하는 클라우드형 크롤러 중 어느 하나가 선택되고 이후 다른 하나로 전환될
수 있는 상태에서, 컴퓨팅 장치는 상기 설치형 크롤러를 컨트롤하고, 클라우
드 서버는 상기 클라우드형 크롤러를 컨트롤하며, 상기 수집될 데이터가 포
함된 웹 사이트는 적어도 제1 웹 페이지 및 제2 웹 페이지를 포함하고, 상기
제1 웹 페이지의 구조와 상기 제2 웹 페이지의 구조가 서로 대응된다고 할
때, 상기 제1 웹 페이지상에 디스플레이되는 전체 데이터 중 제1 소정 데이터
가 선택되고 이를 수집하면, 상기 컴퓨팅 장치 또는 상기 클라우드 서버가,
상기 제1 웹 페이지상에서 상기 제1 소정 데이터의 경로 정보를 획득하는 단
계; 상기 컴퓨팅 장치 또는 상기 클라우드 서버가, 상기 제2 웹 페이지상에서
상기 경로 정보에 대응하는 제2 소정 데이터를 수집하는 단계; 및 상기 컴퓨
팅 장치 또는 상기 클라우드 서버가, 상기 제1 소정 데이터 및 상기 제2 소정
데이터를 포함하는 수집 데이터를 데이터베이스에 저장하는 단계를 포함하
는 방법을 제시하고, 이러한 방법에 의하여 원시데이터가 수집된다.

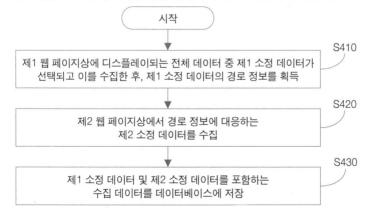

하는 경향이 있다. 한편, 제공자 입장에서 보면, 학습완성모델에 포함된 학습된 파라미터에서 제공된 원시데이터를 일반적으로 읽기 어렵다는 것을 감안하여 정보 유출의 염려는 없다고 주장하는 경향이 있다.

이러한 양 당사자의 융합적 관점에서, 이용자의 원시데이터에 대한 수요와 제공자의 성과물을 이용하는 것에 대한 요구를 어떻게 조정할 것인지가 문제가 된다. 이런 문제는 반드시 AI 기술의 적용에 의하여 개발된 SW 특유의 것은 아니지만, 그 성능이 학습 데이터 구조에 크게 의존하는 경우에는 학습완료모델(새로운 SW)의 생성도 원시데이터와 보다 더 밀접한 관계에 있는 것으로 보는 것이 협업의 방안이라고 여겨진다. 다만, 이용자와 제공자가 성과물 그 자체 및 이용에 관한 법적 관계가 법률에 의해 명확하게 표시되어 있지 않은 경우, 당사자의 예측 가능성이 담보되어 있지 않기 때문에 AI 기술의 적용에 의한 개발 및 이용이 소극적일 수 있다는 문제점이 있다.

따라서 이러한 문제점에 의하여 AI 기술의 적용에 의한 SW개발

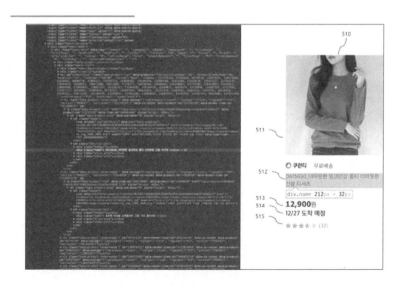

이 저해되지 않도록 원시데이터 및 성과물에 대한 이용조건을 섬세하게 설정해 나가는 틀을 제시하고, 이 이용조건에 있어서 당사자의 상황과 제공하는 원시데이터의 특성을 반영한 조건을 당사자의 협업에 의하여 설정해야 한다. 또 사용자 원시데이터의 취급에 대한 욕구와 제공자의 성과물의 유효활용에 대한 요구의 조화를 도모할 수 있도록 이용자와 제공자가 적극적으로 협업하는 특허경영전략이 필요하다.

제2절 AI 기술에 의한 발명의 발상전략

1. AI발명의 발상기법

AI 기술의 적용에 의한 SW 개발의 특징은 이용자가 장래 적용하려고 하는 SW의 목적과 실현수단에 따라서 최적의 학습모델 SW(학습완료모델)이 연구·개발되고 있다. 그러나 이용자가 희망 또는 요구하는 최적의 학습모델은 내용 및 성능, 수행방법 등이 실제 연구계약체결 시에 구체적으로 특정되는 것이 아니라 모호한 경우가 많다. 특히 최적의 학습모델 SW가 특정과제를 해결하기 위한 방법 및 내용, 성능 등이 원시데이터와 학습데이터 집합 및 구조에 의존할 수밖에 없다.

특히 AI 기술을 이용한 SW 개발 및 이용에 관한 계약에 대해서는 계약당사자의 지식·경험도 충분히 축적되어 있지 않고, AI 기술을 이용한 SW가 가지는 목적, 그 목적을 해결하려는 과제의 특성, 데이터 노하우의 가치, 상대방의 입장에 대하여 충분히 이해되지 않고 SW개발계약 교섭이 진행되는 경우에는 최적의 학습모델 SW를 도출하는 것이 어려울 수도 있다. 이러한 상황에 있어서는 권리관계나 책임의 소재에 대하여 당사자가 현실적이지 않은 요구를 강요하거나 지나치게 방어적인 경우에는 당사자 간에 이야기가 평행선으로 진행됨으로 인하여 SW개발계약이 성립되지 않는 것도 생각할 수 있다. 또는 AI 기술의 적용에 의한 SW개발 및 이용의 범위가 한정되어 버리거나 계약조항에 오해나 간과된 채로 계약을 체결했기 때문에 문제가 발생했을 때의 해결 비용이 높아지는 문제점이 있을 수 있다.

이러한 점을 고려하여 SW로서 AI발명의 발상기법의 기본방향은 (i) 최적의 학습모델 SW의 실현가능성을 검토하는 어세스먼트 단계, (ii) 원시데이터의 가공을 통한 학습데이터 구조를 어떠한 방안으로 구축할 것인지에 대한 PoC단계,3) (iii) 학습데이터 구조와 알고리즘에 의한 최적의 학습모델SW에 대한 개발단계, (iv) 최적의 학습모델 SW에 입력데이터를 입력하여 결과물을 도출하기 위한 추가학습단계, (v) 위의 각 단계별로 AI 기술의 적용에 의해 이용자의 목적을 실현할 수 있는지의 여부 예측단계, (vi) 위의 각 단계별로 산출된 것에 대한 검증 및 당사자 상호 확인을 얻는 단계 등을 바탕으로 SW개발을 진행시켜 나가는 탐색적 단계형 개발방식을 도입할 필요성이 있다.

일반적으로 탐색적 단계형 개발방식은 각 단계별 요건정의를 정확히 한 워터폴 형식과 달리 시행착오형의 개발을 허용하는 개발방식이다. 특히 AI 기술의 적용에 의한 SW개발은 귀납적(歸納的)으로 추론을 행하는 개발방식으로 초기 단계에서 성과물을 명확하게 예측하는 것이 연역적으로 추론을 행하는 기존의 SW 개발과 비교하면 매우 어려우므로, 이용자와 제공자 간의 인식에도 차이가 생기기 쉽다.

따라서 AI 기술의 적용에 의한 SW개발의 단계를 복수로 나누는

---

3) PoC(Proof of Concept)이란 새로운 개념과 아이디어의 실현 가능성을 보여 주기 위하여 부분적으로 실현하는 것을 의미한다.

탐색적 단계형 개발방식은 이용자와 제공자 당사자가 개발을 각 단계를 진행하면서 성과물의 구체적인 내용을 대면시키면서 나갈 수 있고, 성과물에 대하여 그 성능보증의 적합성을 포함한 이용자와 제공자의 인식의 차이가 생기는 것을 사전에 협의 및 조정함으로써 최대한 방지할 수 있는 이점이 있다.

특히 탐색적 단계형 개발방식에 있어서는 개발을 진행하는 과정에서 필요한 성능을 가진 성과물이 없는 것이 판명된 경우 다음 단계로 진행하지 않고 양 당사자가 협의를 하여 결론을 도출할 수 있고, 성과물에 대하여 당사자의 인식의 차이에서 발생하는 트러블이나 개발이 실패하는 것에 의한 위험을 줄이고 또 양 당사자 간에 분산할 수 있는 이점이 있다.

2. AI 기술에 의한 발명의 발상기법

A사는 그동안 LCD 디스플레이를 이용하여 전시물의 위치 안내나 전시관 전체의 이용안내, 특정 전시관의 전시내용 설명 등을 영상 정보나, 음성 정보 형태로 제공하여 시행하고 있었지만, 앞으로는 AI 기술을 이용하여 전시관 안내를 수행해 줄 수 있는 안내 로봇을 이용하기로 하였다. 그러나 A사는 현재 안내 로봇을 개발할 연구인력을 가지고 있지 않기 때문에 SW 전문개발업체인 B사에 연구개발을 의뢰하고자 한다. 이러한 경우, A사는 이용자가 되고 B사는 제공자에 해당하며, 그 진행절차는 다음과 같이 이루어진다.

(i) A사는 B사에게 연구개발의 목적과 결과물(안내 로봇SW), 그리고 그동안 수집하여 DB로 구축한 전시관 안내에 대한 각종 원시데이터를 제공한다.

(ii) B사는 A사가 제공한 전시관 안내에 대한 각종 원시데이터로 AI가 학습할 수 있도록 하기 위하여 학습데이터 구조 및 알고리즘을 개발한다.

(iii) B사는 AI 기술(범용 딥러닝 또는 신규한 딥러닝 기술)을 적용하고 학습프로그램에 의하여 반복학습하여 학습완료모델(안내 로봇 SW)을 개발하여 A사에 납품한다.

(iv) A사는 B사로부터 납품받은 학습완료모델(안내 로봇SW)을 적용한 안내 로봇의 제작을 B사 또는 로봇생산전문업체 C사에게 제작 발주한다.

(ⅴ) A사는 납품받은 안내 로봇에 전시장 안내 입력데이터를 입력하여 안내 로봇에 의한 안내 서비스를 실시한다.

이러한 과정에서 발생되는 기술적 사상으로서의 아이디어는 특허를 받을 수 있다. 즉 전문안내인이 전시관을 안내하는 형식 그대로 안내 로봇이 관람객을 안내하도록 시스템을 구축하고 전시 물품의 배치와 멀티미디어 정보 제공 장치를 연계하여 체계적으로 관람객 서비스가 제공되도록 하되, 로봇의 제어에 있어서는 스토리 라인 및 제공정보의 손쉬운 설정 및 변경을 통해 다양한 전시 상황에 맞게 유연하게 변화시켜 동작할 수 있도록 구성된 로봇 전시안내 시스템이 성과물로 도출된다. 여기서 전시안내 서비스는 로봇 제어스테이션에 프로그램된 스토리 라인(로봇의 이동경로와 일치함)대로 위치를 판단하여 로봇이 이동 중에 또는 정해진 위치에서 전문안내인처럼 음성으로 전시 내용을 설명하는 형태로 진행되고, 또 로봇제어스테이션은 전시관 내부의 위치정보를 토대로 상기 안내 로봇의 이동경로(스토리라인), 상기 이동경로상에서 안내서비스가 필요한 안내지점 및 상기 안내지점별 제공될 멀티미디어 정보를 설정하는 기능을 제공하며, 상기 설정 정보에 따른 제어명령 및 데이터를 송신함으로써 상기 안내 로봇을 제어할 수 있도록 아래의 [그림 13]과 같이 구성된다.

위의 성과물은 AI발명으로 특허출원을 할 수 있다. 다만 특허출원인을 누구로 할 것인지의 여부가 쟁점이 될 수 있지만, 다음과 같이 발명자를 특정하여야 한다.

[그림 13]

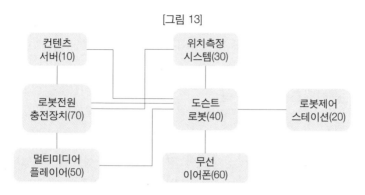

(i) A사가 발명의 목적과 과제해결에 관한 구체적인 아이디어를 B에게 제공하고, B사는 A사의 아이디에 따라서 단순히 안내 로봇의 구동프로그램만을 제작하였다면, A사가 발명자로서 특허출원인이 된다.

(ii) A사가 발명의 목적과 요구조건만 제시하고, 또 전시관 안내에 대한 각종 원시데이터 DB만 제공한 경우, B사는 AI 기술을 적용한 위의 학습완료모델(안내 로봇SW)의 아이디어에 대한 진정한 발명자가 되어 특허출원할 수 있는 권리를 가진다.

(iii) 만약 A사와 B사가 연구용역계약의 특약조항으로 연구개발비를 지원한 A사가 성과물에 대한 특허출원할 수 있는 권리를 가지는 것으로 규정한 경우에는 A사만 특허출원할 수 있는 권리를 가지고, 공동으로 특허출원하는 것으로 규정한 경우에는 A사와 B사가 공동출원인이 되어야 한다. 결국 이러한 개발의뢰 또는 공동연구에 있어서는 당사자 간의 개발계약이 우선하므로 특약조항으로 특허를 받을 수 있는 권리를 명확히 특정하여야 한다.

제3절 AI 기술 적용과 특허출원 프로세스

1. 특허경영전략의 수립

제4차 산업혁명 시대에서 AI 및 빅데이터, IoT, 블록체인의 기술을 활용하여 사업을 구상하여야 경쟁사회에서 성공할 수 있다는 경영마인드가 중요하다. 이러한 경영마인드를 실현하기 위해서는 특허권이 반드시 수반되어야 한다. 특허권을 확보하기 위해서는 아래의 [표 5]와 같이 필요한 원시데이터의 수집에서부터 학습완료모델 개발, 그 개발된 학습완료모델에 입력데이터를 입력하여 결과물의 도출에 이르기까지의 전 공정 단계에서 생각할 수 있는 아이디어를 발굴하여 특허출원하여야 한다.

[표 5]

단계	AI 기술의 적용에 의한 SW개발공정	프로세스별 발명(아이디어)의 도출
1	· 신사업 · 신제품의 구상 · AI 기술을 이용한 SW개발 목적 구상	SW개발 아이디어(구체적 알고리즘)를 개발사에게 제공한 경우⇒당해 아이디어는 특허가능
2	· 데이터 수집(자체적으로 원시데이터) · 데이터 구입(외부로부터 매수) · 데이터의 편집 · 데이터베이스제작	· 데이터 수집방법4) · 데이터 수집 방법과 시스템 · (편집저작물) · (데이터베이스제작자의 권리)
3	· 원시데이터가공⇒학습데이터개발 · 2차적인 가공 데이터 생성 · 데이터 요소 사이의 상호관계를	· 학습데이터의 구조 (데이터구조+HW = 물건특허)

	표시한 데이터의 논리적 구조	
4	· 범용, 특정 AI(머신러닝, 딥러닝) · 학습데이터의 구조에 의한 기계학습 · 범용 AI 기술의 적용 · 특정 AI 기술의 적용	· 학습완료모델(SW)
5	· 학습완료모델(SW) 이용 · 학습완료모델(SW)에 입력데이터 입력	· 창작물(음악, 캐릭터 등) · 결과물(로봇, 자율주행차 등)
6	· 추가 학습모델 개발 · 학습완료모델에"다른 학습데이터"를 적용하여 새로 학습된 파라미터를 개발하는 경우 · 추가 학습완료모델(파생 SW) 이용 · 추가 학습완료모델에 입력데이터 입력	· 추가 학습완료모델(파생 SW) · 기능, 성능이 향상된 결과물 · 창작물(음악, 캐릭터 등) · 결과물(로봇, 자율주행차 등)

---

4) 예를 들면, 데이터 수집 관련 특허(방법 및 시스템)는 다음과 같은 것이 있다.
(1) 크롤 문서들 및 문서 액세스 통계량 같은 데이터를 사용하여 전망 있는 광고 호스트들 결정(구글의 국제출원 PCT/US2005/039489)
(2) 웹 기반의 이미지 크롤링 장치 및 방법(특허번호: 10-1992761, 등록일자: 2019. 6. 19.)
(3) 하이브리드 크롤링을 통해 데이터를 수집하는 방법, 장치 및 그를 이용한 서버(특허번호: 10-1954813, 등록일자: 2019. 2. 27)
(4) 유저 디바이스의 특성값을 이용한 웹 스크래핑 방지 시스템 및 그 방법(특허1978898, 등록일자: 2019. 5. 9.)
(5) 빅데이터 및 인공지능 기계학습을 이용한 양식장 통합관리 시스템(특허번호: 2004165, 등록일자 2019. 7. 22.)

2. 단계별 발명의 도출 전략

1) AI 기술을 이용한 SW개발의 목적 구상(단계 1)

AI 기술 그 자체뿐만 아니라, AI 기술과 빅데이터의 결합, AI 기술과 IoT의 결합 등을 통한 신사업 또는 신상품을 구상할 수 있다. 즉 AI 기술의 적용에 의한 학습완료모델을 개발하고, 그 성과물인 학습완료모델에 다양한 입력데이터를 입력함으로써 획기적인 신상품을 생산할 수 있고, 또 공정 및 물류, 유통, 의료, 보험, 금융, 교통 및 자율주행, 환경 등 다양한 분야에 이용함으로써 고객서비스, 생산효율증대, 비용절감, 안전관리 등의 효과를 극대화할 수 있는 SW개발의 전략을 수립한다.

2) 원시데이터의 수집과 신사업·신상품의 창출 유형(단계 2)

제4차 산업혁명 시대에서는 데이터의 양이 폭발적으로 증가하여 데이터 시장규모가 급성장하고 있다.[5] 각종 데이터는 새로운 고부가가치 창출원으로 작용하고 있다는 점에서 데이터의 수집과 공유의 활성화가 매우 중요하고, 또 데이터의 이용을 극대화하여야 기업의 경쟁력을 높일 수 있다.

특히 세계 주요 국가들은 데이터 거래 생태계의 안정 및 데이터 거래 활성화·촉진을 위한 다양한 정책을 전개 중에 있고,[6] 또 어떤 데이터가 다른 데이터와 결합함으로써 부가가치를 상상 이상으로

---

[5] 국내 빅데이터 시장규모는 3,440억 원(약 3.3억 달러) → 30% 이상의 증가율로 성장하고 있다(박소영·정현숙, "빅데이터 거래의 한·중 비교: 기업 활용을 중심으로", IIT Trade Focus 2018년 제16호, 한국무역협회 국제무역연구원, 2018, 2면 참조).

[6] 2020년 세계 데이터 시장규모는 2,100억 달러로 추정 예측하고 있다(관계부처 합동, "데이터 산업 활성화 전략", 4차산업혁명위원회 의결안건, 2018, 1면 참조).

극대화할 수 있으므로 데이터의 대상과 종류를 넓혀 다양한 조합으로 이용하여야 한다. 이러한 데이터의 결합적 이용은 결국 빅데이터 및 IoT, 블록체인과의 결합에 의하여 데이터의 경제적 가치를 높일 수 있어서 기업의 경쟁력을 높일 수 있다. 이를 위하여 기업들은 데이터의 이용과 활용을 통한 신사업의 미래 먹거리를 창출하여야 한다. 우선 기업이 데이터를 가지고 있는 경우와 가지고 있지 않은 경우를 고려하여 AI 기술을 적용한 SW개발을 추진하여야 한다.

원시데이터는 어떤 기업의 사업 활동으로부터 부수적으로 발생하고 이를 수집·축적한 데이터를 말한다. 이와 같이 데이터의 이용자인 기업이 직접 수집하는 경우도 있지만, 제공자 또는 제3자(국가기관, 공공단체, 연구기관, 은행, 카드사 등의 기업 등)에 의해 1차적으로 취득된 데이터이고, 이러한 데이터는 데이터베이스에 되풀이하여 읽는 것이 가능한 변환·가공, 편집처리가 될 수 있어야 한다.

예를 들면, [표 6]과 같이 (i) 자사가 그동안 수집하여 DB를 구축한 고객관리 및 고객서비스 데이터, 매출 및 매입 데이터, 제품성능 데이터, 고객만족 데이터, 상품 하자 또는 이의 데이터 등을 가지고 있는 경우, 이러한 다양한 데이터를 활용하여 고객서비스의 향상을 위한 SW개발을 추진할 수 있고, 이러한 SW개발과 관련한 아이디어 및 성과물에 대해 특허를 취득하여 독점 실시함으로써 새로운 고객확보 및 매출증대를 창출할 수 있고, (ii) 자사가 데이터를 가지고 있지 않은 경우에는 다른 회사 또는 공공기관으로부터 데이터를 구입하여 AI 기술을 적용한 SW개발을 추진하여 특허를 받고, 그 특허를 통하여 고객서비스의 질적 향상을 기함으로써 매출증대를 창출할 수 있는 특허경영전략이 필요하다.

원시데이터의 수집에는 다양한 기술사상이 적용될 수 있다. 이러한 원시데이터의 수집과 선택을 행하는 경우, 데이터의 수집방법 및 그 시스템은 당연히 특허의 보호대상이 되기 때문에 특허출원을 하여야 한다. 예를 들면, 웹 사이트에 대응하는 접속정보를 획득

[표 6] 국내 데이터의 유형과 신산업의 창출

분야	제공기관	주요 데이터의 유형	AI기술 적용 SW개발
① 제조	대기업 중견기업 중소기업 벤처기업 등	· 생산관리 데이터 · 구매 데이터 · 고객관리 데이터 · 재고관리데이터 · 품질관리 데이터 등	· AI기반 제조공정자동화시스템 · AI기반 구매관리시스템 · AI기반 고객관리서비스 · AI기반 신상품개발 · AI기반 품질관리시스템 등
② 유통	백화점 할인마트 홈쇼핑 외식업체 등	· 고객현황 데이터 · 구매이력 데이터 · 배송이력 데이터 · 식자재 데이터 등	· AI기반 상권 분석 · AI기반 상품추천 고객마케팅 · AI기반 반품률 예측 · 광고 전략 개발 등
③ 보건의료	심사평가원 건강보험공단	· 인적사항 데이터 · 보험급여 데이터	· 환자별 맞춤형 진단 · 치료 · AI기반 감염병 차단 서비스
	민간의료기관	· 진료정보 데이터 · 질병 유형 데이터	· AI기반 정밀의료솔루션 개발 · 의약개발 방향설정 분석 등
④ 교통	교통연구원 교통안전공단	· 교통 현황 데이터	· 자율주행차 · AI기반 교통 정밀 분석 · AI기반 교통정보관리시스템
	스마트카드	· 교통이용현황데이터	· AI기반 상권 분석
	교통정보업체	· 특정지역교통데이터	· AI기반 환경오염유발 분석 등
⑤ 금융	한국은행 신용정보원	· 경제지표 데이터 · 금융 데이터	· AI기반 경제예측분석시스템 · AI기반 예금, 보험 상품 개발
	은행 보험 신용카드	· 개인 금융 데이터 · 개인 보험데이터 · 신용카드사용데이터	· 맞춤형 금융 서비스 개발 · 보험사기 분석 · 연체자 예측모델개발 등
⑥ 통신미디어	통신사 IPTV 업체	· 가입자 정보 데이터 · 위치정보 데이터 등	· AI기반 상권 분석 · AI기반 콘텐츠 추천 서비스
	언론진흥재단 방송광고공사	· 구독자 데이터 · 시청 데이터	· 기반 광고 전략 개발 · 소비자 기호 예측 분석 · 콘텐츠 상품개발 등

⑦ 도시공간	지자체	· 각종 교통 데이터 · 기반시설 데이터	· AI기반 지능형 도시 서비스 · CCTV 기반 보안 서비스
	국토연구원 토지주택공사	· 공간정보 데이터	· 입지분석 · 부동산 가격 예측 등
⑧ 에너지환경	한국전력 지역가스 에너지공단	· 전력 데이터 · 가스 데이터 · 에너지 사용데이터	· 에너지 공급 제어 · 관리 · 전력소비 패턴 분석 · 자연재해 예측 분석
	기상청 수자원공사	· 기상 데이터 · 저수지관리 데이터	· 가스사용 예측 분석 · 강수량 예측 분석 등
⑨ 연구	특허정보원 과학기술원 그 외	· 특허공보 데이터 · 기초과학 데이터 · 바이오물질 데이터	· 연구개발 목표 및 방향 설정 · 신약 후보 물질 발굴 · 바이오 연구
	표준데이터 센터	· 표준 데이터	· 신소재 연구 · 제품 표준화 규격화 등
⑩ 문화관광	문화정보원	· 문화예술 데이터	· AI기반 문화재 위험관리분석 · AI기반 문화재 발굴관리
	한국관광공사	· 관광데이터	· AI기반 관광안내서비스 · 지역문화행사서비스 등

하는 단계 및 접속정보에 대응하는 웹 페이지를 에뮬레이션하는 단계, 에뮬레이션된 웹 페이지의 렌더링 정보로부터 웹 페이지의 구조정보를 획득하는 단계, 그리고 구조정보를 이용하여 웹 사이트를 인덱싱하는 단계에 의하여 웹 사이트의 데이터정보 수집방법은 특허의 대상이 된다.[7]

---

7) 특허등록번호 10-1722157호(등록일자: 2017. 03. 27.; 발명의 명칭: 정보 수집 장치 및 이를 이용한 웹 사이트의 정보 수집 방법).

따라서 웹 사이트에서 데이터정보를 수집하기 위한 아래의 블록
도 및 흐름도를 근거로 명세서를 작성하여 특허출원을 하면 특허
를 받을 수 있다.

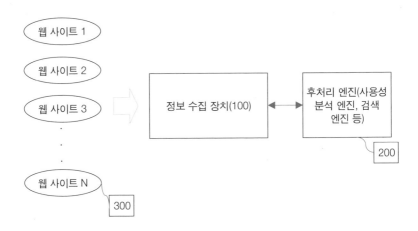

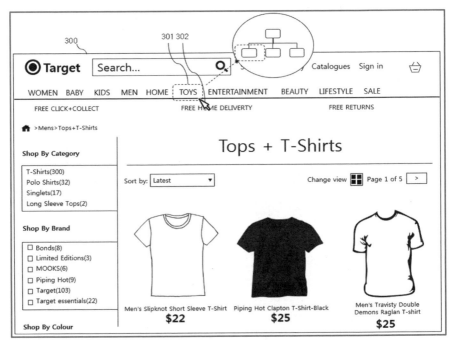

3) 원시데이터의 가공과 학습데이터 구조(단계 3)

원시데이터는 Missing Data와 Outlier Detection를 포함하는 등, 그 자체로는 학습을 수행하는 데 적합하지 않은 것이 많다. 그런 경우에는 원시데이터에 대하여 어떠한 가공을 실시할 필요가 있다. 예를 들면, 교사가 있는 학습 어프로치를 취하는 경우에는 영상데이터에 일정한 라벨 정보를 붙이는 등의 방법으로 어떤 데이터의 입력에 대한 정답을 규정하는 것으로 작성된 이른바 정답 데이터를 사전에 준비할 필요가 있다. 이러한 머신러닝 기술을 적용하는 경우에는 원시데이터로부터 학습완료모델을 생성하기 위한 첫 단계로 학습을 실시하는 데 적합한 학습데이터 구조를 원시데이터로부터 생성하는 과정을 거치게 하는 것이 필요하다.

따라서 학습용프로그램에 의하여 학습될 수 있도록 원시데이터를 가공하여 학습데이터 구조를 도출하여야 한다. 일반적으로 데이터의 구조는 각 데이터 요소 사이의 상호관계를 표시한 데이터의 논리적 구조를 말한다. 이러한 데이터의 논리적 구조가 특정과제를 수행하기 위한 목적으로 컴퓨터 등의 하드웨어와 결합하는 기술사상은 아이디어로서 특허의 보호대상이 되어 특허를 받을 수 있다.

4) 학습완료모델의 생성(단계 4)

(1) AI 기술의 특정과 프로세스

AI 기술은 인간의 행동에서 얻을 지적 활동을 컴퓨터 등에 의하여 학습하고 스스로 판단해서 최적의 목푯값에 도달하는 학습완료모델을 개발하는 것으로 SW에 해당한다. 일반적으로 [그림 14]와 같이 AI 기술의 적용에 의한 SW개발이란 (i) 원시데이터를 가공한 학습데이터 구조를 (ii) 학습전 파라미터와 (iii) 하이퍼 파라미터[8]로 구성된 (iv) 학습용프로그램[9]에 입력하고 학습하여 스스로 문제점을 도출하며, 그 문제점을 해결하여 최적의 목푯값에 도달하

[그림 14] 학습완료모델의 도출과 이용 과정

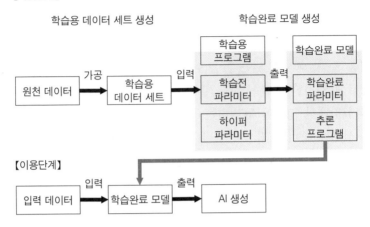

기 위하여 반복학습을 수행하고 이를 통하여 학습완성모델을 도출하는 것을 의미하고 있다.

따라서 학습데이터 구조 중에서 일정한 규칙을 찾아 그 규칙을 표현하는 최적의 모델을 생성하는 알고리즘을 실행하는 학습용프로그램을 준비하여야 한다. 원시데이터로부터 생성된 학습데이터 구조를 학습용프로그램에 대하여 입력하여 사용함으로써, 일정한 목적을 위해 기계적으로 반복학습을 통하여 (i) 학습완료 파라미터

---

8) 학습을 위해 설정하는 학습률과 학습횟수(epoch) 등에 대하여 주로 인위적으로 결정되는 파라미터를 하이퍼(hyper) 파라미터라고 한다.

9) 학습용프로그램이란 학습데이터의 구조 중에서 일정한 규칙을 찾아 그 규칙을 표현하는 모델을 생성하는 알고리즘을 실행하는 프로그램을 말하며, 특히 학습기법에 해당하는 학습전 알고리즘에 의하여 학습을 실현하기 위해 컴퓨터에 실행시키는 절차를 규정하는 프로그램이 이에 해당한다. 학습용프로그램은 제공자(SW개발업체)에서 이미 보유하고 있는 경우, 또 거기에 일정한 기능을 추가하는 경우, 그리고 처음부터 개발하는 경우도 있다. 학습용프로그램을 개발하는 경우에는 OSS(오픈 소스 소프트웨어)라는 소스코드가 개시되어 저작권에 의해 일정한 범위의 이용이 허가된 SW를 이용하는 경우가 많다.

와 (ⅱ) 추론프로그램으로 구성되는 학습완성모델 SW를 개발하고,
이러한 각 단계에서 개발된 아이디어는 특허의 대상이 되는 것이다.

(2) 학습용프로그램

학습용프로그램을 이용한 학습에는 노하우가 이용되는 경우가
많고, 특히 하이퍼(hyper) 파라미터의 조정도 이루어지는데, 이 경
우도 노하우가 포함된다. 학습용 프로그램이 학습을 행하는 경우,
기존(단일)의 학습기법(또는 SW)만을 이용하여 정밀도가 좋은 학습
완료모델을 생성하는 것은 곤란한 경우가 많으며, 여러 학습기법
(또는 SW)을 조합하여 최종적인 학습완료모델을 생성하게 된다. 이
러한 연구의 결과가 새로운 아이디어에 해당하는 경우, 즉 학습방
법의 조합이나 처리의 순서 등의 알고리즘에 대하여도 직간접적으
로 특허의 보호대상이 되는 경우가 있으므로, 항상 특허출원을 염
두에 두고 SW기술개발을 하여야 한다.

따라서 학습전 파라미터에 의한 물리적 변화가 일어나는 반복학
습, 그 반복학습에 의하여 생성된 학습완료 파라미터 등의 알고리
즘을 각 단계별로 구현되는 구체적인 수단으로 특정하여 특허출원
하는 전략을 수립하여야 한다.

(3) 머신러닝과 딥러닝의 이용

AI발명을 도출하기 위해서는 인공신경망의 머신러닝과 딥러닝이
적용되어야 한다. 머신러닝은 어떤 데이터 중에서 일정한 규칙을 발
견하고 그 규칙에 따라 미지의 데이터에 대한 추측과 예측 등을 실현
하는 학습방법의 하나이다. 실제로 머신러닝에 분류되는 기술로는
서프트벡터머신(SVM), 클러스터 분석 등 다양한 기술들이 개발되었
고, 이들 외에도 새로운 기술이 개발되어 특허가 허여되고 있다.

머신러닝을 이용한 기술 개발이 귀납적[10]으로 이루어지는 것으로,

---

10) 귀납법이란 다수 관찰된 사건으로부터 얻을 수 있는 경향과 성찰을 파악하
고 최종적인 결론을 유도하는 기법을 말한다. 이에 대응한 연역법이란 생

머신러닝을 이용한 SW에 있어서는 기존의 SW 개발과 같은 연역적인 어프로치가 아니라, 실제로 관찰되는 데이터 학습의 현상에 따라 귀납적으로 SW(학습완료모델)가 개발된다고 할 수 있다. 이러한 인공신경망의 머신러닝에는 교사가 있는 학습(Supervised Learning),[11] 교사가 없는 학습(Un-supervised Learning),[12] 딥러닝 학습 등이 있으므로 어떤 어프로치로 SW개발을 할 것인지를 정하여야 한다.

그러나 최근에는 딥러닝 학습을 이용하여 SW개발을 하고, 이를 활용하여 신산업 또는 신상품의 창출을 추진하는 것이 일반적이다. 여기서 딥러닝은 뉴럴 네트워크(뇌의 정보 처리를 모방하여 개발한 기계학습의 한 방법)를 다층으로 실행함으로써 보다 정확한 추론을 목표로 한 기술이다. 머신러닝과 비교하여 보더라도 학습용으로 대량의 데이터가 필요할 수 있지만, 최근의 컴퓨터의 처리 속도의 향상, 인터넷을 통해 데이터 수집의 용이화, 클라우드에 의한 리소스이용 및 데이터 보존비용의 저하, 다양한 정보의 결합체의 IoT 기술발전 등에 의하여 이용이 극대화되고 있으므로, 이러한 딥러닝을 이용한 SW개발전략이 필요하고, 그 결과로 도출되는 최적의 학습완료모델에 대하여 SW발명으로 특허를 받아야 한다.

(4) 학습완료 파라미터와 추론프로그램

학습완료모델은 앞에서 설명한 것과 같이, (ⅰ) 학습완료 파라미터와 (ⅱ) 추론프로그램으로 구성되는 SW이다. 즉 학습완료 파라

각의 기본이 되는 전제를 구축하고, 그 전제에 따라 다음과 같은 상정을 이끌어 낸다는 것을 반복하여 최종적인 결론을 유도하는 기법을 말한다.

11) 사전에 최적의 목푯값(정답)이 주어진 학습데이터 구조에서 일반화 된 법칙을 이끌어내는데 이용되는 학습기법을 말한다.

12) 사전에 최적의 목푯값(정답)이 주어지지 않은 학습데이터의 구조로부터 일반화된 법칙을 이끌어 내는 데 이용되는 학습방법을 말한다. 즉 유사성 등의 개념에 기초하여 데이터를 몇 개의 그룹으로 분류하는 클러스터 분석이 이에 해당하는 것으로, 문헌검색, 패턴인식, 경영분석, 기술분석 등에 폭넓게 응용되고 있다.

미터가 포함된 추론프로그램이 학습완료모델이라고 할 수 있다.

학습완료 파라미터는 학습데이터 구조를 이용한 반복학습의 결과로 얻어진 파라미터(계수)를 말한다. 즉 학습완료 파라미터는 학습데이터 구조를 학습용프로그램에 입력하여 일정의 목적을 위해 기계적으로 조정됨으로써 생성된다. 학습완료 파라미터는 학습 목표에 맞추어 조정되고 있지만, 단순한 파라미터(수치 등의 정보)에 불과하며, 이것을 추론프로그램에 포함하는 것으로 인하여 학습완료모델로서의 기능을 수행할 수 있다. 예를 들면, 딥러닝의 경우에는 학습완료 파라미터 중에서 각 노드(node) 간의 링크의 가중치에 사용되는 파라미터 등이 이에 해당한다.

따라서 추론프로그램은 학습완료 파라미터를 적용하여 반복학습을 실행하는 것으로, 입력에 대한 일정한 결과를 출력하는 것을 가능하게 하는 프로그램을 말한다. 예를 들면, 입력으로 주어진 영상(고양이의 이미지 영상)에 대하여 학습의 결과로 얻은 학습완료 파라미터를 적용하여 해당 영상에 대한 결과(고양이의 인증과 판정)를 출력하기 위한 일련의 연산프로세서를 규정한 프로그램을 말한다.

5) 학습완료모델의 이용(단계 5)

AI 기술의 적용에 의한 SW로서의 학습완료모델이 도출되면, 이를 이용하는 전략이 필요하다. 즉 신사업의 창출, 생산방법의 효율 극대화, 고객관리서비스, 안내 로봇 등 최초로 목적하였던 SW개발의 목적을 달성하기 위하여 학습완료모델을 이용하여야 한다.

학습완료모델의 이용단계에서는 학습완료 파라미터와 추론프로그램으로 구성된 학습완료모델에 필요한 입력데이터를 입력하여 최종의 결과물을 산출한다. 즉 사업의 목적에 따라서 필요한 입력데이터를 설정하여야 하고, 그 입력데이터를 입력하여 소기의 목적(결과물)을 산출한다. 여기서 입력데이터란 학습완료모델에 입력하는 것으로 AI 생성물을 출력하기 위한 데이터를 말한다. 학습완료모델의 이용 목적에 맞추어, 음성 및 영상, 동영상, 문자, 수치 등 다양한 형태를 취한다.

최초로 신사업의 창출 목적에 따라서 특정 입력데이터를 입력함으로써 공정관리 방법 및 시스템, 물류관리 방법 및 시스템, 자율주행 방법 및 시스템, 지역별 강수량 예측방법 및 시스템 등을 아이디어로써 도출할 수 있고, 이를 특허출원하는 전략을 수립하여야 한다.

6) 새로운 학습완료모델(파생모델)의 도출과 이용(단계 6)

학습완료모델의 이용단계에서 특정한 사유 또는 문제발생으로 인하여 새로운 학습모델이 필요한 경우가 있을 수 있다. 즉, 학습완료모델의 이용단계에 있어서 학습완료모델에 의해 당초에 생각했던 것과 같은 결과를 얻을 수 없는 경우, 학습완료모델에 입력데이터를 입력하여 결과물의 생성단계에 있어서는 상정할 수 없었던 일이 생기는 경우가 있다. 이러한 경우 이용단계에서는 순차적으로 수집 및 가공된 데이터를 이용하고, 다시 반복학습시킴으로써 새로운 학습완료모델을 생성하고, 이를 이용함으로써 당초의 목적 또는 그 이상의 정밀도가 향상되는 효과를 얻을 수 있기 때문에, 추가학습에 의하여 파생모델이 개발될 수 있다.

여기서, 추가학습이란 기존의 학습완료모델에 다른 학습데이터 구조를 적용하여 한층 더 학습을 함으로써 새로이 학습된 파라미터를 생성하는 것을 의미한다.[13] 파생모델에는 추가학습에 의해 새롭게 생성된 학습완료 파라미터가 반영된 새로운 추론프로그램이 생성된 것이다.

AI 기술을 이용한 학습데이터 구조나 학습완료모델의 개발에는 그

---

13) 학습완료모델이 해결하려는 목적, 수단의 정확도를 유지 또는 향상할 수 있으며, 초기에 학습시킨 영역과 다른 영역에 적용시키는 것 등을 목적으로 하는 것을 생각할 수 있다.

자체가 엄청난 비용과 시간을 들여 생성한 것이며, 또한 학습완료모델에 있어서 학습완료 파라미터를 변경하는 것으로 정밀도의 향상이나 다른 목적으로의 이용도 가능해질 수 있다는 점에서 종래의 프로그램과 비교하여 보다 많은 장면에서 연구개발 또는 상업적 목적으로 재이용이 가능하다는 특징을 가지고 있다. 이러한 특징을 충분히 고려하여 새로운 파생모델의 개발을 수행하고 이를 이용한 신사업 또는 신상품의 창출을 전략적으로 추진하는 특허전략도 필요하다.

따라서 새로운 SW에 해당하는 파생모델에도 아이디어가 포함될 수 있으므로, 새로운 가공된 학습데이터의 구조와 새로운 학습된 학습완료 파라미터, 이를 포함하는 새로운 추론프로그램을 구성하는 프로세스는 기술사상으로서의 아이디어를 가지고 있기 때문에 특허출원을 하여야 한다.

제4절 AI 기술의 실시와 특허방어전략

1. 타인 특허권의 조사 · 분석

제4차 산업혁명 시대에서의 많은 기업들은 AI 기술, AI 기술과 빅데이터의 결합, AI 기술과 IoT의 결합, 빅데이터와 블록체인의 결합 등을 통한 신사업 또는 신상품의 창출을 구상하고 있다. 그러나 이러한 창출에는 AI 기술의 적용에 관한 SW를 개발하여야 하고, 이러한 SW 기술개발을 위해서는 많은 전문인력과 연구개발비가 투자되어야 한다. 또 연구개발에 많은 시간이 소요되기 때문에 타인의 특허발명을 실시하지 않으면 안 되는 경우가 있게 마련이다.

타인의 특허발명(AI특허, 빅데이터특허, IoT특허, 불록체인특허)를 실시하기 위해서는 우선 특허권자로부터 실시허락을 받아야 한다. 그러나 AI 기술의 적용에 의한 SW개발을 함에 있어서 기획단계 또는 개발단계에서는 타인의 특허권에 관련 또는 저촉될 우려가 있는 것인지의 여부를 정확히 파악하기란 쉽지 않다. 그렇기 때문에 타인의 특허권을 정확히 파악하지 않고 연구개발을 하고 그 결과물을 실시하게 되는 경우에는 타인의 특허권을 침해하게 되어 [표7]와 같이 특허분쟁이 발생하게 된다.

AI 기술을 이용한 SW를 개발하여 신사업 또는 신상품을 창출하고자 하는 기업은 우선 [표 7]의 기술개발(AB) 단계에서 선행특허권이 있는지에 대한 특허조사를 반드시 실시하여야 한다. SW개발을 하기 전에 기업이 스스로 또는 변리사, 전문기관 등에 의뢰하여 자사가 개발하려는 SW개발의 목적과 이용범위, 이용대상 등과 관련한 선행 특허권이 있는 것인지에 대하여 특허조사를 실시하여야한다.

특허조사의 결과, AI 기술을 이용한 SW개발에 있어서 (i) 원시데이터의 수집방법, (ii) 원시데이터의 가공방법 및 학습데이터 구조, (iii) 학습용프로그램과 학습전 파라미터 및 하이퍼 파라미터의 알고리즘, (iv) 학습완료 파라미터의 알고리즘 및 추론프로그램 등이 동일하거나 유사할 확률이 높은 경우에는 SW 개발을 중단하거나 새로운 SW개발의 방향을 설정하여야 한다. 선행 특허조사는 장래의 개발 성과물이 타인의 특허권에 저촉되는 것인지의 여부를 판단하는 것이 중요하지만, 한편으로는 본인의 개발의 방향을 설정하는 중요한 기준이 될 수 있다.

일반적으로 특허제도를 적극 활용하는 기업들은 연구개발의 초기 단계에서부터 신사업 또는 신상품 등 새로운 먹거리를 찾기 위하여 타인의 특허출원동향 및 기술개발동향 등을 파악하여 새로운 방향을 설정하고 있다. 이와 같이 장래에 있어서 신사업 또는 신상품을 창출하기 위해서는 우선 선행 타인의 특허출원(공개특허공보) 및 특허등록(특허공보) 동향을 파악하는 것이 매우 중요하다. 또 선행 특허조사를 하지 않고 SW 발명을 하였다고 하더라도, 그 SW발

명은 특허를 받을 수 없을 뿐만 아니라 실시할 수도 없는 무용의 기
술에 불과하고, 그리고 SW개발에 소요된 연구개발비를 회수할 수
있는 기회를 상실하게 된다.

예를 들면, 선행 특허조사는 SW개발 단계뿐만 아니라, AI 기술
의 적용에 의한 신상품(위의 표에서 AB)을 출하하기 전에도 필요하
다. 만약 선행 특허조사를 하지 않고 신상품(AB)을 출하하여 실시

[표 7] 특허분쟁의 단계와 유형

단계	내용(기업의 역할)	분쟁대응방안
기술개발(AB)	(1) 선행 특허권(AB, AC) (2) 공지기술(AB)	자문(AB≠AC ?)
제품출하전(AB)	타인특허권(AC) 침해유무	감정서, 자문
특허출원(AB)	특허명세서 작성, 심사	출원업무 대리
특허등록, 유지	등록료/연차료	관리업무
자기실시(AB)	실시(생산, 사용, 양도 등)	자문, 감정 등
기술이전(AB)	양도, 실시권(노하우) (독금법)	계약서
침해분쟁 AB≠AC ?	침해물품, 시장조사	조사보고서 작성
	동일성 판단(AB와 AC)	감정서(침해유무)
	무효판단(선행문헌조사)	감정서(무효유무)
	경고장	경고장발송
	협상(침해, 기술이전 등)	협상(화해=로열티)
	침해금지(가처분, 본안)	소송
	가집행, 가압류	청구
	무효심판	심판청구
	권리범위확인심판	심판청구
	손해배상청구(과실추정)	소송
	형사사건, 허위표시	소송
제품 수출입	침해제품 통관조사/보류업무	신청

(생산, 판매, 사용 등)한 경우, 그 신상품(AB)이 타인의 선행 특허발명 (AB)과 동일하여 특허침해를 구성하게 된다. 이와 같이 특허침해를 구성하게 되면, 위 [표]와 같이 특허권자로부터 경고장을 받거나 침해금지 및 손해배상청구 소송을 당할 수 있다.

따라서 이러한 특허분쟁을 미연에 방지하기 위해서는 AI 기술의 적용에 의한 SW개발을 추진하기 전뿐만 아니라 SW를 개발하는 단계 및 성과물인 학습완료모델의 이용단계에서 타인의 특허권에 저촉되는 것인지의 여부를 판단하는 특허조사·분석을 실시할 필요성이 있다.

2. 회피기술 개발과 특허출원

1) 특허침해판단 프로세스

특허침해의 여부는 문언침해와 균등침해(균등론)라고 하는 두 가지 유형으로 판단되고 있다. 즉 아래의 [그림 15]와 같이 특허권의 청구범위에 기재된 특허발명의 요지인정을 하고, 피고의 판매제품

[그림 15] 특허침해판단 프로세스

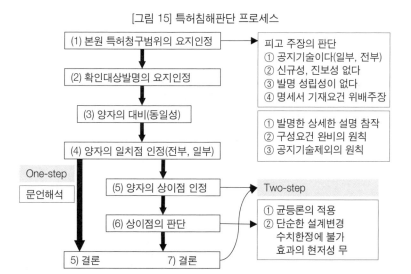

을 특정하여 양자의 구성요소를 대비한다. 여기서 구성요소가 동일한 경우에는 문언침해가 성립하고, 동일하지 않는 경우에는 문언침해가 성립하지 않고 균등법리가 적용되어 균등침해의 여부를 판단한다. 즉 균등법리란 양자의 구성요소가 차이가 나지만, 그 차이의 구성요소가 실질적으로 동일한 기능(function), 실질적으로 동일한 방법(way), 실질적으로 동일한 결과(result)를 가지고 있는 것으로 통상의 기술자에 의하여 쉽게 발명할 수 있는 것으로 판단되는 경우, 양자는 균등물에 해당하여 균등침해가 성립하는 것으로 판단한다.

AI 특허권에 대한 침해유무를 판단하는 프로세스는 다음의 사례를 근거로 설명하면 다음과 같다.

(1) AI특허[로봇 전시안내 시스템]의 요지인정

① 【청구항 1】

자율주행하며 음성안내가 가능한 도슨트 로봇을 이용하여 전시관 안내서비스를 제공하는 로봇 전시안내 시스템에 있어서,[14] 상기 도슨트 로봇은 이를 제어하는 로봇 제어스테이션과 통신하여 수신된 제어명령에 따라 이동하고 지정된 안내 작업을 수행할 수 있도록 구성되며, 상기 로봇 제어스테이션은 전시관 내부의 위치정보를 토대로 한 상기 도슨트 로봇의 이동경로(스토리라인)의 설정, 상기 이동경로상에서 안내서비스가 필요한 안내지점의 설정 및 상기 안내지점별 제공될 멀티미디어 정보의 삽입, 삭제 또는 변경의 기능을 제공하고, 상기 기능을 통해 설정된 정보에 따른 제어명령

---

14) 이건 특허권의 【해결하려는 과제】는 전문안내인이 전시관을 안내하는 형식 그대로 도슨트 로봇이 관람객을 안내하도록 시스템을 구축하고 전시 물품의 배치와 멀티미디어 정보 제공 장치를 연계하여 체계적으로 관람객 서비스가 제공되도록 하되, 로봇의 제어에 있어서는 스토리 라인 및 제공정보의 손쉬운 설정 및 변경을 통해 다양한 전시 상황에 맞게 유연하게 변화시켜 동작할 수 있도록 구성된 로봇 전시안내 시스템을 제공하는 것이다.

및 데이터를 송신함으로써, 상기 도슨트 로봇을 제어할 수 있도록 구성된 것을 특징으로 하는 로봇 전시안내 시스템.

② 발명의 요지인정(구성요소의 특징)

외부의 로봇 제어스테이션이 이동경로 및 안내지점을 설정하고 멀티미디어 정보를 생성한 후 그에 따른 제어명령 및 데이터를 송신함으로써 도슨트 로봇을 제어.

(2) 피고제품[안내 로봇시스템]의 요지인정

① 피고제품(시스템)

음성 및 신체 동작 중 적어도 하나를 이용하여 사람과 커뮤니케이션이 가능하고, 사람이 모이는 장소에 배치되어 길 안내를 요구하는 사람에게 길 안내 서비스를 실행하며, 예측경로를 따라서 사람을 유도하는 유도수단을 구비하는 길 안내 로봇으로, 로봇 메모리부에는 제어프로그램이 미리 기억되고, 사람을 예측경로를 따라 유도하기 위한 유도프로그램, 음성이나 몸동작에 의해서 목적지까지의 이동의 순서를 설명하기 위한 설명프로그램 및 외부 컴퓨터와의 사이에 필요한 정보를 송수신하기 위한 통신프로그램 등이 기록되고, 외부 컴퓨터에서 예측경로나 검출정보를 로봇에 부여하는 안내 로봇시스템.

② 피고제품의 요지인정(구성요소의 특징)

외부 컴퓨터가 예측경로는 생성할 수 있지만 로봇의 제어프로그램과 음성이나 몸동작에 의해서 목적지까지의 이동의 순서를 설명하기 위한 설명프로그램이 이미 로봇 내부에 저장되어 있는 구성

(3) 양자의 대비

AI특허(로봇 전시안내 시스템)의 요지와 특정된 피고제품(안내 로봇시스템)의 요지를 비교하면 다음과 같이 정리할 수 있다.

구성요소	AI특허의 요지	피고제품의 요지
제어수단	로봇 제어스테이션과 통신하	로봇 메모리부에 미리 저장된

	여 수신된 제어명령에 따라 이동하고 지정된 안내 작업을 수행하는 수단	제어프로그램에 의해 기억 예측경로를 따라 사람을 유도하는 유도수단
안내지점 설정	동일	동일
이동경로 설정	동일	동일
이동순서	멀티미디어 정보를 생성한 후 그에 따른 제어명령 및 데이터의 송신에 의하여 로봇이 이동	예측 경로의 프로그램에 따라 목적지까지 로봇이 이동

(4) 양자의 일치점 인정

AI특허(로봇 전시안내 시스템)의 요지와 특정된 피고제품(안내 로봇 시스템)의 요지를 비교한 결과, 일치한 구성요소는 제어수단 및 그에 따른 이동수단 이외에는 동일한 것으로 판단한다.

이러한 상이점이 있으므로, 피고제품의 안내 로봇시스템은 AI특허(로봇 전시안내 시스템)의 문언침해는 성립하지 않는 것으로 판단한다. 그러나 특허침해의 여부는 제1 단계인 문언침해만으로 판단하는 것이 아니라, 그 다음의 제2 단계인 균등판단을 하여 침해유무를 판단하여야 한다. 즉 피고제품이 AI특허의 문언침해는 아니더라도 양자의 상이점에 대한 균등침해가 성립할 수 있기 때문이다.

(5) 양자의 상이점 인정

AI특허(로봇 전시안내 시스템)의 요지와 특정된 피고제품(안내 로봇 시스템)의 요지를 비교한 결과, 차이가 있는 구성요소는 제어수단 및 그에 따른 이동수단인 것으로 판단한다.

(6) 상이점 판단

이건 특허발명은 로봇제어 기술분야에서 로봇제어 등을 위한 프로그램과 로봇이 제공하는 정보에 관한 설명프로그램을 외부의 로봇 제어스테이션에 저장하지만, 피고제품(시스템)은 외부 컴퓨터에 저장하는 기술사상이 차이가 있다. 그러나 이러한 설명프로그램의 저장 위치는 통상의 기술자라면 필요에 따라 적절히 선택할 수 있는 사항에 불과한 것으로, 피고가 외부 컴퓨터와 무선통신을 실시할 수도 있어서 로봇 제어프로그램과 설명프로그램을 외부 컴퓨터에 저장하여 제어명령 및 데이터를 로봇에게 송신함으로써 로봇을 제어하는 정도는 쉽게 생각해 낼 수 있는 것이다. 따라서 양자의 차이가 있는 기술사상은 실질적으로 동일한 기능을 가지고 실질적으로 동일한 방법으로 동일한 결과를 얻을 수 있으므로 균등물에 해당한다.

(7) 결 론

피고제품은 청구범위 제1항 발명과 일부의 구성요소와 차이가 있지만, 양자는 균등물로서 실질적으로 동일하므로 특허침해가 성립한다.

2) 회피설계

개발한 AI 기술을 이용한 SW 또는 그 SW에 의한 제품(예로서, 지능로봇, 자율자동차, 인공청소기, 공장자동화시스템, 고객관리서비스시스템 등)이 타인의 특허권을 침해하는 것으로 판단되는 경우에는 회피설계를 하여야 한다. 그 회피설계의 기본적인 개념은 [그림 16]과 같이, 타인의 등록된 청구범위에 기재된 사항뿐만 아니라 그 균등물에 속하지 않는 범주의 개량기술을 개발하는 것을 말한다.

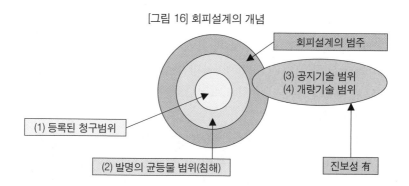

[그림 16] 회피설계의 개념

AI 기술을 적용한 SW발명에 대한 회피설계를 검토하여 본다.

(ⅰ) 단계 1(청구범위의 구성요소 분할)

타인의 등록된 청구범위의 구성요소를 분석한다. 즉 청구범위의 기재된 사항에 대하여, 「원시데이터(A)의 수집방법(B), 원시데이터의 가공방법(C) 및 학습데이터 구조(D), 학습데이터 구조(D)를 학습 전 파라미터 알고리즘(E) 및 하이퍼 파라미터(F)의 학습프로그램(범용 G)에 의하여 반복학습하여 학습완료모델(H)과 학습완료 파라미터(I), 추론프로그램(J)으로 구성된 안내 로봇」인 것으로 특정한다.

(ⅱ) 단계 2(구성요소의 동일 및 차이)

당사가 개발한 AI 기술을 적용한 SW 또는 제품이 타인 특허권의 청구범위와 비교하여 동일한 구성요소 또는 기술적 요부가 동일한 구성요소를 특정한다. 즉 위 청구범위의 구성요소와 완전 동일한 경우도 있을 수 있고, 또 발명의 요부(요지)가 되는 구성요소가 동일한 경우도 있을 수 있다. 예로서, 타인 특허권의 요부인 "학습데이터 구조(D), 학습전 파라미터 알고리즘(E) 및 하이퍼 파라미터(F)의 학습프로그램(범용 G)"이 동일한 것으로 판단한다.

(ⅲ) 단계 3(구성요부의 1차 설계변경)

타인 특허권의 요부에 해당하는 "학습데이터 구조(D), 학습전 파라미터 알고리즘(E) 및 하이퍼 파라미터(F)의 학습프로그램(범용 G)"에 대하여 설계변경을 하여야 한다. 즉 학습프로그램(G)는 AI의 기술분야에 있어서 범용의 딥러닝이 적용된 것이므로 이를 제외하고 다른 구성요소를 설계변경하는 기술개발을 한다. 그 개발의 결과물로 "학습데이터 구조(D'), 학습전 파라미터 알고리즘(E') 및 하이퍼 파라미터(f)의 학습프로그램(범용 G)"을 도출하였다.

(ⅳ) 단계 4(1차 회피설계와 균등론 적용)

설계변경의 내용은 학습데이터 구조 D ⇒ D', 학습전 파라미터 알고리즘 E ⇒ E', 하이퍼 파라미터 F ⇒ f로 변경 또는 치환하였다. 양자는 차이가 있으므로 설계변경된 SW는 특허권의 문언침해는 되지 않는다. 그러나 균등론의 법리를 적용하여 보면, D와 D', E와 E', F와 f는 실질적으로 동일한 기능과 방법, 결과를 얻을 수 있는 것으로 통상의 기술자라면 쉽게 설계변경할 수 있는 것에 해당하여 균등물에 해당한다. 즉 설계변경된 사항은 청구범위의 요부와 균등물이기 때문에 특허침해를 벗어날 수 없다. 이는 회피설계가 성공하지 못하였다는 의미이다.

(ⅴ) 단계 5(2차 회피설계와 균등론 적용)

위의 단계 3에 의한 회피설계의 결과물이 균등물에 해당하여 실질적인 회피설계가 성공하지 못하였으므로 다시 회피설계를 하여야 한다. 제2차 회피설계의 결과물로 "학습데이터 구조(M), 학습전 파라미터 알고리즘(N) 및 하이퍼 파라미터(P)의 학습프로그램(범용 G)"을 도출하였다. 설계변경에 의하여 구성요소는 학습데이터 구조 D ⇒ M, 학습전 파라미터 알고리즘 E ⇒ N, 하이퍼 파라미터 F ⇒ P로 변경 또는 치환하였다. 설계변경 후의 양자는 차이가 있으므로 설계변경된 SW는 특허권의 문언침해는 되지 않는다. 다음으로 균등론의 법리를 적용하여 보면, D와 M, E와 N, F와 P는 실질적으로 동일한 기능과 방법, 결과를 얻을 수 없는 것으로 통상의 기술자라면 쉽게 설계변경할 수 있는 것이 아니므로 균등물에 해당하지 않는다. 즉 설계변경된 구성요소는 대응되는 청구범위의 구성요부와 균등물이 아니기 때문에 특허침해를 벗어날 수 있고, 이는 회피설계가 성공하였다는 의미이다.

(ⅵ) 단계 6(특허출원)

제2차 회피설계의 결과물이 성공하였고, 또 선행 특허권보다 개량된 진보된 기술사상으로 인정되는 경우에는 개량발명으로서 특허출원하여 권리화한다.

찾아보기 ————

권 태 복

한양대학교 전기공학과 졸업
일본 고베대학 대학원(법학석사, 법학박사)
제17회 기술고시 합격
특허청 심사관/심판관(정보, 통신, 컴퓨터)
특허청 일본특허청 주재관
변리사 시험 출제위원
한국상사중재원 중재인
한국저작권위원회 기술위원
한국증권협회 신상품심의위원
한국지식재산보호원 비상근이사
현) 광운대학교 정책법학대학 교수

제4차 산업혁명과 특허전략

2019년 11월 20일 초판 인쇄
2019년 11월 30일 초판 발행

저 자　　　권 태 복
발행처　　　한국지식재산연구원
편집 · 판매처　　세창출판사

한국지식재산연구원

주소: 서울시 강남구 테헤란로 131 한국지식재산센터 3, 9층
전화: (02)2189-2600 팩스: (02)2189-2694
website: www.kiip.re.kr

세창출판사

주소: 서울시 서대문구 경기대로 88 냉천빌딩 4층
전화: (02)723-8660 팩스: (02)720-4579
website: www.sechangpub.co.kr

ISBN 978-89-92957-85-4 93360

이 저서는 2019년도 한국지식재산연구원의 IP전문도서발간사업의 지원을 받아 연구되었음(이 저서는 2017-2018년도 광운대학교 연구년에 의하여 연구되었음).